禅宗語録入門読本

禅の物語で学ぶ漢文の基礎

小川隆

禅文化研究所

開講にあたって

言語は思想を盛る器である。

謂うに歴史の推移は思想生活の推移であり、思想生活の変遷は、言語表現に歴史を織り成して行く、言語が歴史の流れと共に変化を余儀なくさるる経緯である。

近年時運の進展に伴ない、漢字に親しむこと漸く淡く、禅を慕い禅語を愛しつつも、日常座右の書幅さえ、しばしばその意味を解し難い実状である。

即ちここに、一般人士と宗門初学の子弟のために、不敏を顧みず、婆心を鼓舞してこの句抄を編した所以である。幸に本書により、難きを通ずる一助ともならば、編者の歓びこれに過ぐるものはない。

（柴山全慶『禅林句集』序、其中堂、一九七二年）

語録と漢文　これから、禅の語録の入門講座を始めさせていただきます。自分のようなサエない「一般人士」がいうのもナンですが、「不敏を顧みず、婆心を鼓舞して」、その気持ちだけは、右の柴山老師のお言葉と同じです。

禅の思想や文化を知ろうとするならば、漢文を避けて通ることはできません。老師のお話に引かれた一句、掛け軸に書いてある一句、それらは漢字の意味を精確に読み、さらにもとの語録にさかのぼって看ることで、はじめてほんとうの意味を理解できるものでしょう。語録はハラで読む、という言い方もあろうことですが、しかし、求道の糧として古人の語を読もうとするならば、その言葉は、本来の語義や文脈に即して正しく理解されていなければ、かえって、道を誤るもとにさえなってしまうのではないでしょうか。そこで、この講座では、辞書や訳注書をたよりに自ら語録の原文に親しめるようになることを目標としつつ、漢文語録読解の初歩的な学習を行います。禅についても、漢文についても、これから新たに勉強を始めようという方を念頭において、基礎からていねいに説明していきます。

伝灯の系譜　この講座は、禅籍の漢文の読み方を学ぼうとするものではありますが、文型別とか文法項目順といった構成にせず、いわゆる読本の形を採りました。禅宗の「伝灯」の系譜をたどりながら、歴代の祖師たちの物語を選読し、そのなかで基本的な語法・文型を少しずつ学んでゆくという組み立てです。漢文は文法の規則が比較的簡素で、単文だけでは意味が完結せず、全体的な文脈のなかではじめて一つの意味を成すことが多いので、昔から実際の文章を読みながら読み方を勉強するのが漢文学習の主流でした。この本もそういう流れに掉さしているわけですが、どうせ読むなら、順不同に教材を並べてゆくよりも、次のような、禅宗の「伝灯」系譜の大枠に沿って物語を読んでゆこうと考えました。といっても、この枠組みを、事前におぼえておく必要はありません。物語を一つ一つ読んでゆくうちに、こういう伝承もしだいに身近なものになってゆくはずです。

①釈尊から摩訶迦葉《まかかしょう》尊者に「以心伝心」で法が伝えられた。それ以後、「西天《さいてん》」（インド）で代々伝

法が重ねられ、やがて第二十八代の菩提達磨《ぼだいだるま》に至った。

②達磨は師の命を受け、海を越えて「東土《とうど》」（中国）に渡り、中国の僧、慧可《えか》（恵可）に法を伝えた。ここから、中国でも「初祖《しょそ》達磨―二祖《にそ》慧可―三祖僧璨《さんそそうさん》―四祖道信《しそどうしん》―五祖弘忍《ごそぐにん》（こうにん）―六祖《ろくそ》慧能《えのう》」と法が伝えられていった。五祖の下には、もう一人、神秀《じんしゅう》という高弟もあり、その系統は「北宗《ほくしゅう》」と呼ばれたが、しかし、五祖の法をついで「六祖」とされたのは慧能（恵能）のほうであった。その系統は「南宗《なんしゅう》」と称され、こちらが禅宗の正統とみなされた。

③「南宗」は、六祖の下で南岳《なんがく》系（南岳懐譲《なんがくえじょう》の系統）と青原《せいげん》系（青原行思《せいげんぎょうし》の系統）の二筋に分れ、南岳の下に馬祖道一《ばそどういつ》、青原の下に石頭希遷《せきとうきせん》が出た。さらにその両者の下から代々すぐれた禅者が輩出して唐代禅宗の黄金時代が現出し、やがて「五家《ごけ》」――すなわち、「潙仰《いぎょう》宗」「臨済《りんざい》宗」「曹洞《そうとう》宗」「雲門《うんもん》宗」「法眼《ほうげん》宗」という五つの宗派――が形成された。

釈尊―摩訶迦葉…菩提達磨―二祖慧可…五祖弘忍
- 六祖慧能〔南宗〕
  - 南岳懐譲―馬祖道一…《臨済宗》
    - 《潙仰宗》
  - 青原行思―石頭希遷…《曹洞宗》
    - 《雲門宗》
    - 《法眼宗》
- 神秀〔北宗〕

二〇世紀に客観的・実証的な禅宗史研究が大きく進展し、このような系譜の枠組みが後世の創作であることがつとに明らかにされています。しかし、禅宗の古典はみなこのような枠組みを前提に編集されていますので、禅の古典を読むためには、こういう昔ながらの伝承の大枠を知っておくことが今でもやっぱり必要です。それで、この講座では、次のような構成に沿って祖師たちの物語を読み、そのなかで漢文の基本的な語法・文型を学んでゆくことにした次第です。

Ⅰ　達磨と慧可
Ⅱ　六祖慧能の物語
Ⅲ　南岳・馬祖と青原・石頭
Ⅳ　南岳・馬祖下の系譜―臨済宗と潙仰宗
Ⅴ　青原・石頭下の系譜―曹洞宗　雲門宗　法眼宗

文言と白話　禅の語録の漢文も、基本はふつうの漢文と同じです。しかし、ふつうの漢文とちょっと違うところもあります。一般に漢文とよばれているもの、たとえば高校の国語の時間に習うようなものは、みな中国の正統的な古典語・文語文で書かれています。中国では紙の発明・普及のずっと前から文章が書かれていたために、極度に字数を切り詰めた、簡潔で格調ある文語体が早くに完成され、それが近代まで大きな変化なく踏襲されてきました。そのような古典語・文語文のことを「文言《ぶんげん》」といいます。いっぽう、口頭の言葉はいろいろな付加的要素が多く、時代的な変遷も複雑で多様です。「文言」に対して、そうした口語体の文を「白話《はくわ》」文といいます。この場合の「白」は「しろ」ではなく、「はなす」という意の動詞です。告白・白状などと言う時の「白」です。

中国では伝統的に詩文は文言で書くべきものとされており、白話を用いて書かれたものは、語り物や芝居の脚本など、ごく例外的なものに限られていました。口頭で交わされた問答の記録として編まれているために白話の要素を大量に含むこととなった禅の語録も、そうした例外の一つでした。昔はそんな白話の語彙や語法が禅籍読解の大きな障礙となっていましたが、幸いこの方面の問題は、二〇世紀後半の入矢義高《いりやよしたか》先生（一九一〇—一九九八）の強靭な開拓の努力と、近年の漢語史研究の隆盛によって、大幅に解決されています。この講座では、標準的な文言の基礎から学びはじめ、だんだん白話の語彙・語法を含んだ文章へと進んでいきます。禅籍読解に必要な唐宋代の白話の語彙・語法について文例を挙げながら詳しく説明していることが、一般の漢文学習書と異なった、本書の大きな特徴になっていると思います。

辞書案内　解説のなかでは、次の二つの辞書を常時参照します。必要な個所は文中に引用し、本書のみで通読可能なように説明していきますが、しかし、もし可能なら、これらの辞書をお手もとに置いて、ご自分でも該当箇所を開いて看てください。辞典の活用のしかたに慣れていっていただけると思います。

①戸川芳郎・佐藤進・濱口富士雄『全訳　漢辞海』第四版（三省堂、二〇一七年、小型版、二〇一九年）
②入矢義高・古賀英彦『禅語辞典』（思文閣出版、一九九一年）

①は中国の古典語を文法的に読み解くための辞典です。漢字の字義を品詞別に分類し、例文をあげながら、その意味・用法を語学的に説明しています。例文にはすべて現代語訳と書き下し文がついており、重要な用法についてはさらに［句法］欄も設けられています。漢和字典というよりは、むしろ文法書を兼ねた中国古典語辞典というべきもので、昔ながらの和訓のあてはめでなく、漢文を語学的に読もうというかたがた――つまり、これからこの講座をわざわざ読んで下さるようなかたがた――に必携の辞典となっています。附録も充実していて、とても有用です。

『漢辞海』の引用は右の第四版に拠り、参照の便宜のため、その頁数と段の上中下を附記しています。これより前の版のものをお使いの場合、また、将来、新しい版のものを使われる場合は、当然、頁数が異なります。その際はご自身で索引をひいて、該当箇所をさがしてください。該当の箇所を見つけやすいよう、辞書の項目番号を「一《名》①」「三《前》①」などのように細かく表示してあります。また、スマートフォンやタブレットで使える電子アプリ版も出ていますので、それを使えば、頁数と関係なく、簡単に該当箇所を看ていただくことができるでしょう。

②は禅籍のなかの語句を説明したものですが、狭義の禅語だけでなく、唐宋代の白話の語彙や語法がひろくとりあげられています。この辞典でしか解決しない語、この辞典ではじめて正解を与えられた語は数え切れません。この辞書が無かった当時の読書会の様子をふりかえって、一人の学友が遠い目をしてつぶやきました。「あの頃は『蘭学事始』みたいだったからなあ……」。

ほんとうに、そんな感じでした。今日、この辞書を参照せずに禅籍を読むということは、到底考えられません。

①や②をひいたら、語釈を看るだけでなく、ぜひ、例文をいっしょに読んでみてください。②の例文は原文だけなので、初めのうちは自力で読むのは難しいと思いますが、本講座を学びおわる頃にはご自分でもかなり読めるようになっていると思います。いっぽう、①はすべての例文に現代語訳と書き下し文がついているのが特徴ですから——それで『全訳 漢辞海』と命名されています——、ぜひ、初めのうちから例文を活用してください。後で述べるように、逆向きに、現代語訳⇩訓読⇩原文の順で声に出して読んでゆくと、漢文に不慣れな方でも、無理なく例文を読んでゆくことができるでしょう。

このほか、禅宗についての百科事典として、次のものがあります。

③駒澤大学『禅学大辞典・新版』（大修館書店、一九八五年）

人名・書名・寺院・器物・制度など、禅宗にかんする事柄が網羅的に載っていて、たいへん重宝します。お手もとに置いてあるのが理想ですが、少々高価ですので、無理なら図書館などで利用なさってください。とりあえず、この講座のなかでは、③は無くても支障ありません。

教材の構成　前述のとおり、この講座では、「伝灯」系譜の順に従いつつ、有名な禅僧の有名な故事を読んでいきます。しかし､原文は必ずしも禅宗史研究の一次資料になるような主要な古典からでなく､むしろ、宋元の時代に禅門の教科書や資料集として再編された二次的な文献から多く採っています。歴史学的な意味での資料価値は低いですが、そのかわり、物語のスジが短くまとめ直されており、用字・用語・文体などが規範的な形に整えられていて、入門段階の学習には好適だからです。昔の人たちが『史記』や『漢書』でなく『十八史略』で漢文の初歩を勉強したのと同じようなこと、とお考え下さい。

教材の提示の順序は、これまでの多くの学習書とは異なっています。漢文の学習書は、たいてい、原文⇓訓読⇓語釈⇓現代語訳という順序で書かれています。原文を一歩ずつ読み砕いていって、最後に文意にたどりつく、という流れです。しかし、自分の学習経験や教室で教えてきた経験から言うと、意味の解らないものを我慢しながら読んでいくのは、心理的負担が大きくて挫折しやすく、読んでゆく過程で間違った想像による誤解も生じやすいようです。そこで、この講座では、教材を現代語訳⇓訓読⇓原文の順に掲げていきます。何が書かれているのか先に理解し、それが漢文でどう書かれているかを看る、という順序です（ただし、文字の排列を先に看ていただくために、原文⇓訓読の順にしてあるところもあります）。前述のとおり、『漢辞海』をひいた場合も、この順序で例文を読んでゆかれると漢文を読み慣れるのにとても効果があることは学校の教室で実証ずみです。

漢文が苦手という人のなかには、漢文そのものの文法よりも、書き下し文の日本語のほうがよく解らないという人が少なくありません。そういう人も、現代語訳を先に読み、意味を理解してから（できれば声に出して）訓読文を読み、その訓読文の音が頭にのこっているうちに漢文を看ながらもう一度自分で（できれば声に出して）訓読する、そんな順序で読みつづけてゆくと、漢文の語順にも、訓読体の日本語にも、早く慣れることができるでしょう。その後、語彙と文法の解説を読んでから、もう一度、漢文の部分をご自分で通読してみられたら、自力で漢文を読み切ったという手ごたえが得られるはずです。訓読体の日本語の文法・語彙についてきちんと勉強したくなったら、①の附録「訓読のための日本語文法」

「訓読語とその由来」を参照してください。

講座の中では、重要な事項は、重複を厭わず、そのつど何度でもご説明しています。前に第〜課でやりました、という注記もつけてありますが、そこにもどらなくてもその場で解るように説明をくりかえしていますので、一度に全部おぼえきれなくても気にせず、まずは物語と解説をどんどん読み進めていってみてください。

凡例

1. 漢文の引用では、原則として、通用の常用漢字を用いています。ただし、禅籍で慣用的に用いられている字体をのこしている場合もあります。
2. 引用文中、（ ）は原文の注記、〔 〕は引用者による補足を表わします。
3. 「達摩」と「達磨」、「恵能」と「慧能」など、同一の語に複数の用字がある場合は、それぞれの文献の表記にしたがい、本書を通じての統一は行っていません。
4. 『漢辞海』と『禅語辞典』の引用に当たっては、適宜、形式や記号の変更・省略をしています。例文に付された訓点（レ、一、二など）もすべて省いています。『漢辞海』が略称で示している出典名は「出典略記一覧」を参照して、もとの書名にもどして表記します。
5. 『漢辞海』で用いられている品詞分類の略号のうち、本書によく出るものを挙げておきます。《名》名詞、《動》動詞、《形》形容詞、《助動》助動詞、《副》副詞、《代》代詞、《前》前置詞、《接》接続詞、《量》量詞（助数詞）、《感》感嘆詞。文法用語に苦手意識がある人はこれらの用語は気にせず、まず漢文と解説をどんどん読んでいってください。ある程度漢文を読み慣れて品詞区分が気になってきたら、『漢辞海』の附録「漢文読解の基礎」の「1．品詞の区分」という項目をご覧になってみてください。

【本書に登場する主な禅僧たちの法系図】

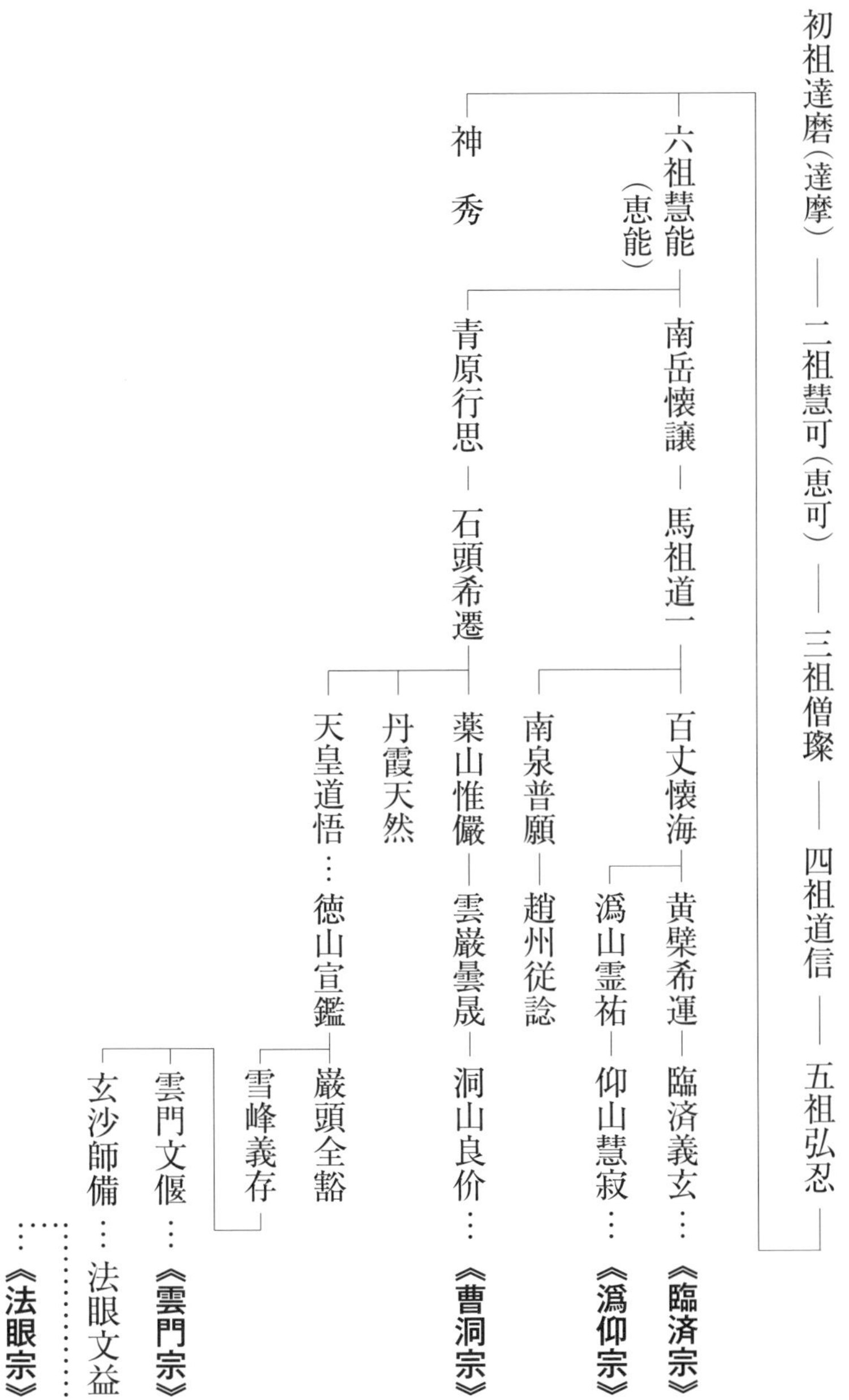

禅宗語録入門読本　目次

禅宗語録 入門読本

禅の物語で学ぶ漢文の基礎

I

達磨と慧可

初祖達磨（達摩）――二祖慧可（恵可）――三祖僧璨――四祖道信――五祖弘忍

第1課　漢文の基礎

1．漢字の意味と読み

あたりまえですが、漢文はぜんぶ漢字で書かれています。漢字に「訓読み」と「音読み」があることも、たぶん、常識だと思うのですが、最近の若い人の名前を看ると、今時はもう「音読み」と「訓読み」の区別って無いのかな、と思うこともよくあります。

字義と品詞　「訓読み」は、漢字の意味（字義）を表す読みです。昔の日本語による訳語を、漢字に貼りつけて固定したものです。「water」という文字を看て、「ウォーター」と読まずに、いきなり「みず」と読むような読み方です。これのお蔭で日本語も文字で書けるようになったのですから、ありがたいことです。しかし、漢文を読む上での深刻な問題は、訓読みと漢字の原義が必ずしも合致していないということです。英語の「water」だって日本語の「みず」と完全に同義ではありませんね。「みず」といえば必ず冷たいものを指しますが、「water」には温度の別は含まれていません。お湯が沸いているよ！も「The water is boiling !」

訓読み

古典中国語についてよく挙げられる例に「霞《か》」という字があります。日本語では

「かすみ」ですが、この字を『漢辞海』でひくとこう書かれています。

二《名》①朝焼け。あるいは、夕焼け。《日の出や日没の前後に空や雲が赤く彩られる現象。「餐霞《さんか》」といい、朝霞《ちょうか》は仙人が食するとされる》「彩霞《さいか》」「夕霞」
（頁一五六七・中）

息子が急に、就職しないで芸術家になりたいなどと言いだしたら、多くの親御さんは心配して「霞《かすみ》」でも食って生きていくつもりか、と叱るでしょう。仙人＝「霞《か》」を餐《た》べる人、という連想からの言葉です。でも、中国の仙人が食べている「霞《か》」は、天地が最も澄みわたり、自然の生命力が最も充実した、輝く「朝焼け」の気です。だから、中国の仙人は、生気と活力に満ちあふれていて、不老長生です。もし働かずにそうなれたら、息子さんの人生にとって悪い事でないかもしれません。でも親御さんが心配している「霞《かすみ》」は、そうではなくて、きっと次のようなものでしょう。

〔日本語用法〕①かすみ。主に春、細かい水滴が、薄雲のようにたちこめているもの。②かす-む。はっきり見えなくなる。

〔日本語用法〕というのは、日本語ではこの漢字をそういう意味に使っているけど、それは日本語の中だけでのことで、もとの古典中国語にはそういう意味は無い、ということです。仙人が「霞《か》を餐《くら》う」と聞くと、日本人はボヤーとしたモヤみたいなものしか食べていない人を想像し、押したらポキッと折れそうな、痩せ細って見すぼらしく血色の悪い、枯れ枝みたいなおじいさんを思い浮かべてしまいます。だから親御さんのご心配はごもっともですが、でも、それは、中国の仙人のイメージにはほど遠いものなのです（入矢義高「五山文学私観」参照。『入矢義高先生追悼文集』汲古書院、頁五四）。

　また、字義そのものはそれほど違っていなくても、文法的な使い方（品詞）が日本語より多様だという場合もよくあります。たとえば「雨」は中国語でもやっぱり「あめ」です。でも、古典中国語では「雨」一字だけで「雨が降る（あめふる）」という動詞にも使われますし、そこから単に「降る」という意味で使われる場合もあります（『漢辞海』「雨」、頁一五五九・中）。仏典で「雨花」といったら、雨に咲く花、ではなく、天から花がふる、あるいは、天の神々が花をふらす、という意味です。英語の「water」にも、「みず」という名詞の意味だけでなく、「水をやる」という動詞の用法があるそうですね。「water the flowers お花に水をあげる」とか、「water cattle and horses 牛や馬に水を飲ませる」とか。

「雨」あめふる

　みなさんが漢字の辞典をひかれるのは、たいてい、看たことのない難しい字を調べようとする時でしょう。知っている字は、ふつう、ひきませんね。でも、我々がある漢字を「知っている」と思うのは、往々、その字の日本語としての読みを知っているだけで、実は古典中国語としての語義や用法を知っているわけでないことがとても多いのです。ですから、漢文の勉強の過程では、知らない字だけだなく、知っているつもりの字も、ぜひ、せっせと『漢辞海』でひいて、古典中国語としての意味と用法をこまめに調べるようになさってください。そして、語釈のあとに〔日本語用法〕という項目があったら、必ずよく注意して看てください。

字音と声調　いっぽう「音読み」は、古典中国語の発音を日本語に写したものです。「water」を「wɔ́:tər」でなく「うおおたあ」と読むような感じです。

　中国の人たちが日本語を勉強する際の大きな障礙の一つが、意外なことに漢字です。中国語は原則として一字一音なのに、日本語は一つの漢字の読み方がものすごく多いからです。まず、先ほどから述べているように「音読み」と「訓読み」があります。「生」という字なら、まず訓読みとして「生《う》まれる」「生《い》きる」「生《は》える」「生《うぶ》」、同じお酒でも、ビールだったら「生《なま》ビール」、なのに日本酒だったら「生《き》一本」。さらに音読みも複数あります。同じように生まれてから死ぬまでの間なのに、「人生」は「じんせい」で、「一生」はなぜか「いっしょう」。

　このように音読みが複数あるのは、二つの理由によります。一つは、中国語の側の事情です。一字一音が原則ではありますが、でも、中国語にも、意味によって音

音読み

生

「悪」アクとオ

を読み分ける文字があるのです。

たとえば「悪人」「悪事」は「あくにん」「あくじ」なのに、「憎悪」「嫌悪」「好悪」は「ぞうお」「けんお」「こうお」。なぜでしょう? ただの習慣と思っている人も多いようですが、そうではありません。『漢辞海』で「悪」をひいてみましょう（頁五三四・上）。そこに「音読み」（字音）が次のように表示されています。字音を厳密に示すための難しい符合も載っていますが、今はそれを省きます。

Ａ　アク(漢)(呉)……è
Ｂ　オ（ヲ）(漢)(呉)……wù
Ｃ　オ（ヲ）(漢)　ウ・オ（ヲ）(呉)　……　wū

そして、次の「語義」のところには、こうあります。ここも、略して引きます。

Ａ　[一]《名》①悪事。罪悪。……　[二]《形》①わるい……
Ｂ　[一]《動》①にくむ。㋐いやがる。……㋑嫉妬する。うらめしく思う。……
Ｃ　[一]《代》①いず-くに・イヅ-クニ。……　[二]《副》いず-くんぞ・イヅ-クンゾ。……

字音のA・B・Cと、字義のA・B・C、両者はそれぞれ一対一で対応しています。Aの音で読めばAの意味になる。Bの意味の時はBの音で読まなければならない。字音と字義は、そういう、互いに切っても切れない関係になっています。それで「悪人」「悪事」の「悪」は「わるい」という形容詞だから「あくにん」「あくじ」（Aの音、Aの意味）。いっぽう、「憎悪」「嫌悪」「好悪」の「悪」は「にくむ、きらう」という動詞だから、「ぞうお」「けんお」「こうお」と読まなくてはいけない（Bの音、Bの意味）というわけです。

ここでちょっと注意していただきたいのがBとCの音読みです。どちらも同じく「オ（ヲ）」という音読みなのに、字音の項目がBとCに分かれています。これは「声《せい》調《ちょう》」が違うためです。「声調」というのは音の上げ下げの調子のことで、中国語の発音は、子音と母音の組み合わせにさらに「声調」が加わって、はじめて一つの意味を表す一まとまりの発音が構成されます。さきほどの「雨」も同様です。AとBとどちらも「ウ yu」という音読みですが、A「あめ」という名詞の時は低い調子（上声 yǔ）で読み、B「あめふる」という動詞のときは下がり調子（去声 yù）で読まれます（『漢辞海』「雨」であらためて字音と字義のA・Bを対照して看てみてください。頁一五五九・中）。「中」も同様で、A・Bともに「チュウ zhong」という音読みですが、Aは平らな調子（平声 zhōng）で、その時はA「なか」という名詞。いっぽうBは下がり調子（去声 zhòng）で、その場合はB「あたる、あてる」という動詞になります（『漢

声調

「中」なか・あてる

辞海』「中」AとB、頁二八・中）。「命中」する、「的中」する、などの「中」は後者です（後に第11課で「説似一物即不中」という句を勉強します）。訓読で読む分には、声調の区別を気にする必要はありませんが、字音がAとBに分れているのに書いてあるカタカナの音読みが同じである、そんな場合は、こういうことなんだとご理解ください。

呉音・漢音・唐音

以上は中国語自体に複数の字音がある場合の話ですが、日本語の漢字の音読みがとても多くなる第二の理由は、日本語の側の事情です。中国語では発音が一つしかない文字なのに、日本語で読む場合には、「呉音《ごおん》」「漢音《かんおん》」「唐音《とうおん》」と複数の音読みができてしまうことが多いのです。たとえば、さきほど例に挙げた「生」の字は、中国語の発音は一つですが、日本語の側では、呉音「ショウ」、漢音「セイ」、唐音「サン」という複数の音読みが併存しています。「経」ならば、呉音「キョウ」、漢音「ケイ」、唐音「キン」となります（右に看た「悪」の字の音読みのところに漢とか呉とかいう符号がついていたのは、これの印です）。

「呉音」「漢音」「唐音」というのは、中国語の発音が日本語のなかに取り込まれて定着した時代の差を表しています。ただし、「呉」「漢」「唐」は王朝名・時代名ではありません。専門的な研究が進められていますが、ここでは、ごく大雑把に、次のように理解しておけば充分だと思います。詳しいことは『漢辞海』の附録「漢字について」「漢字音について」をご覧ください。

「呉音」：「漢音」の前に日本に定着していた古い字音
「漢音」：平安時代に遣唐使や入唐僧が伝えた、唐の都、長安の発音
「唐音」：鎌倉時代以後に禅僧や商人の往来によって伝えられた、宋・元以後の発音

「呉音」は、おそらく中国の六朝時代の音を反映したものと推測されていますが、確かなことは解らないそうです。昔は、「呉」（江南）地域の音が朝鮮半島経由で日本に伝わったもの、などと教わったものでしたが、それを証明することはできず、実際には複数の音の層が含まれているそうです。主に仏典とともに日本にもたらされたので、仏教語の多くは呉音よみで定着しています。

いっぽう「漢音」は王朝が組織的に移入した字音なので、漢籍のことば、官庁のことばは、漢音よみが主流です。「経典」は仏教の世界では呉音で「きょうてん」と読みますが、中国学の分野では儒教の経典のことを漢音で「けいてん」と言っています。さきに挙げた「人生」が「じんせい」（漢音）なのは漢籍由来の語で（「人生《じんせい》七十《しちじゅう》古来《こらい》稀《まれなり》」）、いっぽう「一生」が「いっしょう」（呉音）なのは、おそらく、輪廻を前提とした仏教由来の語彙だからでしょう。

「呉音」「漢音」が体系として日本語のなかに定着しているのに対し、「唐音」（「宋音」とか「唐宋音」ともいいます）は、個別の語彙に限った読みクセとしてしかのこっ

ていません。日本語のなかでは少数派ですが、しかし、我々がこれから読もうとしている禅宗の言葉には、この読みがとてもたくさん見られます。「経行《きんひん》」「看経《かんきん》」「行《あん》脚《ぎゃ》」「行履《あんり》」「生鉄《さんてつ》」「作麼生《そもさん》」……。

といっても、禅籍のことばが全部「唐音」というわけではありませんし、「聖僧《しょうそう》」「祝聖《しゅくしん》」のように一つの字の読み方も場合によってマチマチだったりします。また「警策」を臨済宗では「けいさく」（漢音）、曹洞宗では「きょうさく」（呉音）と読むなど、宗派やお寺によって習慣が異なる場合も少なくありません。本書ではなるべく多くふりがなを施すようにしていますが、その読みは自分がたまたま見たり聞いたりしておぼえたものであって、いくつかある読みの一つにすぎません。ですから、あまり気にせず、文中で少しずつ慣れていっていただければと思います。

2．文法の基本構造

次に、中国語の文の大まかな基本原理を看ておきましょう。簡単な現代中国語の文と『臨済録』のなかの文を例として挙げますが、ここで説明することは文言と白話に共通です。前後の文脈を参照する際の便宜のため、例文の後に入矢義高訳注『臨済録』（岩波文庫、一九八九年）の頁数を附記してありますが、ここでの訓読は文庫のものと必ずしも一致していません。

今回勉強することは、この後もくりかえし説明します。ここではまず大づかみにイメージを捉え、それから、どんどん次の課に進んでいってください。

(1)《述語》　言葉は何かを伝えようとして発せられます。中国語では、ドウコウする、ドウコウだ、など、伝えたい事柄の核になる言葉――《述語》――がひとつあれば、それで文ができます。たとえば「喫」は食べるという意味の単語ですが、これも実際の場面で、なにか具体的な気持ちとそれにふさわしい語気・口調をともなって言われれば、それだけでりっぱな文になります。

食べるの？食べないの？ときかれて、
「喫。」（《喫《たべ》る》）　食べます。
食べ物を差し出しながら、
「喫！」（《喫《たべ》ろ》）　食え！

『臨済録』では「道！道！」道《い》え！道《い》え！といった文がこれにあたります（岩波文庫、頁二一〇）。

(2)《述語》―目的語　さらにこれに、ナニナニを、ナニナニに、などの内容を加えたければ、《述語》の後につづけます。つまり、日本語と逆で「《ドウコウする》―ナニナニを」「《ドウコウする》―ナニナニに」という語順になります。《述語》の後にくる、ナニナニを、ナニナニに、などのことばを目的語といいます。

何を食べる？ときかれて、

「喫餃子。」（《喫る》《たべ》―餃子を）　餃子を食べます。

餃子をすすめながら、

「喫餃子！」（《喫ろ》《たべ》―餃子を）　さあ、餃子を食べて！

日本語でも漢字熟語では、「飲酒」（《飲む》―酒を）、「在宅」（《在る》《い》―宅《いえ》に）など、この語順がたもたれています（時に「券売機」のようなおかしい例もありますが）。『臨済録』でも、その例は数え切れません。

「著衣《じゃくえ》喫飯《きっぱん》……」（《著る》《き》―衣《ふく》を《喫る》《たべ》―飯《ごはん》を）（頁五〇）　著衣喫飯

衣を著《き》、飯を喫《く》い……

「入凡入聖……」（《入る》―凡に《入る》―聖に）（頁四八）　入凡入聖

凡《ぼん》に入《い》り聖《しょう》に入《い》り……

「名真出家」（《名づける》―真出家と）（頁五二）

名真出家

真の出家と名《な》づく（「真の出家」と称する）。

ひとつ注意が必要なのは、自ずからなる状態や現象をいうときには、日本語で「～が」にあたるものが目的語の位置にくる、ということです。日本語の漢字熟語でも「有力」（《有る》―力が）、「無人」（《無い》―人が）、「落雷」（《落ちる》―雷が）、「開花」（《開く》―花が）、「漏水」（《漏る》―水が）、「来客」（《来る》―客が）など、みなこの語順になっています。いずれも、スル・ヤルという能動的・意図的な行為でなく、自ずからにそのようにアル、自然にそのようにナル、といった状態・現象として捉えられた事柄です（昔はお客さんも、向うからひょっくりやって来るものでした）。『臨済録』にも、次のような例があります。

「有修有証。」（《有る》―修が、《有る》―証が）（頁七四）

修行が有り、悟りが有る。

修《しゅう》有り証《しょう》有り。

（3）主語―《述語》　さらに、何の話か、誰のことか、などを明示する必要がある場合、それを《述語》の前に掲げます。つまり日本語と同じく「ナニナニは―《ドウコウだ》」とか「ナニナニが―《ドウコウする》」という語順になります。

「我喫餃子。」（我《わたし》は―《喫《たべ》る》―餃子を）
わたしは、餃子を食べます。

『臨済録』にも次のような例があります。

「僧礼拝。」（僧は―《礼拝した》）（頁一六）　僧礼拝
僧、礼拝《らいはい》す。

「法離文字。」（法は―《離れている》―文字を）（頁一八）　法離文字
法は文字《もんじ》を離る（真実はコトバを離れている）。

ここでは文頭の成分を「主語」とよぶことにします（ただし、主語とはいっても、単語でなく句が主題として提示される場合も少なくありません）。これは必要に応じて主題・話題を提示するもので、動作の主体とは限りません。たとえば、次の例をご覧ください。

「晩飯喫餃子。」（晩飯は一《喫《たべ》る》—餃子を）

晩ごはんは、餃子を食べます。

晩ごはんが餃子を食べるはずはありませんね。「お昼は何でした?」「パンでした」「じゃあ、晩ごはんは?」「晩ごはんは餃子を食べます」。というわけで、「晩ごはん」という題目に対して説明や意思表示をしているわけです。この点は日本語と似ているので、「晩ごはんは、餃子を食べます」などという文を聞いても、日本語話者には違和感がありませんね。英語だと、きっと、動作主を主語に立てて、「わたしは—《食べる》—餃子を—晩ごはんとして」みたいに言わなければならないのでしょう。

『臨済録』の例を看てみましょう。

「荒草不曽鋤。」（荒草—不曽《鋤》）（頁一七）

荒草不曽鋤

荒草《こうそう》（煩悩の雑草）は—のぞいたことはない。

荒草、曽《かつ》て鋤《くさぎ》らず。

「魔仏倶打。」（魔・仏—倶《打》）（頁五二）

魔仏倶打

魔も仏も—ともに打つ。

魔仏《まぶつ》、倶《とも》に打《た》す。

「光陰可惜。」（光陰—可《惜》）（頁六一）

光陰《こういん》（すぎゆく時）は—惜しまねばならぬ。

光陰、惜《お》しむ可《べ》し。

光陰可惜

いずれも、動作をするものでなく、動作を受けるものが、主題・話題として掲げられています。

中国語の主語は、判っている場合は言わなくてもいいわけですが、逆に必要があれば、大小二重に提示されることもあります。

「晩飯我喫餃子。」（晩飯は—我《わたし》は—《喫《たべ》る》—餃子を）

晩ごはんは、ぼく、餃子を食べます。

『臨済録』の次の例も同様です。

「老和尚脚跟不点地。」（老和尚—脚跟—不《点》—地）（頁一八九）

老和尚は—脚跟《かかと》が—地《ち》に点《つ》いていない。

老和尚脚跟不点
地

老和尚、脚跟《きゃっこん》、地《ち》に点《てん》ぜず。

「老和尚のかかと」が地に着いていないのではなく、「老和尚」は、「かかと」が、地に着いていない（地に足が着いていない）、という構造であることに注意してください。といっても、これも日本語で「象は─鼻が─長い」などと言うのと同じですから、日本語話者にとっては、別に悩むことはないですね。

存現文

存現文　さきに（2）のおわりで、自ずからなる状態・現象のときの語順にふれましたが、その種の文の場合は、その状態・現象の舞台となる「場」（トコロ・トキ・ヒトなど）が主題として提示されます。むかし、大阪なんばで「吉本笑店街」なる施設を見物しましたら、あちこちに「笑門来福」と書かれていました。いうまでもなく「笑《わら》う門《かど》には福来《きた》る」ということですが、これも「笑う門（場）─《来る》（状態・現象をあらわす動詞）─福（～が）」という構造になっています。「福来」でなく「来福」となっているところがミソですね。笑いのたえぬ家には、福がむこうから自ずとやって来る、というわけでしょう。『臨済録』の次の例も、これと同じ構造になっています。

心外無法

「心外無法。」（心外─《無》─法）（頁七二）

心の外には一法が─無い。

心《こころ》の外に法《ほう》無し（すべての事物は自己の一心のあらわれ）。

「五台山無文殊。」（五台山―《無》―文殊）（頁六五）

五台山《ごだいざん》には一文殊《もんじゅ》が―いない。

五台山には文殊無《な》し。

五台山無文殊

「赤肉団上有一無位真人……」（赤肉団上―《有》―一無位真人）（頁二〇）

赤肉団上《しゃくにくだんじょう》（活き身の肉体の上）には一ひとりの無位《むい》の真人《しんにん》（いかなる規格・序列にも嵌めこまれない、無限定の真実の人）がいて……

赤肉団上に一《いち》無位の真人有《あ》って……

赤肉団上有一無位
真人

『碧巌録《へきがんろく》』にも、こんな例があります。

「鎮州出大蘿蔔頭。」（鎮州―《出》―大蘿蔔頭）（第30則・本則）

鎮州《ちんしゅう》ではデッカイ大根がとれる。

鎮州に大蘿蔔頭《だいらふとう》出づ。

鎮州出大蘿蔔頭

「蘿蔔頭」は大根。「鎮州が大蘿蔔頭を産出する」ではなく、「鎮州に大蘿蔔頭が産出する」「鎮州では大蘿蔔頭がとれる」。

「薬山出曹洞一宗。」（薬山―《出》―曹洞一宗）（第89則・本則評唱）
薬山《やくさん》から曹洞《そうとう》の一宗が出た。
薬山より曹洞の一宗出《い》づ。

これも「薬山が曹洞の一宗を出した」ではなく、「薬山のもとから曹洞の一宗が出た」ということです。

こういう文型を中国語の文法で「存現文」といいますが、これについては、後に第24課であらためて取り上げます。

（4）修飾語→被修飾語　中国語でも、ドンナ～、ドウ～、という場合、ドンナやドウは～の前にきます。言い換えれば、言葉の意味は前から後ろにかかってゆく、ということです。日本語の漢字熟語にも「善人（善い→人）」「林立（林のごとく→立つ）」「毒殺（毒で→殺す）」「晩婚（晩く→結婚する）」など、いろいろな組み合わせがありますね。「不（～ない）」「未（まだ～ない）」などの否定のことばも前から後ろにかかります。「不動」は「不→《動》」で「動かない」、「未婚」は「未→《婚》」で「まだ結婚していない」。

『臨済録』に次のような句が見えます。

「長坐不臥《ちょうざふが》」（頁一二八）

長坐不臥

つねに坐禅したままで横になることがない。不断の精進のさまを述べたものですが、この句は「長↓《坐》」（長《つね》に↓《坐す》）と「不↓《臥》」（しない↓《臥《よこにな》る》）という二つの修飾↓被修飾の構造が並んだものです。訓読すれば「長《つね》に坐して臥せず」となりますが、これだけ看ると「長《つね》に↓〈坐して臥せず〉」みたいにも見えて、ちょっとまぎらわしいですね。やっぱり、ちゃんと原文を看ることが大事です。さきほど（３）で挙げた「荒草不曽鋤」も「荒草—不曽↓《鋤》」（「不曽」は、〜したことがない）、「魔仏倶打」は「魔仏—倶↓《打》」（「倶」は、ともに、いずれも）、「光陰可惜」は「光陰—可↓《惜》」（「可」は、ねばならない）という構造になっていました。

以上のような原理が相互にむすびついて複雑な文を作ってゆき、そこではさらに論理関係や話し手・書き手の口ぶりや気分を表す助字（虚字・虚詞とも）がさまざまな働きをします。それらはこれから、実際の文章を読みながら少しずつ勉強してゆきましょう。

第2課 『旧唐書《くとうじょ》』神秀《じんしゅう》伝（上）

禅宗の由来 では禅の語録に入る前に、まず正統的な文言の文章を読んでみます。とりあげるのは、唐の王朝の正史、『旧唐書《くとうじょ》』神秀《じんしゅう》伝の一部です。禅宗の起源に関する古典的伝承が簡潔にまとめられています（原文は中華書局標点本、頁五一〇九）。

神秀

ごく短い一段ですが、解説の便宜のため、かりに〔1〕～〔3〕に分けて読みます。「漢文」になじみのうすいかたも、「開講にあたって」で述べたように、現代語訳⇒訓読⇒原文の順に読んでいただくと比較的解りやすいと思います。同じ文章を第3課と第4課で、もう一度細かく精読しますので、今回はまず、楽な気持ちでザッと目を通してみてください。漢文にすごく抵抗がある方は、今回はとりあえず現代語訳を看ておくだけでもだいじょうぶです。

〔1〕昔、後魏《こうぎ》〔北魏〕の末、達摩《だるま》というひとりの僧がいた。もとは天竺の王子であったが、護国のために出家し、南海から中国に入った。禅宗の妙法を得ており、それは釈迦から伝わり、衣鉢《えはつ》なるものが、その証拠として代々伝授されてきたということであった。

達摩

衣鉢

昔、後魏《こうぎ》の末、僧達摩《だるま》なる者有り、本《も》と天竺の王子なるも、護国を以って出

家し、南海に入《い》る。禅宗の妙法を得《え》、釈迦より相伝《そうでん》し、衣鉢《えはつ》有りて記《しるし》と為し、世《よよ》相い付授す、と云う。

昔後魏末、有僧達摩者、本天竺王子、以護国出家、入南海。得禅宗妙法、云自釈迦相伝、有衣鉢為記、世相付授。

〔２〕達摩はその衣鉢をたずさえ、船で海をわたってやって来た。〔南朝の〕梁《りょう》にゆき、武帝《ぶてい》のもとにいたった。帝が有為《うい》の事を問うたので、達摩は不愉快になった。それで〔北朝の〕魏にゆき、嵩山少林寺《すうざんしょうりんじ》に隠棲したが、毒をもられて身まかった。しかし、その年、魏の国の使いの宋雲《そううん》が葱嶺《そうれい》〔パミール〕を通って〔インドから中国に〕返って来たとき、達摩に逢ったという。門徒たちが墓を開いてみたところ、そこにはただ衣服と履物が有るだけであった。

梁武帝
嵩山少林寺
宋雲

達摩、衣鉢を齎《たずさ》え、海を航《わた》りて来《きた》る。梁《りょう》に至り、武帝《ぶてい》に詣《いた》る。帝、問うに有《う》為《い》の事を以ってす。達摩説《よろこ》ばず。乃《すなわ》ち魏に之《ゆ》き、嵩山少林寺《すうざんしょうりんじ》に隠れ、毒に遇いて卒《しゅっ》す。其の年、魏使宋雲《そううん》、葱嶺《そうれい》より回《かえ》り、之《これ》に見《あ》う。門徒、其の墓を発《ひら》くに、但《た》だ衣履《えり》有る而已《のみ》。

達摩齎衣鉢、航海而来、至梁、詣武帝。帝問以有為之事、達摩不説。乃之魏、隠於嵩山少林寺、遇毒而卒。其年、魏使宋雲於葱嶺回、見之、門徒発其墓、但有衣履而已。

---

〔3〕達摩は慧可《えか》に伝えた。慧可は自らの左腕を断ち切って達摩の法を求めた。のち慧可は璨《さん》〔僧璨〕に伝え、璨は道信《どうしん》に伝え、道信は弘忍《ぐにん》（こうにん）に伝えたのであった。

慧可断臂

左臂

達摩、慧可《えか》に伝う。慧可は嘗《かつ》て其《そ》の左臂《ひだりうで》を断ち、以って其《そ》の法《ほう》を求む。慧可は璨《さん》に伝え、璨は道信《どうしん》に伝え、道信は弘忍《ぐにん》（こうにん）に伝えたり。

達摩伝慧可、慧可嘗断其左臂、以求其法。慧可伝璨、璨伝道信、道信伝弘忍。

基本の語順　第1課で勉強しましたように、「ナニナニは（主語）—《ドウコウする》（述語）—ナニナニを（目的語）」というのが、中国語の標準的な構造になります。たとえば〔2〕の「門徒発其墓」などがその例です。

主語—《述語》

「門徒発其墓」（門徒—《発》—其墓）

門徒は一《発《ひら》いた》―其の墓を

門徒、其の墓を発《ひら》くに……

ただし、すでにわかっている主題はいちいち提示されません。また、「～して、～して、～した」と、複数の述語が連なってゆくこともあります。たとえば〔2〕の初めの「達摩齎衣鉢、航海而来」は次のような構造になっています。「而」は接続のことばですが、後で説明しますので、ここでは気にしないでください。

「達摩齎衣鉢、航海而来」（達摩―《齎》―衣鉢　《航》―海　（而）《来》）

達摩は―《齎《たずさ》える》―衣鉢《えはつ》を　《航《わた》る》―海を　（そして）《やって来た》

達摩、衣鉢《えはつ》を齎《たずさ》え、海を航《わた》りて来《きた》る。

新出情報　文の基本構造は以上のようですが、ただし、主体が能動的になにかをスル／ヤルというのでなく、物事が自ずからそのようにアル／ナル、という場合は、「～が」にあたるものが目的語の位置にきます。ここでは〔2〕の「有衣履」の部分が、その例になります。

新出情報

「有衣履」（《有》―衣履）

衣履《えり》有り

有～《述語》

《有る》―衣履《えり》（衣服と履物）が

中国語では、そこで初めて登場する未知・不特定のもの、つまり「とある～」というもの――新出情報といいます――は、原則としていきなり主題になることができません。その場合はまずその新出情報を「有～」の補足成分として提示し、それからそれを主題とした《述語》をつづけていきます。〔1〕の初めの次の部分を看てください。

「有僧達摩者、本天竺王子、以護国出家……」
僧達摩《だるま》なる者有り、本《も》と天竺の王子なるも、護国を以って出家し……

これは「僧の達摩」という人がおりまして（《有》―僧達摩者）、その人はもと天竺の王子であったのが、護国のために出家して云々、という書き方です。日本語でも、いきなり「おじいさんは山へ柴刈りに」と言われたら、え？ どこのおじいさん？ と思いますよね。「むかしむかしあるところに、（とある）おじいさんと（とある）おばあさんがおりまして」と、まず言っておいて、その上で「（その）おじいさんは山へ……、（その）おばあさんは川へ……」とつづけてもらわないと、聞くほうは呆気にとられてしまいます。中国語も事情は同じですが、ただし、それを二つの文に分けず、「《有》～―《述語》」という一文にまとめ、「（とある）～が有って―（それが）《ドウコウした》」「（とある）～が有って―（それが）《ドウコウだ》」と表現するわけです。

なお、それが未知の不特定のものであるかどうかは、こちらが決めることではありません。「達摩」が禅宗の初祖なのは誰だって知っているじゃないか、と思われるかたもあるでしょう。しかし、それが「《有》―僧達摩者」と書かれているということは、この文が達摩を新出情報として扱っているということです。つまり、書き手はここで「（みなさまご存知の）アノ達摩が～しました」という言い方でなく、あくまでも「（みなさまご存知ないかもしれませんが）達摩というとあるひとりの人がありまして、そのお人が～しました」という言い方をしているのです。〔1〕の「有衣鉢為記、世相付授――衣鉢《えはつ》有りて記《しるし》と為し、世相《よよ》い付授す」も同様です（《有》―衣鉢―《為》―記、世↓相↓《付授》）。「衣鉢」なるものがあって、それが伝法の証拠とされ、代々授けられてきたのだ、という言い方です。

虚詞　さきほど跳ばした「而」のように、それ自体には独立の意味がなく、もっぱら文法的な構造を支えたり語気や語調を示すために加えられることばを、「虚詞」「虚字」あるいは「助字」などといいます。意味でなくはたらきをもった言葉、と考えればいいでしょう。これは漢文のなかで決定的な役割をはたすものです。今回はまず最重要の虚詞について、最小限の勉強をしておきましょう。

而

「而」　「而」は語と語、句と句を結びつけるはたらきをします。「而」自体に明確な意味はなく、A而Bと結んだ場合、AとBが互いに反対方向のものなら対比や逆接（AなれどB、AすれどB）、両者が同方向のものどうしなら並列や順接（AにしてB、AしてB）の関係になります。それはあくまでもAとB自体の関係によって決まることで、「而」そのものに順・逆ふたつの意味があるわけではありません。さきほど看た〔2〕の「航海而来—海を航《わた》りて来《きた》る」は順接の例でした。いっぽう『易』繋辞上伝の句「日用而不知—日に用いて知らず」などは、逆接の例です。それぞれ「海を航《わた》って（そして）来た」「日々それを用いている（しかし）それに気づいていない」というわけです。ただし語と語、句と句の接続の際に必ず「而」があるということではありません。文の語調・リズムに応じて「而」があったりなかったりします。逆に言うと、「而」は論理関係を表すよりも、音調・リズムを整えるために重要な役割を果しているのです。（『漢辞海』「而」［句法1］頁一一五七・中、参照）

於〜

「於」　「於」と「于」は発音も用法も同じです。叙述の核になる《述語》に対して、ごく広い意味での場、領域、範囲などを結びつけ、「ドコソコで」「ドコソコに」「ドコソコから」などの意を表します（「ドコソコ」の部分にはナニナニやダレダレもはいります）。

語順としては、「於～」が《述語》の前に来る場合と後に来る場合の二様があり、訓読もそれにあわせて区別します。（『漢辞海』「於」［句法］①、頁六五八・中）

①於～《述語》（～において《述語》す、～より《述語》す、等）

「魏使宋雲於葱嶺回」〔２〕（魏使宋雲―於葱嶺《回》）

魏使宋雲、葱嶺《そうれい》より回《かえ》り

「又於相王旧宅置報恩寺」（又於相王旧宅《置》―報恩寺）（『旧唐書』神秀伝）

又た相王の旧宅において報恩寺を置き

②《述語》於～（～に《述語》す、等）

「隠於嵩山少林寺」〔２〕（《隠》於嵩山少林寺）

嵩山少林寺《すうざんしょうりんじ》に隠れ

「二十七年、終于都城興唐寺、年八十九」（二十七年、《終》于都城興唐寺、年八十九）（『旧唐書』神秀伝附普寂伝）

（普寂）二十七年、都城（長安の都）の興唐寺に終る、年八十九なり。

以～

「以」　「以」は《述語》に対し、その手段・根拠・条件となるものを結びつけます。「～によって」「～にもとづいて」ということです。また「～を、～をば」と、動作や判断の対象になるものを直に結びつける場合もあります。「以」にも「於」の①②

と同じ、二様の語順と訓読があります。（『漢辞海』「以」［句法1］、頁六七・下）

①以〜｜《述語》（〜を以って《述語》す）

「以護国出家」〔1〕（以護国《出家》）

護国を以って出家し（護国という理由・目的によって出家し）

「以坐禅為業」（以坐禅《為》―業）（『旧唐書』神秀伝）

坐禅を以って業と為す（坐禅をば本業とした）

②《述語》以〜｜（《述語》するに〜を以ってす）

「帝問以有為之事」〔2〕（帝―《問》以有為之事）

帝、問うに有為《うい》の事を以ってす（武帝は、有為の事柄でもって達摩に質問した）

「以」にはこのほかに、もうひとつ大切なはたらきがあります。「A、以B」というふうに、二つの句を結びつけるはたらきです。「Aして、それでもってBする」ということで、「Aして、以ってBす」と訓読します。（『漢辞海』「以」三《接》、頁六七・中）

③《述語》〜、以《述語》〜　　〜、以〜

「慧可嘗断其左臂、以求其法」〔3〕（慧可―嘗↓《断》―其左臂　以《求》―其法）

慧可は嘗《かつ》て其《そ》の左臂《ひだりうで》を断ち、以って其《そ》の法《ほう》を求む（慧可はかつて自らの左腕を断

ち切り、それによって達摩の法を求めた）

今回の文には他にも重要な項目が含まれていますが、一度にはたいへんですから、ひとまずこれぐらいにしておきましょう。次回とその次の回で、もういちど同じ文をとりあげ、個々の字義を細かく検討しながら読み直してみます。

第3課『旧唐書《くとうじょ》』神秀《じんしゅう》伝（中）

今回と次回、前回の文章を、もういちど細かく読み直してみます。

〔1〕達摩の渡来　まず、前回〔1〕とした段落です。

昔、後魏《こうぎ》〔北魏〕の末、達摩《だるま》というひとりの僧がいた。もとは天竺の王子であったが、護国のために出家し、南海から中国に入った。禅宗の妙法を得ており、それは釈迦から伝わり、衣鉢《えはつ》なるものが、その証拠として代々伝授されてきたということであった。

達摩

衣鉢

昔、後魏《こうぎ》の末、僧達摩《だるま》なる者有り、本《も》と天竺の王子なるも、護国を以って出家し、南海に入《い》る。禅宗の妙法を得《え》、釈迦より相伝《そうでん》し、衣鉢《えはつ》有りて記《しるし》と為し、

世《よよ》相い付授す、と云う。

昔後魏末、有僧達摩者、本天竺王子、以護国出家、入南海。得禅宗妙法、云自釈迦相伝、有衣鉢為記、世相付授。

後魏

「後魏」は『漢辞海』に「北朝の一つ。……北魏・元魏・拓跋魏《たくばつぎ》ともいう（三八六—五三四）」という説明があります（頁五〇二・下）。巻末の「中国政治・文化史年表」でその年代のあたりを見ていただくと、だいたいどういう時代か見当がつくでしょう（頁一七五六〜）。

新出情報

有〜《述語》

「有僧達摩者〜」は前回ご説明したように、未知・不特定の「とあるナニナニ」「とあるダレダレ」（新出情報）を主題として導入する文型です。僧の達摩という者が有って、それがどうしたかというと、「本《もと》と天竺の王子なるも、護国を以って出家し、南《なん》海《かい》に入《い》る——本天竺王子、以護国出家、入南海」。

本〜

「本〜」は『漢辞海』の「本」四《副》①に「もともと。もとから。もと‐より」として次の例を挙げています（頁七〇三・中）。

〔例〕臣本布衣

しんハもとヨリふいナリ

〔訳〕私はもともと平民であった（諸葛亮「出師表」）

右の例文では「布衣」という名詞がそのまま「布衣《ふい》である」という《述語》になっており、そこに「本〜」がかかっています（本➡《布衣》）。「本天竺王子」も同様で「《天竺王子である》」という《述語》に「本〜」がかかっているわけですが（本➡《天竺王子》）、文言文ではこのように、名詞がそのまま述語になる文が珍しくありません。『史記』荀卿伝に「荀卿趙人。——荀卿《じゅんけい》は趙人《ちょうひと》なり」（荀卿―《趙人》）とあるのなども、その例です。「荀子は、趙の国の人であった」というわけで、ここでも「趙人」がそのまま「《趙人である》」という《述語》になっています。

名詞述語文

なお「本〜」が「もともとから」となるか、それとも「（今は違うが）もともとは」となるかは、文脈によります。ここはもちろん、後者。達摩は僧であったが、もとは天竺の王子だった。それが「護国を以って出家——以護国出家」した、というわけです。

以〜

「以」は前回もみたとおり、「以〜《述語》」（「〜を以って《述語》す」）という形をとり、〜によってドウコウするという意を表します。《述語》に対して、その動作が依拠する手段・方法や根拠・条件などを結びつけるわけです。『漢辞海』「以」の［句法1］に詳細な例示がありますが（頁六七・下）、今の文脈にいちばんよく当てはまるのは次の項目でしょう。

③理由や原因をあらわす。「……から」「……によって」と訳す。

〔例〕不以人廃言

ひとヲもっテげんヲはいセず

〔訳〕その人物の素性から発言を排斥しない（『論語』衛霊公篇）

「不」は「以」を否定しているのではなく、「以～《廃》―言」という構造全体を否定しています。人を理由に（発言の内容でなく、発言者が誰であるかによって）その言葉を斥ける、ということはしない、というわけです。そこで「護国を以って出家し、南海に入《い》る――以護国出家、入南海」は、「以～《出家》」と「《入》―南海」という構造で、国家を守護するという理由によって出家し、南海に入った、という意味になります。

南海

「南海」は『漢辞海』によれば、「①南方の海（『尚書』禹貢）②秦漢《しんかん》代、南シナ海（『史記』始皇紀）③広東《カントン》省の沿岸を中心とした南の地方。漢代には郡が置かれた（『左伝』襄公一三）」（頁二〇八・上）。ここは③の意味で、達摩が海路を通って広東の港から中国に入ったことを指しています。『祖堂集』巻二・達摩章に「広州に至って上船す」、『景徳伝灯録』巻三・達磨章に「南海に達す」とあって、達摩（達磨）が広東省

〔南海〕の港から中国に入ったという伝承が一般的だったことがわかります。

かくして、ここまでの文は、こういう意味になります。——昔、後魏の末、達摩という、とあるひとりの僧があり、もとは天竺の王子であったが、護国のゆえに出家し、南海から中国に入った。「昔、後魏《こうぎ》の末、僧達摩《だるま》なる者有り、本《も》と天竺の王子なるも、護国を以って出家し、南海に入《い》る——昔後魏末、有僧達摩者、本天竺王子、以護国出家、入南海」。

文はさらにつづきます。「禅宗の妙法を得《え》、釈迦より相伝《そうでん》し、衣鉢《えはつ》有りて記《しるし》と為し、世《よよ》相い付授す、と云う——得禅宗妙法、云自釈迦相伝、有衣鉢為記、世相付授」。

「自」は「より」で、これも自〜《述語》」（「〜より《述語》す」）という形を構成し、イツイツから、ドコソコから、ドウコウする、という意を表します。　自〜

『漢辞海』「自」の［句法３］①に次のようにあります（頁一一九二・中）。

㋐述語の動作行為の場所や方角などの起点を表し、「…から」と訳す。

〔例〕有朋自遠方来
　ともありえんぽうよりきタル

〔訳〕友が遠方からやって来る（『論語』学而篇）

『論語』の冒頭の一段の有名なことばですね。「《有》—朋」はついさきほども出てきた、新出情報導入の文型。未知のとある人が、思いがけず朋友（同じ道を志す仲間）として「遠方より」訪ねて来てくれる、なんと楽しいことではないか、「亦タ楽シカラズヤ！――不亦楽乎！」というわけです。

相~

それで「自釈迦相伝」は「自~相《伝》」という形で、釈迦より相い伝えた、ということですが、「相伝」の「相~」は、《述語》の前につき、「相《あ》い~す」と訓読されます。たがいに、相互に、という双方向（A⇔B）の場合だけでなく、相手に向けた一方向（A⇒B）の行為を表すのにも用いられます。『漢辞海』「相」の［句法］に次のようにあります（頁九九九・上）。

①動作や行為が対等にあいてに及ぶ意で、「互いに」「ともに」と訳す。

〔例〕卒相与驩、為刎頸之交

　ついニあヒともニよろこビ、ふんけいのまじワリヲなス

〔訳〕ついに互いにうちとけて、刎頸の交わりを結んだ（『史記』廉頗藺相如列伝）

②動作が一方的に相手に向かう意。訳出しないか、対象を「私に」「彼に」などと明示して訳す。

〔例〕明月来相照

　めいげつきたリテあヒてラス

〔訳〕明月が空に昇り私を照らしてくれる（王維「竹里館」詩）

①は両者が互いに、という双方向。②は「月⇒わたし」という、一方向の関係です。ちなみに現代中国語では、片思いを「単相思」、恋わずらいを「相思病」といいます。これらも相手に向けての一方向の思いであることがよくわかります（日本語では「相」はたいてい①の意味に使われますが、「遺産相続」の「相」のように②の意味で使われることも皆無ではありません。「相談」は微妙ですね。「～と相談する」といえば①、「～に相談する」といえば②の意味でしょうか）。

禅宗で師から弟子への法の伝承を「師資相承」というのも、やはり「師⇒資」という関係です（「資」は弟子・学生の意）。したがって「釈迦より相伝し」は、釈迦を起点として「釈迦⇒迦葉⇒阿難⇒……⇒達摩」と「妙法」が順次リレーされてきたことを表現しているわけです。

そして「衣鉢《えはつ》有りて記《しるし》と為し、世《よよ》相い付授す──有衣鉢為記、世相付授」。ここの「《有》～」もさきほどと同じ新出情報導入の文型で、「衣鉢」なるものが有って、それが証拠とされ、ということ。つづく「世」は世の中の意ではなく、第何世とか第　世～何代とかいうときの「世」、つまり一世代のことですが、動詞にかかって一字で「よよ─代々」という意を表す用法があります。『漢辞海』「世」〔一〕《名》「①よ（イ）」のなかに次の説明があります（頁二五・上）。

〈連用化〉代々。代々にわたって。よよ。

〔例〕世治晋陽

よよしんようヲおさム

〔訳〕代々晋陽を治めた（『戦国策』趙策一）

「治む」が《述語》、「晋陽を」がその目的語、そこに「世《よよ》～」がかかって「世↓《治》―晋陽」、すなわち「代々↓《治める》―晋陽を」という構造になっているわけです。

「世相付授」も同様で、「世～」が「相い付授す」にかかっています。「相～」は、さきほどの「相伝」の場合と同じ、一方向の用法。「付授」は「付」も「授」もさずける意で、日本語で「給付」「交付」という場合の「付」と同じです（『漢辞海』「付」一《動》①、頁七一・中）。したがって「世《よよ》相い付授す」は「代々↓相い↓《付授《さず》けた》」で、一代ずつ、次へ次へと授けてきた、という意味になります。

かくしてここまでの訳はこうなります――禅宗の妙法を得ており、それは釈迦から伝わり、衣鉢なるものがその証拠として代々伝授されてきたとのことであった。「禅宗の妙法を得《え》、釈迦より相伝《そうでん》し、衣鉢《えはつ》有りて記《しるし》と為し、世《よよ》相い付授す、と云う――得禅宗妙法、云自釈迦相伝、有衣鉢為記、世相付授」。

衣鉢　ちなみに日本語で師の学問や技芸をうけつぐことを「衣鉢をつぐ」とい

衣鉢

うのは、こうした禅宗の伝承に由来しています。北宋の『碧巌録《へきがんろく》』で、その例を簡単に見ておきましょう。「仏法」を理解せぬ者こそが「道」そのものを得るのだ、という禅的逆説を説く南泉《なんせん》禅師の語の引用です。

南泉《なんせん》が大衆《だいしゅ》に説示《せつじ》した。「黄梅《おうばい》の五祖弘忍《ごそこうにん》門下の七百人の高僧は、すべて〝仏法〟を理解した人々だった。だが、五祖の衣鉢を得られなかった。ただ盧行者《ろあんじゃ》〔慧能〕だけが〝仏法〟を理解せず、それゆえに五祖の衣鉢を得たのであった」。

盧行者

南泉《なんせん》、衆《しゅ》に示して云く、「黄梅《おうばい》の七百高僧、尽《ことごと》く是《こ》れ仏法を会《え》する底《てい》の人。他《かれ》の衣鉢を得ず。唯有《た》だ盧行者《ろあんじゃ》のみ仏法を会せず、所以《ゆえ》に他の衣鉢を得たり」。

南泉示衆云、「黄梅七百高僧尽是会仏法底人。不得他衣鉢。唯有盧行者不会仏法、所以得他衣鉢」。（第六一則・本則評唱／岩波文庫・中・頁二六九）

南泉はこうも言っている、「〔五祖弘忍門下の〕七百人の高僧は、すべて〝仏法〟を理解した人々だった。盧行者だけは〝仏法〟を理解せず、ただ〝道〟を理解しただけだった。だから、五祖の衣鉢を得たのである」。

南泉《なんせん》、又た道《いわ》く、「七百高僧、尽《ことごと》く是《こ》れ仏法を会《え》する底《てい》の人。唯有《た》だ盧行《ろあん》者《じゃ》のみ仏法を会せず、只だ道を会すのみ。所以《ゆえ》に他の衣鉢を得たり」。

南泉又道、「七百高僧尽是会仏法底人。唯有盧行者不会仏法、只会道。所以得他衣鉢」。（第二五則・頌評唱／岩波文庫、上・頁二三〇）

ここには「是〜」（〜である）、「〜底」（〜の）、「他」（かれ）、「唯有〜」（ただ〜だけが）等、白話の語彙と語法がいろいろ見えています。それらはまたさきで少しずつ勉強してゆくことにして、今回は「衣鉢を得る」という言い方が「法をつぐ」という意味に使われている例として簡単にご覧いただければけっこうです。

次回も同じ要領で『旧唐書』神秀伝の文の精読をつづけます。

第4課　『旧唐書《くとうじょ》』神秀《じんしゅう》伝（下）

〔2〕嵩山少林寺　今度は、第2課で〔2〕とした一段、達摩が中国に着いてからの話を読んでみましょう。

達摩はその衣鉢《えはつ》をたずさえ、船で海をわたってやって来た。〔南朝の〕梁《りょう》にゆき、武帝《ぶてい》のもとにいたった。帝が有為《うい》の事を問うたので、達摩は不愉快になった。それで〔北朝の〕魏にゆき、嵩山少林寺《すうざんしょうりんじ》に隠棲したが、毒をもられて身まかった。しかし、その年、魏の国の使いの宋雲《そううん》が葱嶺《そうれい》〔パミール〕を通って〔インドから中

梁武帝
嵩山少林寺
宋雲

国に」返って来たとき、達摩に逢ったという。門徒たちが墓を開いてみたところ、そこにはただ衣服と履物が有るだけであった。

達摩、衣鉢を齎《たずさ》え、海を航《わた》りて来《きた》る。梁《りょう》に至り、武帝《ぶてい》に詣《いた》る。帝、問うに有《う》為《い》の事を以ってす。達摩説《よろこ》ばず。乃《すなわ》ち魏に之《ゆ》き、嵩山少林寺《すうざんしょうりんじ》に隠れ、毒に遇いて卒《しゅっ》す。其の年、魏使宋雲《そううん》、葱嶺《そうれい》より回《かえ》り、之《これ》に見《あ》う。門徒、其の墓を発《ひら》くに、但だ衣履《えり》有る而已《のみ》。

達摩齎衣鉢、航海而来、至梁、詣武帝。帝問以有為之事、達摩不説。乃之魏、隠於嵩山少林寺、遇毒而卒。其年、魏使宋雲於葱嶺回、見之、門徒発其墓、但有衣履而已。

最初の文「達摩、衣鉢を齎《たずさ》え、海を航《わた》りて来《きた》る。梁《りょう》に至り、武帝《ぶてい》に詣《いた》る――達摩齎衣鉢、航海而来、至梁、詣武帝」は、「達摩」という主題のあとに、「《齎《たずさ》える》―衣鉢《えはつ》を」「《航《わた》る》―海を」「（而して）《来《きた》る》」「《至る》―梁《りょう》に」「《詣《いた》る》―武帝《ぶてい》に」と、複数の述語がつづいたものです。

「齎」もたらす

「齎」（漢音セイ・呉音サイ）は伝統的な訓読みは「もたらす」ですが、その意味は、携行する、持参する、ということで、現代日本語の「もたらす」とは微妙に語感が異なります。『漢辞海』の「齎」[一]《動》②「もたらす」の項に次のようにあります（頁一六七五・中）。

㋐携える。持ち歩く。

〔例〕行旅不齎糧

　こうりょスルニりょうヲもたらサず

〔訳〕旅行するにも食糧を携帯しない（『旧唐書』魏徴伝）

㋑持って来る。

〔例〕郭林宗因齎刺就房謁之

　かくりんそうよっテしヲもたらシぼうニつキテこれニえっス

〔訳〕郭林宗は名刺を持参して部屋に入り拝謁した（『後漢書』仇覧伝）

したがって「齎衣鉢」は、伝法の証拠の品である「衣鉢」を西天から携え来ったということで、これを訓読みにひきずられて「衣鉢を〔中国に〕もたらした」と訳したら正確でないことになります。

「詣」いたる

さらに同様の注意が必要なのが「詣」（慣用音ケイ・漢音呉音ゲイ）です。ぱっとみて「もうでる」と訓まれる方が少なくないと思いますが、『漢辞海』「詣」に次のような注記があります（頁一三三〇・下）。

〔日本語用法〕もう‐でる。神社仏閣に参詣《サンケイ》する。

「もうでる」は日本語での使い方であって、この文字本来の漢語としての用法ではない、という注意です。では、本来の字義はどうかというと、「詣」の㊀《動》一①「いたる」のところに、㋐「行く。到達する」㋑「おとずれる」㋒「やって来る」とともに、次のような字義が挙げられています。

㋓お目にかかる。謁見する。
〔例〕及郡下、詣太守
　ぐんかニおよビ、たいしゅニいたル
〔訳〕郡の町に着くと、太守にお目にかかった（陶潜「桃花源記」）

したがって「梁《りょう》に至り、武帝《ぶてい》に詣《いた》る――至梁、詣武帝」は、南朝の梁に到着して、梁の武帝に謁見した、という意味になります。実は日本語の「もうず（まうづ）」にも、もともとは貴人のもとに参上するという意味があったのですが、のちにもっぱら寺社への参詣の意味に偏ってしまって、結果、漢語の意味とずれるようになったのでしょう。訓読みのなかには、古語ではそれなりに漢字の字義と近似していたものが、その後、語義や語感の時代的変化のために漢字の意味から離れていってしまったものが少なくありません。よく間違われるものの代表が「凡」で、この字を『漢辞海』でひくと、やはり次のような注記が目にとまります（頁一五八・中）。

「凡」およそ

〔日本語用法〕およ‐そ。おおまかなところ。だいたい。日本語の「おほよそ」の原義である「すべて」が、「凡」の字義と重なることから、この訓があてられた。その後、鎌倉時代に「およそ」の語形も生じ、室町時代に至って「お（ほ）よそ」に「おおまかに言えば」という用法が生じた。

「およそ」という訓読にひきずられて、この字を、だいたい、おおむね、の意にとっている人がよくありますが、それは、日本語の歴史のなかで後から加わった用法で、漢語の「凡」自体は、すべて、全体として、という意味なのです。訓読みから字義を考えてしまうと、なかなかこういう誤解から離れられません。

それで、ここまでの意味は、こうなります――達摩はその衣鉢《えはつ》をたずさえ、船で海をわたってやって来た。梁《りょう》にゆき、武帝《ぶてい》のもとにいたった。「達摩、衣鉢を齎《たずさ》え、海を航《わた》りて来《きた》る。梁《りょう》に至り、武帝《ぶてい》に詣《いた》る――達摩齎衣鉢、航海而来、至梁、詣武帝」。

以～

次の文「帝、問うに有為《うい》の事を以ってす――帝問以有為之事」については、すでに前々回とりあげました。「以～」は「以～《述語》」（～を以って《述語》す）、および「《述語》以～」（《述語》するに～を以ってす）という二種類の語順がありますが、ここは後者で、次のような構造になっているのでした（『漢辞海』「以」［句法1］頁六七・下）。

帝一《問》以有為之事。

帝、問うに有為《うい》の事を以ってす。

武帝は有為の事柄でもって達摩に質問した

「以」にはもうひとつ、上の句と下の句を「それでもって」「それによって」とつなぐ用法がありますが、その例はあとで（3）段に出てきます。

つづく「達摩不説」は「達摩一不→《説》」という構造です。「不説」は「説《と》かず」、何も説かなかった、ともとれますが、次の文が「乃《すなわ》ち魏に之《ゆ》き」、そこで、それだからこそ（乃）北魏に向かった、とつづいているので、ここは「説《よろこ》ばず」、不機嫌になった、ととりました（「乃」については後述）。「説」は、「言う、語る」の意味のときは「セツ」（shuō）、「よろこぶ、うれしく思う」のときは「エツ」（＝悦）（yuè）という字音になります（『漢辞海』「説」、AとC、頁一三三六・下）。『論語』の冒頭に出てくる「学而時習之、不亦説乎。——学《まな》びて時《とき》に之《これ》を習《なら》う、亦《ま》た説《よろこば》しからずや」の「説」です。

かくして、ここまでの意味は——達摩はその衣鉢をたずさえ、船で海をわたってやって来た。〔南朝の〕梁にゆき、武帝のもとにいたって謁見した。だが、帝が有為《うい》

説

の事を問うたので、達摩は不愉快になった。「帝、問うに有為《うい》の事を以ってす。達摩説《よろこ》ばず——帝問以有為之事、達摩不説」。

そこで、「乃《すなわ》ち魏に之《ゆ》き——乃之魏」とつづくわけですが、ここで重要なのが「乃」です。漢文には「すなわち（すなはち）」と訓読される字がたくさんありますが、まずおぼえていただきたいのが「即」と「乃」です。いずれも「A即B」「A乃B」のように上の事柄と下の事柄をつなぐはたらきをしますが、そのつながり方は対照的です。単純化していうと、「A即B」は、Aということから、間をおかず、そのまま、ただちに、スパッとBにつづく感じ。いっぽう「A乃B」は、Aという条件を満たしたうえで、あるいはAという経緯をへたうえで、ようやく、やっと、はじめて、Bにいたる、という感じです。いずれもさまざまな文脈でさまざまな語感を表しますが、ここでは最も基本的な対比を看ていただくことにしましょう。まず『漢辞海』の「即」の「句法1」から一部を引いてみます（頁二一四・下）。

即　乃

①ある行為や事情が、その前の事態に対して時間的に密着して起こることを表し、「ただちに」「すぐに」と訳す。

〔例〕権即遣粛行

けんすなわチしゅくヲつかハシテゆかシム

〔訳〕孫権はただちに魯粛《ろしゅく》を派遣させた（『資治通鑑』漢・建安一三年）

②ある条件や事情の下で、論理的な必然性をもってある行為や事情が起こることを表し、「とりもなおさず」と訳すが、時によっては無理に訳語をあてなくてもよい。

〔例〕発即応弦而倒

はっスレバすなわチげんニおうジテたおル

〔訳〕矢を射ると弦音にしたがって敵が倒れた（『史記』李将軍伝）

①は時間的な前後関係が、②は論理的な因果関係が、ピッタリ直接に結びついている感じが「即」によって表されています。

いっぽう「乃」については、その［句法］欄の③に次のような説明が見えます（頁三五・下）。

乃

㋐ある条件の下で後の行為や事情が起こる場合。「そうしてはじめて」「やっと」と訳す。

〔例〕学之乃知

これヲまなンデすなわチしレル

〔訳〕勉強してはじめて分かる（『論衡』実知）

学ばなければ分からない、学んだうえではじめてわかる、ということです。「即」が充分条件（それだけで、もう）を表しているとすれば、「乃」は必要条件（そうであって、はじめて）を表している、と譬えてもいいでしょう。本文にもどると、達摩は武帝が低次元な有為の事ばかり問うのですっかりイヤになり、「乃ち」、それだからこそ（それゆえやむなく）、南朝の梁を捨て、北朝の魏に向かったのだ、というわけです。

つづく「嵩山《すうざん》少林寺《しょうりんじ》に隠れ——隠於嵩山少林寺」とその後に出てくる「魏使宋《そう》雲《うん》、葱嶺《そうれい》より回《かえ》り——魏使宋雲於葱嶺回」も、すでに第2課でやりました。さきほどの「以～」と同様、「於～」にも「《述語》於～」と「於～《述語》」の二種の語順があり、それぞれ次のような構造になっているのでした。

於～

《隠》於嵩山少林寺
嵩山《すうざん》少林寺《しょうりんじ》に隠れ

魏使宋雲 於葱嶺《回》
魏使宋雲、葱嶺《そうれい》より回《かえ》り

かくして、ここまでは、「そこで（北朝の）魏にゆき、嵩山少林寺に隠棲したが、毒をもられて身まかった」という意味になります。「遇毒而卒」は「《遇う》—毒に」

卒

と「(而)《卒《しゅっ》す》」がつながった構造で、「遇」は思いがけず出くわすこと（『漢辞海』「遇」[一]《動》㋐、頁一四四五・上）、「卒」は死去することです。「卒」は、おわる、死去する、の意のときは「シュツ」という字音になり（「ソツ」は慣用音）、漢文訓読では、亡くなるという意味の場合にかぎって特に「卒《しゅっ》す」とよむ習わしになっています（『漢辞海』「卒」C[一]《動》②、頁二〇六・中）。「乃《すなわ》ち魏に之《ゆ》き、嵩山少林寺《すうざんしょうりんじ》に隠れ、毒に遇いて卒《しゅっ》す――乃之魏、隠於嵩山少林寺、遇毒而卒」。

　しかし、「其の年、魏使宋雲《そううん》、葱嶺《そうれい》より回《かえ》り、之《これ》に見《あ》う――其年、魏使宋雲於葱嶺回、見之」。その同じ年、魏の使者として西域に遣わされていた宋雲がパミール高原を通って帰って来るさい、達摩と会った。そこで「門徒、其の墓を発《ひら》くに、但《た》だ衣《え》履《り》有る而已《のみ》――門徒発其墓、但有衣履而已」。宋雲の話を聞いた門徒たちが達摩の墓を開いてみたところ、そこには、ただ、衣と履物が有るだけであった。

但～

　「但」は《述語》の前について、ただ～だけ、の意を表します（『漢辞海』「但」「句法1」頁八七・下）。「但」だけでも「ただ……のみ」と訓読されますが、ここではさらに文末の「而已《のみ》」が呼応して、限定・確定の語気がいっそう強く加えられています（『漢辞海』「已」「句法3」、頁四五一・上）。そこには、衣と履物が「有った」と言っているのではなく、衣と履物「しか無かった」と言っているのです。

〔3〕**慧可断臂**　最後に〔3〕を読みましょう。

達摩は慧可《えか》に伝えた。慧可は自らの左腕を断ち切って達摩の法を求めた。のち慧可は璨《さん》〔僧璨〕に伝え、璨は道信《どうしん》に伝え、道信は弘忍《ぐにん》（こうにん）に伝えたのであった。

慧可断臂

左臂

達摩、慧可《えか》に伝う。慧可は嘗《かつ》て其《そ》の左臂《ひだりうで》を断ち、以って其《そ》の法《ほう》を求む。慧可は璨《さん》に伝え、璨は道信《どうしん》に伝え、道信は弘忍《ぐにん》（こうにん）に伝えたり。

達摩伝慧可、慧可嘗断其左臂、以求其法。慧可伝璨、璨伝道信、道信伝弘忍。

達摩は慧可に伝えた。慧可は自らの左腕を断ち切り、「以って」（それによって）達摩の法を求めた。「達摩、慧可《えか》に伝う。慧可は嘗《かつ》て其《そ》の左臂《ひだりうで》を断ち、以って其《そ》の法《ほう》を求む」。「慧可嘗断其左臂」は「慧可ー嘗→《断》ー其左臂」という構造。「嘗」は《述語》の前について、以前、過去に、そういうことがあった、という意味を表し、「かつて」と訓まれます（『漢辞海』「嘗」三《副》、頁二八〇・中）。

嘗

①これまでに。かつ-て。《行為や事件が以前にあった意》

〔例〕嘗与人傭耕

かつテひとノためニようこうス

〔訳〕（陳渉は）かつて人に雇われて田を耕した（『史記』陳渉世家）

臂

「臂《ひ》」も訓読みと字義がずれている例のひとつです。漢語としては「肩から手首までの部分。かいな。うで」を指します。「ひじ。腕の関節の外側の部分」というのは、あくまでも〔日本語用法〕に過ぎません（『漢辞海』「臂」㊀《名》①、頁一一八八・下）。中国語で「鉄腕アトム」が「鉄臂阿童木」、「テナガザル」が「長臂猿」だといえば、すぐご納得いただけるでしょうか。雪舟の絵でも名高い「慧可断臂」の故事は、「ひじを断ち切った」話ではなく、「うでを断ち切った」話なのでした。

その後、達摩が伝えた法と衣鉢は、二祖慧可（恵可）以下、三祖僧璨《そうさん》、四祖道信《どうしん》、五祖弘忍《ぐにん》（こうにん）、と伝えられていきました。「慧可は璨に伝え、璨は道信に伝え、道信は弘忍に伝えたり——慧可伝璨、璨伝道信、道信伝弘忍」。「弘忍」は、臨済宗では呉音で「ぐにん」、曹洞宗では漢音で「こうにん」と読みならわされています。

第5課　達摩と武帝「無功徳」

今回は、前回までの『旧唐書《くとうじょ》』神秀《じんしゅう》伝でもふれられていた、達摩と梁《りょう》の武帝《ぶてい》の話を読んでみます。これは現存の限りでいうと、盛唐の時代の禅僧、荷沢神会《かたくじんね》（六八四—七五八）の『菩提達摩南宗定是非論《ぼだいだるまなんしゅうていぜひろん》』という書物に初めて登場する、次のような物語です。

梁《りょう》の時代のインド僧、字《あざな》菩提達摩は、南天竺《なんてんじく》国王の第三王子であった。若くして出家し、智慧は甚だ深く、あらゆる三昧《さんまい》において如来禅《にょらいぜん》の境地を得ていた。

梁武帝

そこでその法を乗り物とし、はるばる海を渡って梁の武帝のもとにやって来た。
武帝、「朕《ちん》は寺院を建造し、人々を出家させ、仏像をつくり、経典の書写を行った。なにか功徳《くどく》があるであろうか?」

無功徳

達摩、「功徳《くどく》など無い」。
武帝は凡情のためにその意を解せず、達摩はそのまま追い出されてしまったのであった。

梁《りょう》朝の婆羅門《ばらもん》僧、字《あざな》菩提達摩は、是れ南天竺国《なんてんじくこく》国王の第三子なり。少《わか》くして出家し、智慧甚《はなは》だ深く、諸《もろもろ》の三昧《さんまい》に於いて、如来禅《にょらいぜん》を獲《え》たり。遂《かく》て斯《こ》の法に乗りて、遠く波潮を渉り、梁の武帝の辺《もと》に至る。武帝、法師〔達摩〕に問いて曰く、「朕《ちん》、寺を造り人を度し、像を造り経を写す、何ぞの功徳《くどく》有り不《や》?」達摩答う、「無功徳《むくどく》」。武帝、凡情《ぼんじょう》にして達摩の所言を了《さと》らず、遂《かく》て遣《お》い出《いだ》さる。

梁朝婆羅門僧字菩提達摩、是南天竺国国王第三子。少小出家、智慧甚深、於諸三昧、獲如来禅。遂乗斯法、遠渉波潮、至於梁武帝辺。武帝問法師曰、「朕造寺度人、造像写経、有何功徳不？」達摩答、「無功徳」。武帝凡情不了達摩所言、遂被遣出。（鄧文寛・栄新江『敦博本禅籍録校』江蘇古籍出版社・敦煌文献分類録校叢刊、一九九八年、頁七）

「梁《りょう》朝の婆羅門《ばらもん》僧、字《あざな》菩提達摩は、是れ南天竺国《なんてんじくこく》国王の第三子なり。――梁朝婆羅門僧字菩提達摩、是南天竺国国王第三子」。「梁」は中国の南北朝時代の、南朝の王朝のひとつ。年代は、五〇二年―五五七年（『漢辞海』「梁」㊀《名》⑦㋐、頁七三八・中／年表は『同』頁一七五七）。「婆羅門僧」はここでは単にインド僧ということ。「婆羅門」はインドの別称です（『宋史』巻四九〇・外国伝六：「天竺国の旧名は〝身毒〟亦た〝摩伽陀〟とも曰い、復た〝婆羅門〟とも曰う」。また織田得能『仏教大辞典』の「婆羅門国」の条、参照）。

梁

婆羅門

「字《あざな》」については、『漢辞海』に次のような説明があります。

元服のときにつける呼び名。実名を呼ぶのは親・師・君主などに限られ、一般の人はあざなで呼ぶ。女子は婚約したときにつける。名と意味上関連した文字を用いる。（「字」㊀《名》④「あざな」頁三七九・下）

名（な）と字（あざな）

出生三か月にして最初に父親によって命名された名前を「名」、二十歳で成人となって付けた別名を「字《あざな》」という。「字」は「名」と意味上関連させて付けられた。（「名」の［類義語／名・字］①、頁二四三・上）

父親からつけられた実名が「名《な》」ですが、これは他人からむやみに呼ばれてはいけないもので、そのため大人になる時に社会的な通名として「字《あざな》」をつけるというわけです。たとえば『三国志』でおなじみの「諸葛亮《しょかつりょう》」（一八一―二三四）は、姓が「諸葛」、名が「亮」で、「孔明《こうめい》」がその字です（『漢辞海』「諸葛亮」、頁一三三九・下）。「亮」が明るいという意味なので、それにちなんで「孔明」という字になっています。漫画やゲームで「諸葛亮孔明」などとものものしげに言っていることがありますが、いけませんね。名を呼ぶことを避けるためにわざわざ字をつけているのに、それをまたくっつけては元も子もありません。

もうひとつ面白い例が、神会とも交渉のあった盛唐の有名な詩人「王維《おうい》」（七〇一？―七六一？）です。「王」が姓で、名が「維」。その字は「摩詰《まきつ》」といいます（『漢辞海』「王維」、頁九三三・中）。名と字をつなげると「維摩詰《ゆいまきつ》」となるしかけで、いかにも仏教を篤く信じた人らしい名のりです。なお「名」のことを本人の没後は「諱《いみな》」といいますのでご注意ください（『漢辞海』「諱」［類義語／諱・名］頁一三四八・下）。

本文にもどりましょう。「是れ南天竺国国王の第三子なり」。「是」は「コレ」と訓

是〜

読はしていますが、すでにアレとかコレとかいう指示の意味はなく、「《是》〜」で「〜だ」「〜である」という意味になります。「平常心《びょうじょうしん》是《ぜ》道《どう》」〔馬祖〕は「平常の心が道である」（平常心―《是》―道）、「日日是好日《にちにちこれこうにち》」〔雲門〕は「一日一日が好《よ》き日である」（日日―《是》―好日）ということです。『漢辞海』の「是」の項に次のようにあります（「是」三《動》、頁六七五・中）。

①…である。こ‐れ。《判断を表し、英語の be 動詞に相当する。伝統的に「これ」と訓読してきた》

〔例〕不知木蘭是女郎

しラずもくらんハこレじょろうナルヲ

〔訳〕木蘭が女性であるとは知らなかった（木蘭詩）

「木蘭」は、男装して父親のかわりに従軍し、輝かしい戦功をあげて凱旋したという伝説上の女性の名。中国語でよむと「ムーラン」。そう、あのディズニー・アニメは、この女性の物語だったのでした。右の例文は「木蘭―《是》―女郎」という小さい文がまるごと「不知」の目的語になった構造で、「木蘭は女性である」ということを戦友たちは誰も「知らなかった」というわけです。

したがって「《是》―南天竺国国王第三子」は「南天竺国国王の第三子である」と

いうことで、それが「少小《わか》くして出家し、智慧甚《はなは》だ深く、諸《もろもろ》の三昧《さんまい》に於いて、如来《にょらい》禅《ぜん》を獲《え》たり。――少小出家、智慧甚深、於諸三昧、獲如来禅」とつづきます。

「少小」は若いこと（『漢辞海』「少小」頁四二〇・下）。盛唐の賀知章《がちしょう》の「回郷偶書」という詩に「少小《しょう》にして家を離れ老大《ろうだい》にして回《かえ》る――少小離家老大回」という一句があります。「若くして家を離れ、年老いて帰ってきた」ということで、「少小」と「老大」の対比がよくわかります。

少小

老大

「如来禅《にょらいぜん》」は四巻『楞伽経《りょうがきょう》』に説かれる四種禅のなかで最高位に位置づけられる禅。「如来清浄禅《にょらいしょうじょうぜん》」「最上乗禅《さいじょうじょうぜん》」とも呼ばれます。「諸《もろもろ》の三昧《さんまい》に於いて、如来禅《にょらいぜん》を獲《え》たり」は、あらゆる禅定を修め、その結果、最高の境地を得ていた、と理解しておけばいいでしょう。

そして「遂《かく》て斯《こ》の法に乗りて、遠く波潮を渉り、梁の武帝の辺《もと》に至る――遂乗斯法、遠渉波潮、至於梁武帝辺」。あらゆる三昧を修めて最高の如来禅の境地を得ていた、それで、その法に乗ってはるばる海原をわたり、梁の武帝のところにやって来た。「斯の法に乗る」というのはもちろん比喩で、「大乗」とか「一仏乗」とかいう言い方が示すように、仏法はしばしば乗り物に喩えられます。ここは、如来禅を拠りどころとして、ということを、如来禅という乗り物に乗って、と表現したものでしょう。

さて、この一文で要注意なのが「遂《すい》」です。「遂」は伝統的には「ついに（ツヒニ）」

遂

と訓読されますが、実は「とうとう、しまいには」ととらないほうがいい場合が多いのです。『漢辞海』の「遂」の〔句法〕欄で次のように説明されています（頁一四四六・上）。

①ある行為や状況に引き続いて、次の行為や状況が出現することを表す。「そのまま」「そして」「なりゆき上」などと訳す。次の「②」より使用頻度は高い。
〔例〕侵蔡、蔡潰遂伐楚
さいヲおかシ、さいついユレバついニそヲうツ
〔訳〕蔡に侵攻し、蔡がついえたので、そのまま楚を攻めた（『左伝』僖公四年・経）

「②」というのは「結局、とうとう」という意味のことです。「ついに」と訓読はするが、実際には、それよりも右のような使い方──前の事がらの自然ななりゆきの延長線上に次のことが起こるという感じ、「それで、そうして、そのまま」──のほうがふつうだということです。それで、ここでは「遂《かく》て」と意訳しました。

つづいて、いよいよ達摩と武帝の対面です。歴史上の梁の武帝は、異常ともいえるほど熱心な仏教の信奉者でした。自宅を光宅寺にあらためて高僧法雲《ほううん》を住まわせ、「酒肉を断つ文」を書いて精進の生活にしたがい、宮中に戒壇を設けて菩薩戒《ぼさつかい》を受け、法会を催して自ら『涅槃経《ねはんぎょう》』を講じ、さらには我が身を仏寺に喜捨する「捨身《しゃしん》」

まで行いました。その甚だしさは、後世、仏教信仰のために国を誤った実例としてたびたび引き合いに出されるほどです（詳しくは、吉川忠夫『侯景の乱始末記』志学社選書、二〇一九年、森三樹三郎『梁の武帝―仏教王朝の悲劇』法蔵館文庫、二〇二一年、参照）。

そこで「武帝、法師に問いて曰く――武帝問法師曰」。武帝が達摩に問うた。「朕《ちん》、寺を造り人を度し、像を造り経を写す、何ぞの功徳《くどく》有り不《や》？――朕造寺度人、造像写経、有何功徳不？」

朕

「朕」は「①わたし。われ。わ-が。《秦以前は一般的な自称》②皇帝専用の自称。《始皇帝にはじまる》」（『漢辞海』「朕」〔一〕《代》、頁六九八・下）。ここはむろん②で、武帝の自称。自分は寺院を建立し、多くの者を出家させ、仏像を造り、経典の書写を行った。さあ、これほどの善行を行ってきた自分に、何か功徳が有るだろうか？

～不？

――「有何功徳不？」。「～不？」は、ハイかイイエで答える是非疑問文の形。これで「～ですか？」ということですが、伝統的には「～なりや不《いな》や？」と訓読されています。『漢辞海』の例文を見ましょう（C〔一〕《助》、頁二〇・上）。

〔例〕可予不

あたフベキヤいなヤ

〔訳〕（わが国の璧《へき》を秦《しん》に）与えるべきであろうか（『史記』廉頗藺相如列伝）

「有何功徳不?」は、全体が「〜不?」という是非疑問の形なので、「何」はナニという疑問でなくナニカという不定の意となります。ただし『祖堂集』『景徳伝灯録』などはみなこれを「有何功徳?」と作っており、これだと「何の功徳か有る?」という疑問詞疑問文になります。何の功徳が有るか、どういう功徳が有るか、ということです。「《有》〜」で「〜が有る」、「《無》〜」で「〜が無い」という文になることは、すでにやったとおりです。『論語』の有名な一文もこの句法でできています。

有〜
無〜

人無遠慮、必有近憂。（『論語』衛霊公篇）
ひとニとおキおもんぱかリなクンバ、かならズちかキうれヒあラン

「人無遠慮」は「人―《無》―遠慮」で「人に、遠《とお》き慮《おもんぱか》り（遠いさきまで見通した考え）が無い」。「必有近憂」は「必↓《有》―近憂」で「必ず、近《ちか》き憂《うれ》い（目先の困った問題）が有る」。前後が四字・四字のリズムで呼応しあって「人に遠《とお》き慮《おもんぱか》りが無いと、必ずや近《ちか》き憂《うれ》いが有ることになる」というつながりになっています。

さて、「何か功徳が有るか」という武帝の言葉は、むろん大いなる功徳が有る、という答えを期待しての問いだったでしょう。ところが、達摩の答えは「無功徳」。これも「《無》―功徳」という構造で「功徳が無い」ということ。「武帝、凡情にして達摩の所言を了《さと》らず、遂《かく》て遣《お》い出《いだ》さる。——武帝凡情不了達摩所言、遂被遣出」。武

帝は凡俗の料簡のために達摩のその言を理解せず、それで達摩は、そのまま（遂）追い出されてしまったのでした。

「了」は「わかる。理解する。さと‐る」（『漢辞海』「了」A㈠《動》②、頁四五・中）。　了

「所言」は、言ったこと、言った内容。「所」は動詞の前につけて、その動作の対象になる事物を指す名詞を構成します。訓読は「～する所」。日本語でも「所見」は、　所～

見えたもの、見えたこと。「所感」は、感じたこと。「所産」は、産み出されたもの。「所属」なら、属しているさき、ですね。『漢辞海』の「所」の［句法1］に詳しい解説があります。ここではそこから、解りやすい例をひとつだけ引いておきます。（頁五七四・下）

㋓述語の場合

〔例〕魚我所欲也

うおハわれノほっスルところなり

〔訳〕魚は私の欲しかったものである（『孟子』告子篇・上）

「遂被遣出」の「遂」は、ついさきほど見た、それで、そうして、そのまま。「遣」　遂

は「③や‐る。㋐放逐する」（『漢辞海』「遣」㈠《動》③、頁一四五二・中）。「被」は動詞　被

の上について受身を表します。「被《述語》」で「《述語》せらる」などと訓みます

（『漢辞海』「被」〔句法1〕頁一二九四・中）。

〔例〕信而見疑、忠而被謗
しんニシテうたがハれ、ちゅうニシテそしラる
〔訳〕信義を守っても疑われ、忠義を尽くしても悪口を言われる（『史記』屈原伝）

右の「見《述語》」も同じく受身を表しています（『漢辞海』「見」〔句法〕、頁一三〇九・中）。なお、Aが～される、という時は、「A被《述語》」ですが、AがBに～される、という場合には「A被《述語》於B」あるいは「A被B《述語》」となります。受け身文には他にもいくつか句型がありますが、これから少しずつ勉強していって、最後に第29課の「受け身文のまとめ」のところで整理します。

廓然無聖　『菩提達摩南宗定是非論』における達摩と武帝の問答は以上ですが、後世、ここにいろいろな脚色や解説が付加されて、様々な異伝が生み出されてゆきました。どの文献でもほぼ共通に加わっているのが次のような問答ですので、『従容《しょうよう》録《ろく》』でざっとスジだけ見ておきましょう（ダルマは唐代の文献では「達摩」、宋代以降は「達磨」と書かれることが多い。次もその例です）。

梁の武帝が達磨に問うた。

「聖なる真理とは如何なるものか?」

達磨、「からんとして、聖なるものなど存在しない」

「しからば、朕に対面している者は何者か?」

「識らぬ」

武帝は機縁かなわず、かくて達磨は長江を渡って少林寺にいたり、面壁九年したのであった。


梁の武帝、達磨大師に問う、「如何《いか》なるか是れ聖諦第一義《しょうたいだいいちぎ》?」 磨云く、「廓《かく》然無聖《ねんむしょう》」。帝云く、「朕《ちん》に対する者は誰《たれ》ぞ?」 磨云く、「識《し》らず」。帝、契《かな》わず、遂《かく》て江を渡って少林に至り、面壁九年《めんぺきくねん》す。 聖諦第一義

梁武帝問達磨大師、「如何是聖諦第一義?」 磨云、「廓然無聖」。帝云、「対朕者誰?」 磨云、「不識」。帝不契、遂渡江至少林、面壁九年。(『従容録』第二則「達磨廓然」) 廓然無聖 不識 面壁九年

「聖諦第一義」とは、世俗を超えた聖なる根本的真理のこと。それを問う武帝に対して、達磨はソッケなく、冷えびえとした態度で答えました。

――「廓然無聖《かくねんむしょう》」

からんと空虚で、聖も何も存在しない。「廓然」は乾いたからっぽの空間が、空しくどこまでもひろがっている感じを表す擬態語です。『漢辞海』の「廓」の字義に〔一〕《形》①広く大きいさま。……②何もなくがらんとしたさま」、同「廓然・廓如」の条に「③広くあいているさま……④むなしいさま……」と見えます（頁四七九・中）。

武帝は問い返します――「朕《ちん》に対《たい》する者《もの》は誰《たれ》ぞ？」。ならば、こうして朕に対面しているのは、いったい何者か？　しかし、達磨の答えは、なおも冷ややかでした。

――「不識《ふしき》」

そのような者は、見も知らぬ。「識」は、知識や情報として頭で知っているのでなく、直に見知っている、顔見知りである、という意味です（『漢辞海』「識」A〔一〕《動》①㋑、頁一三五四・上）。あなたが知りたがっているような者は、顔も見たことない。

かくして機縁かなわず、達磨は長江を渡り、北魏の地へと向かい、嵩山少林寺に入って「面壁九年《めんぺきくねん》」しました。「面」はここでは「面と向かう」という動詞（『漢辞海』「面」〔三〕《動》③、頁一五七五・中）。「面壁」で「壁に面する」（《面》―壁）ということですが、ここでは壁に向かって坐禅することを意味しています（『漢辞海』「面壁」頁一五七五・下）。漢語では、動作の量を表すことば（ドレダケ、ここでは「九年」）は動詞句（ここでは「《面》―壁」）の後に置かれ、「～することドレダケ」と訓読されます

動作量

（『漢辞海』「漢文読解の基礎」四〈4〉述語構造①数量補語、頁一六九八・上）。「面壁九年」なら「面壁すること九年」。

名前の省き方　なお、ここで、「達磨」が二回目からは「磨」、「武帝」も二回目からは「帝」と略されていることにご注目ください。中国では伝統的に、二字の名のうち一字（多くは下の字）が本人独自の名を表し、もう一字（多くは上の字）は一族の系図のうえでの世代を表示しているのが通例です。日本のように同じ字を父から子へ子から孫へと世代を超えてタテに継いでいくことは無く、同じ代の男子の間で同じ字（多くは上の字）をヨコ一列に揃えるのです。そのため、人名を略して呼ぶ際は、よく下の一字のみをいうのですが、禅籍では、この形式が下の名前だけでなく呼称全般に機械的に適用され、「達磨」が「磨」、「武帝」が「帝」と略されることになるのです。

名前の省き方
磨
帝

第6課　恵可断臂

達摩《だるま》と梁《りょう》の武帝《ぶてい》の話につづけて、今回は、達摩と恵可の物語を読んでみます。前に読んだ『旧唐書《くとうじょ》』神秀《じんしゅう》伝に「達摩、慧可《えか》に伝う。慧可は嘗《かつ》て其《そ》の左臂《ひだりうで》を断ち、以って其《そ》の法《ほう》を求む」とあった、「恵可断臂《だんぴ》」の一段です（「臂」が「ひじ」でなく「うで」のことであるのは、その時、述べたとおりです。第4課の末尾、参照）。ここでは前回と同じく、荷沢神会《かたくじんね》の『菩提達摩南宗定是非論《ぼだいだるまなんしゅうていぜひろん》』の文で読んでみます。前回読んだ文のつづきです。

〔達摩は〕魏《ぎ》にたどり着き、恵可と出逢った。恵可はその時四十歳、俗姓は姫《き》で、武牢《ぶろう》の人であった。そのまま達摩につきしたがって嵩山少林寺《すうざんしょうりんじ》に行った。達摩はそこで不可思議の法を説き、恵可は堂の前に立っていた。その夜、恵可の腰のあたりまでも雪が降り積もったが、恵可は、なおも立ちつくしたまま、その場を動かなかった。

達摩が恵可に言った、「そのほう、何ゆえここに立つ」。

恵可は涙を流して泣きながら、「和尚さまが西方よりはるばるこちら〔中国〕にいらしたのは、法を説いて人を済度なさらんがため。今、それがし、我が身を損なうことをも憚《はばか》らず、無上の法を求めております。ただ、ただ、和尚さまの大いなるお慈悲をお願い致します！」

達摩は恵可に告げた。「わしが見てまいった求法の人は、みな、これしきではなかったが」

そこで恵可は刀を取り出して自ら左腕を断ち切って、達摩の前に置いた。達摩はそれを見て、言った。

荷沢神会

恵可

嵩山少林寺

「汝、可《よ》し」
恵可はもと神光という字《あざな》であったのが、これによって名を改め、かくして恵可と称するようになったのであった。

行きて魏《ぎ》朝に至り、便ち恵可《えか》に遇《あ》う。時に四十、俗姓は姫《き》、武牢《ぶろう》の人なり。遂《かく》て菩提達摩《ぼだいだるま》と相い随いて嵩山少林寺《すうざんしょうりんじ》に至る。達摩、不思議の法を説き、恵可、堂前に在りて立つ。其の夜、雪下《ふ》りて恵可の腰に至るも、恵可、立ちて処を移さず。達摩、恵可に語《つ》げて曰く、「汝、何為《なんす》れぞ此間《ここ》に立てる？」恵可、涕涙悲泣《ているいひきゅう》して曰く、「和上、西方より遠く来りて此《ここ》に至り、法を説き人を度《ど》せんと意《おも》う。恵可《それがし》、今、躯《み》を損《そこな》うを憚《はばか》らず、勝法《しょうぼう》を志求《しぐ》す。唯《た》だ和上の大慈《だいじ》大悲《だいひ》を願うのみ」。達摩、恵可に語げて曰く、「我れ求法《ぐほう》の人を見るに、咸《み》な如此《かくのごと》くならず」。恵可、遂《かく》て刀を取り自ら左臂《ひだりうで》を断《た》ちて、達摩の前に置く。達摩、之《これ》を見て曰く、「汝《なんじ》、可《か》なり」。先に在《お》いては神光《しんこう》と字《あざな》せるも、此《こ》れに因《よ》りて名を立て、遂て恵可と称せり。

行至魏朝、便遇恵可。時卌、俗姓姫、武牢人也。遂与菩提達摩相随至嵩山少林寺。達摩説不思議法、恵可在堂前立。其夜、雪下至恵可腰、恵可立不移処。達摩語恵可曰、「汝何為此間立？」恵可涕涙悲泣曰、「和上従西方遠来至此、意説法度人。恵可今不憚損躯、志求勝法。唯願和上大慈大悲」。
達摩語恵可曰、「我見求法之人、咸不如此」。恵可遂取刀自断左臂、置達摩前。
達摩見之曰、「汝可」。在先字神光、因此立名、遂称恵可。（鄧文寛・栄新江『敦博本禅籍録校』江蘇古籍出版社・敦煌文献分類録校叢刊、一九九八年、頁九）

「行きて魏朝に至り、便ち恵可に遇う。——行至魏朝、便遇恵可」。前に「即《すなわ》ち」と「乃《すなわ》ち」の違いを勉強しました（第4課）。「A即B」は、上と下が無媒介にスパッとつながる感じ。「A乃B」だと、ある条件を満たした上で、はじめて、ようやく、やっと、下につながる感じを表すのでした。「便」の基本的な用法は「即」に同じなので、「行きて魏朝に至り、便ち恵可に遇う」は、北魏に着いて、ほどなく、じき、恵可と出逢ったということです。「遇」は「思いがけなく出会う」こと（『漢辞海』「遇」㊀《動》①㋐、頁一四四五・上）。

便

「便」については［句法］欄（『同』頁一〇三・下）に詳しい説明がありますが、ここでは「便」と「乃」がいっしょに出てくる次の例を見ておきましょう。

乃

僧問、「如何是西来意?」師便打乃云、「我若不打汝、諸方笑我也」。（『景徳伝灯録』巻六・馬祖章）

西来意

僧問う、「如何《いか》なるか是れ西来意《せいらいい》?」祖（馬祖）便ち打ちて乃ち曰く、「我れ若《も》し汝を打たざれば、諸方、我れを笑わん」。
僧、「祖師西来意とは如何なるものぞ?」馬祖はすかさず（便）僧を打ち、その上でおもむろに（乃）こう言った、「ここでお前を打っておかねば、わしが諸方の老師たちの笑いものとなろう」。

僧が問うたとたん、考えるいとまも与えず、ただちに打ちすえ、そして、その上で、今度は、いくらか間をおきつつ、ゆったりした口調で最後の言葉を言った。そんな場面展開の緩急が、「便」と「乃」の書き分けによって描き出されています。

本文にもどりましょう。「時に卌《しじゅう》、俗姓は姫《き》、武牢の人なり。――時卌、俗姓姫、武牢人也」。「卌」は「四十」。「十」「廿（二十）」「卅（三十）」という具合に「十」をヨコむきに連ねていった書き方です（『漢辞海』「廿」頁四八三・上、「卅」頁二〇四・下）。「俗姓」は出家する前の俗人としての姓。中国では、「東晋の釈道安以後、出家者はすべて〝釈〟を姓とした」ので（『漢辞海』「釈」[二]《名》③、頁一四七九・下）、僧の伝記では釈姓になる前、何という姓であったのかを書き記すことが慣例になっています。つづく「武牢の人」というのは、いわば本籍地。必ずしも本人が生まれ育ったところとは限らず、その人の属する一族の原籍地のことで、「籍貫」「貫籍」「本貫」などといいます。

卌　釈　籍貫

それが「遂《かく》て菩提達摩と相い随いて嵩山少林寺に至る。――遂与菩提達摩相随至嵩山少林寺」。そのまま達摩について嵩山少林寺に行った。「遂」については前回やりました。伝統的には「ついに」と訓読しますが、「とうとう、結局は」という意味よりも、ここのように「それで、そうして、そのまま」という意味を表す場合のほうが多いのでした。「与～《述語》」は「～と《述語》する」（『漢辞海』「与」［句法３］、頁一八・下）。「相～」は前に第三課で勉強したとおり、「たがいに」という双方向の場合だけでなく、一方から他方に向けての、一方向の動作にもつきます。

遂
与～
相～

そこで「達摩、不思議の法を説き、恵可、堂前に在りて立つ。――達摩説不思議法、恵可在堂前立」。達摩は通常の思考を超えた深遠な真理を説き、恵可は堂の前で立っていた。「在～《述語》」で「ドコソコで《述語》する」（『漢辞海』「在」［三］《前》①、頁三〇〇・中）。

在～

「其の夜、雪下《ふ》りて恵可の腰に至るも――其夜、雪下至恵可腰」、その夜、雪が恵可の腰のところまで降り積もったが……。漢語には、実際に事柄が起こるとおりの順番に言葉が並んでゆくという原則があります。さきの「行至魏朝」は、魏朝まで行ったということが「行って（その結果）魏朝に至った」という語順で表現されたものでした。ここの「雪下至恵可腰」も、雪が恵可の腰のところまで降り積もった、ということですが、それが「雪が下《ふ》って（その結果）恵可の腰のところまで達した」という順序で表現されているわけです。しかし、恵可は「立ちて処を移さず。――恵可立不移処」、その場に立ったまま動きませんでした。

そこで「達摩、恵可に語《つ》げて曰く——達摩語恵可曰」。達摩が恵可に言った。「語《ゴ》」は、「かたる」という意味のときは低い調子（上声 yǔ）、「つげる」という意味のときは下がり調子（去声 yù）の発音になります（『漢辞海』「語」AとB、頁一三三五・上）。

語

「汝、何為《なんす》れぞ此間《ここ》に立てる?——汝何為此間立?」お前はどうしてここに立っているのか?「何為」は、どうして、なんのために、という疑問詞（『漢辞海』［句法1］【何為】【何謂】頁八二・中）。

何為

〔例〕今子何為中門而立。
いましなんすレゾもんニあタリテたツ
〔訳〕今あなたはどうして門の真ん中に立っているのか（『韓非子』外儲説左下）

「此間」は禅籍では伝統的に「すかん」と訓みならわされていますが、意味は単に「ここ」ということ（『禅語辞典』頁一七一・下）。「此間《ここ》」⇕「彼間《かしこ》」という対で、ほかに「此中《ここ》」⇕「彼中《かしこ》」という言い方もあります（『同』頁一七一・下、頁三八九・下）。

此間

「恵可、涕涙悲泣《ているいひきゅう》して曰く——恵可涕涙悲泣曰」、恵可は涙を流して泣きながら言った。「涕」「涙」、いずれも「なみだ」という名詞の用法と、「なみだを流す」という動詞の用法があります（『漢辞海』「涕」頁八三〇・上、「涙」頁八三四・中）。ここは後者。「悲泣」は「悲しみのあまり、涙を流す」（『同』頁五四二・下）。

涕涙悲泣

「和上、西方より遠く来りて此《ここ》に至り、法を説き人を度せんと意《おも》う。——和上従西方遠来至此、意説法度人」。和尚さまが西方よりはるばる此の地までやって来られたのは、法を説いて人を済度しようと思われてのこと。「従〜《述語》」は「ドコソコから《述語》する」「イツイツから《述語》する」。「〜より」と訓読し「時間・場所の起点」を示します（『漢辞海』「従」二《前》、頁五〇五・上）。「意」はここでは「心にかける。考える」という動詞の用法で、訓読は「おも‐う・オモ‐フ」（『同』「意」二《動》①、頁五四四・下「意」）。「遠来至此」も「説法度人」も、やはり実際の行為の順序どおりに語が並んだ形で、「遠来して（その結果）此《ここ》に至った——はるばる、ここまでやって来た」、「法を説き（それでもって）人を度《すく》う——法を説いて人を済度する」という表現です。

従〜

意

「恵可《それがし》、今、躯《み》を損《そこな》うを憚《はばか》らず、勝法《しょうぼう》を志求《しぐ》す。唯《た》だ和上の大慈大悲を願うのみ。——恵可今不憚損躯、志求勝法。唯願和上大慈大悲」。「恵可」は自分の名ですが、前回勉強したように、「名」は親・師匠・君主など、特別な人からしか呼ばれてはいけないもので、そのため「名」のほかにさらに「字《あざな》」をつけるのでした。そこで逆に自分の「名」で自分を指すと、相手を親・師匠・君主なみに尊んでいることを表す、非常にへりくだった一人称となるわけです。「恵可《わたくしめ》は」「今」「躯《み》を損なうことを憚らず——不憚損躯」「勝法を志求《しぐ》しております——志求勝法」。それゆえ「唯《た》だ和上の大慈大悲を願うのみ——唯願和上大慈大悲」、ひとえに和尚様の大慈悲を願うば

名

字

かりでございます。
すると「達摩、恵可に語《つ》げて曰く――達摩語恵可曰」、達摩が恵可に言った。わしは求道の人々を目にしてきたが、「我れ求法《ぐほう》の人を見るに――我見求法之人」、いずれもこのよう（この程度）ではなかった、「咸《み》な如此《かくのごと》くならず――咸不如此」。

全部否定と部分否定　ここで「不」の位置に注意してください。ここは「咸↓不如此」というかかり方ですから、「みなすべて↓そうではない」という全部否定になります。では、次の二つの例は、どうでしょうか。

全部否定

（A）仏祖倶不礼。（『臨済録』）
（B）以氷雑火、勢不倶全。（宗密『禅源諸詮集都序』）

（A）は「仏祖、倶《とも》に礼せず」。これも「倶↓不礼」ですから、さきほどの「咸↓不如此」と同様、仏も祖も、両方とも礼拝しない、どちらもともに拝まない、という全部否定になります。いっぽう（B）は「氷《こおり》を以《も》って火《ひ》に雑《まじ》うれば、勢《いきおい》、倶《とも》には全《まった》からず」。こちらは「不↓倶全」ですので、氷を火に混ぜれば、勢いとして、倶《とも》には全うできない、両方ともには存続しえない（少なくとも一方は滅ぶ）という部分否定になります。「倶に」ということでは「ない」、というわけです。ちなみにこの句は

部分否定

「将矛刺盾、功不双勝。——矛《ほこ》を将《も》って盾《たて》を刺《さ》せば、功《こう》、双《ふた》つながらは勝《か》たず」という句と対になっています。これも「不↓双勝」、「双《ふた》つとも」ということでは「ない」という部分否定で、矛で盾を刺せば、それぞれの功能からして、双方ともには勝たない、双方ともに勝つということはありえない（どちらか一方は必ず負ける）ということになります。

本文にもどります。「恵可、遂《かく》て刀を取り自ら左臂《ひだりうで》を断ちて、達摩の前に置く。——恵可遂取刀自断左臂、置達摩前」。恵可はそこで（遂）刀を手にとり、自分で自分の左腕を断ち切り、達摩の面前に置いた。「達摩、之を見て曰く——達摩見之曰」、達摩はそれを目にして言った。「汝、可なり。——汝可」、お前は合格だ。「臂」が「ひじ」でなく、「うで、かいな」の意であることは、第4課の終りのところで看たとおりです。

臂

「先に在ては神光と字《あざな》せるも、此れに因りて名を立て、遂て恵可と称せり。——在先字神光、因此立名、遂称恵可」。「在先」先には、「神光」という「字」であったのが、此の一件によって新たに名前を立て、それで（遂）恵可と称するようになったのでした（「字」はここでは動詞化の用法。「字〜」で「〜という字をつける」。「あざなス」。『漢辞海』「字」[一]④あざな《動詞化》、頁三七九・下）。

字（あざな）

達磨安心　以上、雪舟の絵などでも知られたあまりに有名な話ですが、しかし、それにしても、なんだか不人情で不自然な話という感じがしないでしょうか？ 実は最も古い記録である『続高僧伝《ぞくこうそうでん》』巻十六・僧可（恵可）伝では、恵可が賊に切られたために片腕であったと記されていました。それが『伝法宝紀《でんほうぼうき》』という書物（いわゆる「北宗」系の灯史、敦煌出土）に至って、恵可が切なる求道の念を示すために自ら断臂したという話に脚色され、それを神会が踏襲したという経緯です（小川『中国禅宗史―「禅の語録」導読』第四章、一―一「達摩・恵可と『二入四行論』」参照。ちくま学芸文庫、二〇二〇年、頁一三〇）。

この後、この話にはさらに次のような問答が加わるようになります。今は手近な南宋の『無門関』で看ておきましょう。「達摩」が宋代以降、多く「達磨」と表記されるようになることは、前回も述べたとおりです。

断臂

達磨が面壁していた。二祖（恵可）は雪のなかに立ち、自らの腕を断ち切って言った。

「私は、心が安らかでありません。どうか師よ、この心を安らかにして下さい」

安心

「では、その心をここへ持ってまいれ。安らかにしてやろう」

「心を探し求めましたが、まったく得ることができません」

「ほれ、これで、汝のために心を安らかにしてやったぞ」

達磨面壁《めんぺき》す。二祖、雪に立ち、臂《うで》を断ちて云く、「弟子、心、未《いま》だ安らかならず。乞《こ》う師、心を安んぜよ」。磨云く、「心を将《も》ち来《きた》れ。汝が為に安んぜん」。祖云く、「心を覓《もと》むるも了《つい》に不可得《ふかとく》」。磨云く、「汝が為に心を安んじ竟《おわ》れり」。

達磨面壁。二祖立雪断臂云、「弟子心未安。乞師安心」。磨云、「将心来。為汝安」。祖云、「覓心了不可得」。磨云、「為汝安心竟」。（第四一則「達磨安心」）

右の一段は「安心問答《あんじんもんどう》」などともよばれて、よく知られています。「将心来」の

将

「将」は、ここでは「持つ。と-る」という動詞。「将筆来。ふでヲとリテきタル。筆をとってきた〈『洛陽伽藍記』二〉」（『漢辞海』「将」A㊀《動》⑨、頁四一五・上）。「来」は「…してくる《趨向補語として述語の後に置き、行為や動作がこちらに向かってくる方向性を表す。……》」（『同』「来」㊀③、頁七一一・上）。「将心来」で「《将《も》って》―心を―来い」、心を将《も》ち来《きた》れ。

了〜

「了」は「不」「無」などの否定詞の上につくと、まったく〜ない、という否定の強めになります。「まったく。つい-に。ツヒ-ニ《否定の強調》。了無喜色。ついニきしょくなシ。まったく喜びのようすがない〈『晋書』謝安伝〉」（『漢辞海』「了」㊁《副》①、頁四五・中）。「了不可得」なら、まったく「得ることができない」ということですが、仏教語で「不可得」というと、物が有るけど手が届かなくて取れない、ということではなく、捉えるべき実体がそもそも無い、

〜竟

対象となる物事がもともと実在しない、ということです。

「〜竟」は動詞句の後について動作の完了を表します。もう〜した。すでに〜している。「〜畢」や「〜了」にも同じ用法があり、いずれも「〜しおわる」と訓読されています。

なお、ここでも、「達磨」は二回目から「磨」、「二祖」も二回目には「祖」と略されています。前回の最後にも看たように、中国ではＡＢという名前がＢと略されるのがふつうですが、禅籍の場合は、その形式が下の名前以外の呼称にも機械的にあてはめられるのでした。

Ⅱ　六祖慧能の物語

初祖達磨（達摩）―二祖慧可（恵可）―三祖僧璨―四祖道信―五祖弘忍―

- **六祖慧能（恵能）**〔南宗〕
- **神　秀**〔北宗〕

第7課　六祖の物語（一）「恵能一聞、心明便悟」

達摩と恵可の話を読んできました。そのあと次のような次第で法が伝えられていったとされていることは、周知のとおりです。

初祖達磨（達摩）—二祖慧可（恵可）—三祖僧璨—四祖道信—五祖弘忍—六祖慧能（恵能）

今回と次回、『六祖壇経《ろくそだんきょう》』冒頭の、六祖恵能伝の一部を読んでみます。受戒の儀式にさきだって恵能が自らの半生を一人称で語るという設定で書かれた、たいへん有名な一段です。『六祖壇経』には、原書の成立から後世の異本の分化に至るまで、実にさまざまな文献学的問題が付随していますが、ここではそれに立ち入らず、最古の写本である敦煌本で恵能伝を一瞥するにとどめます。引用の本文は、敦煌市博物館所蔵の敦煌写本——いわゆる「敦博本《とんはくぼん》」——を底本とする周紹良《しゅうしょうりょう》編著『敦煌写本壇経原本』（文物出版社、一九九七年）に拠ります。今回掲げる原文は、その校記を参考にして原本の文字をいくらか改めたものです。

敦煌本『六祖壇経』は、恵能が韶州《しょうしゅう》大梵寺で高座に昇るところから始まります（韶州は今、広東省韶関市）。座下の僧尼道俗《そうにどうぞく》は一万余人。韶州刺史《しし》（知事）の韋據《いきょ》が官僚三十余人・儒者三十余人とともに恵能に説法を請い、かつ恵能の門人法海《ほうかい》にその記録を命じます。それを後世に伝え、代々の伝法のよりどころとさせようと願ってのことで、かくしてこの『壇経』という書物ができたとされているのでした（「刺史」は「官名…㋑漢の武帝のとき郡守につぐ地方官となり、後漢の末期以降、〝牧〟ともいい、地方の軍事・民政をつかさどる長官となる。㋒隋の煬帝と唐の玄宗は刺史を太守に改めた」、『漢辞海』「刺史」頁一七二・上）。

刺史

恵能は壇上で語り始めます。

〔1〕みなさま、心を澄ませてお聴きくだされ。それがしが父上は、もと范陽《はんよう》〔河北省涿《たく》県〕の役人でしたが、左遷されて流され、嶺南《れいなん》は新州《しんしゅう》〔広東省新興市〕の庶民の身分に落とされました。その父も、わたくしの幼少のころ、早くに亡くなってしまいました。老母、そしてわたくしは、南海《なんかい》〔広東省仏山市〕の地へと移り住み、艱難と貧窮のなか、市場で薪を売っていたのでした。

善知識《ぜんちしき》よ、浄《きよ》らかに聴け。恵能《それがし》が慈父は、本《も》と范陽《はんよう》に官たるも、左降して嶺《れい》南新州《なんしんしゅう》の百姓《ひゃくせい》に遷流《せんる》さる。恵能幼小にして、父亦《ま》た早く亡ず。老母と孤遺《こい》、移りて南海《なんかい》に来《きた》り、艱辛貧乏《かんしんびんぼう》して、市に於いて柴《まき》を売る。

善知識、浄聴。恵能慈父、本官范陽、左降遷流嶺南新州百姓。恵能幼小、

一　父亦早亡。老母孤遺、移来南海、艱辛貧乏、於市売柴。

「善知識」は仏教語で、「衆生をよく導く徳の高い僧。善友。……単に〝知識〟と　善知識
も」（『漢辞海』「善知識」、頁二七五・上）。ただし、『六祖壇経』では恵能から聴衆への
呼びかけの語として使われます。荷沢神会《かたくじんね》の『壇語《だんご》』でも、神会は聴衆に向かって
「知識」と呼びかけています。「恵能」はもちろん自分の名ですが、前回の「恵可断
臂」の話の「恵可《それがし》、今、躯《み》を損《そこな》うを憚《はばか》らず」のところで看たように、自分の「名」　名
で自分を指すと、へりくだった一人称となります。「嶺南」は「五嶺の南の地。今の　嶺南
広東省・広西壮《チワン》族自治区をいう」（『漢辞海』「嶺南」、頁四四五・中）。広東省は現在で
は上海とならぶ経済発展の先進地域ですが、唐代にあっては、文化はつる野蛮未開
の地とされていました。「百姓《ひゃくせい》」は一般庶民。日本語の「ひゃくしょう」とは異なり　百姓
ますので要注意です（『漢辞海』「百姓」、頁九八四・中）。「孤遺」は孤児・遺児。お母さ
んがいるのにヘンじゃないかと思われるかも知れませんが、「孤」は「孤児。みなし　孤
ご。《古くは、幼いときに父をなくした人。のちに、両親をなくした人》「遺孤」「幼
孤」」（『漢辞海』「孤」［一］《名》①、頁三八三・下）。『孟子《もうじ》』梁恵王《りょうけいおう》篇・下に「幼にして父
無きを孤と曰う——幼而無父曰孤」とあるのなどが、古い用法をよく示しています。
ここで恵能はそうした用語法にしたがって、自分のことを「孤遺」と称しているわ
けです。

さて、長じて後、市場で薪を売りながら、老母とふたりの貧しい生計を支えていた恵能でしたが、そんなある日のこと。

〔2〕たまたま一人の旅人が薪を買ってくれ、そのまま、わたくしをつれて宿屋に参りました。そのお人は薪を取り、わたくしは銭をいただいて門前へとひきかえします。そこで、ふと、一人の旅人が『金剛経《こんごうきょう》』を読んでいるのが目に入りました。わたくしは、それを耳にするなり、ただちに心が明らかとなって悟ったのでした。

忽《たちま》ち一客《いっかく》有りて柴《まき》を買い、遂《かく》て恵能《それがし》を領《ひき》いて、官店に至る。客《かく》、柴を将《も》ちて去《ゆ》き、恵能、銭を得て、却って門前に向う。忽ち一客の『金剛経《こんごうきょう》』を読むを見る。恵能、一《ひと》たび聞くや、心《こころ》明らかにして便《すなわ》ち悟る。

忽有一客買柴、遂領恵能、至於官店。客将柴去、恵能得銭、却向門前。忽見一客読『金剛経』。恵能一聞、心明便悟。

「忽《たちま》ち一客《いっかく》有りて柴《まき》を買い、遂《かく》て恵能《それがし》を領《ひき》いて、官店《かんてん》に至る。――忽有一客買柴、遂領恵能、至於官店」。「忽」は「ふと、ひょいと、たまたま」(『禅語辞典』頁一四三・忽下）。ことがらが、思いがけず、ひょっくり起こる感じです。「官店」の「店」は、ここでは「②旅館。やど」のこと（『漢辞海』「店」□一《名》、頁四七三・上）。「官」は公営の意（「官店」について、辞書に官営の商店という意味が出ていることがありますが、ここには当てはまりません）。「客」はここでは薪を買ってくれた顧客という意味ではなく、よその土地の人、旅人（『漢辞海』「客」□一《名》①②③、頁三九六・下）。「将」は「持つ。とる」（『漢辞海』「将」A□一⑨、頁四一五・上）。第5課の最後で看た「達磨安心」のなかで「将心来。――心を将《も》ち来《きた》れ」という文を読みました。

店

将

「客《かく》、柴を将《も》ちて去《ゆ》き、恵能、銭を得て、却って門前に向う。――客将柴去、恵能得銭、却向門前」。客が薪を持ち去り、恵能が銭を得て門前に引き返したところで、「忽ち一客の『金剛経《こんごうきょう》』を読むを見る。――忽見一客読『金剛経』」、忽《ふ》と、別の一《ひとり》の客《たびびと》が『金剛経』を読んでいるのが目に入りました。すると「恵能、一《ひと》たび聞くや、心《こころ》明らかにして便《すなわ》ち悟る。――恵能一聞、心明便悟」、恵能《わたくし》はそれを耳にするなり、ただちに心が明らかとなって悟ったのでした。

一～便…　さて、ここで注目したいのが「一～便……」「一《ひと》たび～するや、便《すなわ》ち……」という句型です。「一A便B」で、「ちょっとAしただけで、すぐさまBになる」「いったんAすると、ただちにBになる」という、緊密で即時的な呼応関係を表す語法です（現代中国語の「一～就…」に相当します）。『壇経』のなかに次のような例が見られます。

一～便…

恵能一聞、言下便悟。
恵能、一《ひと》たび聞くや、言下《ごんか》に便《すなわ》ち悟る。
恵能《わたくし》はそれを耳にするなり、言下に悟りました。

一悟即知仏也。
一《ひと》たび悟るや、即《すなわ》ち仏を知る。
悟ったとたんに、仏というものがわかるのだ。（「即」は「便」に同じ）

禅門の伝承では、神秀《じんしゅう》が「漸悟《ぜんご》」（継続的な修行にもとづく段階的・漸進的な悟り）を説いていたのに対し、恵能は「頓悟《とんご》」（無段階の瞬間的・直観的な悟り）を説き、前者が「北宗《ほくしゅう》」、後者が「南宗《なんしゅう》」となったとされています。そこから「南能北秀《なんのうほくしゅう》」「南頓北漸《なんとんほくぜん》」といった成語も生まれていますが、この「一～便…」は、いわば「頓悟」の即時的な実感を表現する句型として『壇経』に選ばれているようです。

旅人の読む『金剛経』を聞いて頓悟した恵能は、おそるおそる、その旅人にたずねます。

〔3〕そこで、おもむろに訊ねました。「どちらより、この経典を誦持して来られましたので？」

漸悟
頓悟
南能北秀
南頓北漸

乃ち客に問うて曰く、「何《いず》れの処《ところ》よりか来《きた》りて、此の経典を持《じ》す?」

乃問客曰、「従何処来、持此経典?」

「乃ち客に問うて曰く、——乃問客曰」。ただちに、とりもなおさず、という語感　乃の「便」「即」とは対照的に、「乃」は、その上で、ようやく、やっと、といった感じでした（第4課でやりました）。貧しく無学な恵能は、遠慮がちに、おそるおそる、重い口をひらいて旅人に訊ねたのでした。「何《いず》れの処《ところ》よりか来《きた》りて、此の経典を持《じ》す?——従何処来、持此経典?」

直訳すると、何処から来て、この経典を誦持しているのか、ということですが、日本語で考えるとちょっと解りにくいですね。前回もくりかえし述べたように、中国語では実際に事がらが起こるとおりの順序に言葉が並んでゆくという原則があります。前回の「雪下至恵可腰——雪が下《ふ》って（その結果）恵可の腰のところまで至った——雪が恵可の腰のところまで降り積もった」、さきほどの「遂領恵能、至於官店——恵能《わたくし》をつれてゆき（その結果）官店に至った——恵能《わたくし》を宿までつれていった」などの例がそれです。ここも発想としては同じで、「従何処来、持此経典?——何処から来て（それで）この経典を誦持しているのか?——何処からこの経典を誦持して来られたのですか?」つまり、何処でこの経典を授かり、その結果として、それをここまで誦持して来ているのか、というわけです。旅人は答えます。

〔4〕「うむ、わしは蘄州《きしゅう》は黄梅《おうばい》県の東馮墓《ふうぼ》山〔東馮茂《ふうぼ》山〕で五祖弘忍《ごそぐにん》和尚を礼拝《らいはい》した。和尚さまは今も現にその地におられ、門下には千人以上の修行者がある。わしはそこで、五祖大師が出家・在家の人々にこう勧められるのを聞いたのだ――ただ『金剛経《こんごうきょう》』一巻を誦持しさえすれば、それだけで見性し、ただちに成仏することができる、と」。

客《かく》答えて曰く、「我、蘄州《きしゅう》黄梅《おうばい》県の東馮墓《ふうぼ》山に於いて、五祖弘忍《ごそぐにん》和尚を礼拝《らいはい》す、見《げん》に今、彼《かしこ》に在りて、門人《もんじん》千余衆有り。我、彼《かしこ》に於いて大師の道俗《どうぞく》に勧むを聴見《きけ》り、但《た》だ『金剛経《こんごうきょう》』一巻を持すれば、即ち見性《けんしょう》するを得て、直《じき》に成《じょう》仏《ぶつ》を了《りょう》ぜん、と」。

黄梅

客答曰、「我於蘄州黄梅県東馮墓山、礼拝五祖弘忍和尚、見今在彼、門人有千余衆。我於彼聴見大師勧道俗。但持金剛経一巻、即得見性、直了成仏」。

旅人は答えます。わしは蘄州《きしゅう》は黄梅《おうばい》県の東馮墓《ふうぼ》山〔東馮茂《ふうぼ》山〕で五祖弘忍《ごそぐにん》和尚を礼《らい》拝《はい》した。「馮墓山《ふうぼざん》」は「馮茂山《ふうぼざん》」と書かれるのがふつうです。蘄州《きしゅう》黄梅《おうばい》県〔湖北省〕

のこの山は「東山《とうざん》」ともいい、五祖弘忍の一門は「東山法門」と呼ばれていました。「我、蘄《き》州《しゅう》黄梅《おうばい》県の東馮墓《ふうぼ》山に於いて、五祖弘忍《ごそこうにん》和尚を礼拝《らいはい》す。――我於蘄州黄梅県東馮墓山、礼拝五祖弘忍和尚」。

その五祖弘忍和尚は、今も現にその地におられ、門下には千人以上の修行者がある。「見」の字には「みる」の意味（字音は漢音・呉音とも「ケン」jiàn）のほかに、「現」と通用の用法（漢音「ケン」・呉音「ゲン」xiàn）もあります（『漢辞海』「見」AとB、頁一三〇九・上）。ここは後者で、「見今」は「現今」と同じです。「見《げん》に今、彼《かしこ》に在りて、門人《もんじん》千余衆有り――見今在彼、門人有千余衆」。

見

私はそこ（彼）で大師が「道俗」の人々にこう勧められるのをお聞きした。「彼」はここでは「かれ」でなく「あそこ。かしこ《場所を指す》」（『漢辞海』「彼」[一]《代》②、頁五〇一・下）。「此」にも「これ」のほかに「ここ《場所を指す》」という用法があります（『同』「此」[一]《代》②、頁七七六・上）。「道俗」は「出家者（僧）と世俗の人」（『漢辞海』頁一四四八・中）。「聴見」は口語。二字で、きこえる、耳にする。現代中国語と同じです。「我、彼《かしこ》に於いて大師の道俗《どうぞく》に勧むを聴《き》見《け》り――我於彼聴見大師勧道俗」。

彼

此

そこで五祖がどう教えていたかというと、「但《た》だ『金剛経《こんごうきょう》』一巻を持すれば、即ち見性《けんしょう》するを得て、直《じき》に成仏《じょうぶつ》を了《りょう》ぜん。――但持金剛経一巻、即得見性、直了成仏」。ただ『金剛経《こんごうきょう》』一巻を誦持しさえすれば、それだけで見性し、ただちに成仏することができる。

但~即…　さきほどの「一~便…」とともにここで注目したいのが、「但~即…」という句型です。「但《た》だ」には、「但だ~のみ（ただ~だけ）」という限定の用法や「但だ~せよ（ともかく~せよ）」という命令の用法のほかに、「但だ~せば（ただ~しさえすれば）」という仮定条件の用法があります（『禅語辞典』頁二九七・下）。その場合は、それだけでもう、ただちに、という意味の「即」で受けることが多く、その結果、「但~即…」という形でよく出てくるのですが、「即」がなくとも表される論理は同じです。『壇経』の例を看てみましょう。


但悟三身、即識大意。

但《た》だ三身を悟らば、即《すなわ》ち大意を識らん。

自らに具わる三身仏の意を悟りさえすれば、（それだけでもう）仏法の根本義が分かる。


但持金剛般若波羅蜜経一巻、即得見性、入般若三昧。

但《た》だ『金剛般若波羅蜜経』一巻を持さば、即《すなわ》ち見性《けんしょう》して、般若三昧《はんにゃざんまい》に入《い》るを得ん。

『金剛経』一巻を誦持しさえすれば、（それだけでただちに）見性し、般若三昧に入ることができる。

心但無不浄、西方去此不遠。
心但《た》だ不浄《ふじょう》無くんば、西方は此《ここ》を去ること遠からず。
心に不浄さえ無ければ、西方浄土はここから遠くない（心が浄《きよ》らかでありさえすれば、今この場が浄土なのだ）。

さきほどの「一～便…」同様、『壇経』ではこの「但～即…」という口語的な句型も「頓悟」の簡易性・即時性をいきいきと実感させる表現として活用されているようです。

かくして、旅人から五祖の教えを伝え聞いた恵能は、矢も楯もたまりません。

〔5〕わたくしはそれを聞くと、前世からの因縁に導かれ、ただちに親に別れを告げ、黄梅の馮墓山に行って五祖弘忍和尚を礼拝したのでした。

恵能聞説《きき》て、宿業《しゅくごう》に縁有り、便即《すなわ》ち親を辞し、黄梅の馮墓山に往き、五祖弘忍和尚を礼拝せり。

一 恵能聞説、宿業有縁、便即辞親、往黄梅馮墓山、礼拝五祖弘忍和尚。

「聞説」は「聞道」とも。いずれも、聞く、耳にする、という意の口語ですが（『禅語辞典』頁四五四・上）、人の言葉、話の内容を伝え聞く、という文脈で用いられます（現代中国語の「聴説」に当たります）。「便即」は同義の「便」と「即」をつなげて一語としたもので、「即便」という言い方もあります。恵能は旅人から五祖の教えを伝え聞くや、す、ぐ、さ、ま母親に別れを告げて黄梅の東山に行き、五祖を礼拝したのでした。

第8課　六祖の物語（二）「汝是嶺南人」

敦煌本《とんこうぼん》『六祖壇経《ろくそだんきょう》』から、恵能《えのう》伝の一部を抜粋して読んでいます。前回読んだのは、薪売りによって老母との貧しい生計を支えていた恵能が、ある時、一人の旅人の読む『金剛経《こんごうきょう》』を耳にして頓悟《とんご》。その旅人から五祖弘忍《ごそぐにん》禅師の話を聞いて、ただちに黄梅《おうばい》の地へ向かう、というお話でした。

宋代の文献になると、恵能が耳にして開悟したのは、『金剛経』のなかの次の一句だったという伝承が加わるようになります。

応無所住而生其心《おうむしょじゅうにしょうごしん》

応《まさ》に住《じゅう》する所《ところ》無くして其《そ》の心《しん》を生ずべし

応無所住而生其心

たとえば北宋初の『天聖広灯録《てんしょうこうとうろく》』巻七・恵能大師章では、その箇所が次のように記されています。

一日、薪《まき》を負《お》いて市《いち》に至り、客《たびびと》の『金剛経』を読むを聞く。「応無所住而生《おうむしょじゅうにしょう》其心《ごしん》」に至りて、感寤《さと》る所《ところ》有り。

一日、負薪至市、聞客読『金剛経』。至「応無所住而生其心」、有所感寤。

さて敦煌本『六祖壇経』の話は、このあと、黄梅における五祖と恵能の初相見の場面につづきます。

〔６〕弘忍和尚は、わたくしに問われました。「汝は何処の人間で、この山にわしを礼拝にまいったのか？ 今、わしのもとで、いったい何を求めようというのか？」

弘忍《ぐにん》和尚、恵能《それがし》に問うて曰く、「汝《なんじ》、何《いず》れの方《かた》の人にして、此《こ》の山《やま》に来《きた》りて

吾《われ》を礼拝《らいはい》す？ 汝、今、吾辺《わがところ》に向《おい》て復《は》た何物《なに》をか求む？」

弘忍和尚問恵能曰、「汝何方人、来此山礼拝吾？ 汝今向吾辺復求何物？」

五祖は恵能に問いました。「汝《なんじ》、何《いず》れの方《かた》の人にして、此《こ》の山《やま》に来《きた》りて吾《われ》を礼拝《らいはい》す？――汝何方人、来此山礼拝吾？」「何方」は、どちら、どこ。場所・方角を問う疑問詞です。

何方

師〔青原〕、神会《じんね》に問う、「汝、何れの方従《よ》りしてか来《きた》る？」対《こた》えて曰く、「曹渓《そうけい》〔六祖のもと〕従《よ》り来る」。師問神会、「汝従何方而来？」対曰、「従曹渓来」。（『祖堂集』巻三・靖居和尚〔青原行思〕章）

五祖はさらに問います。「汝、今、吾辺《わがところ》に向《おい》て復《は》た何物《なに》をか求む？――汝今向吾辺復求何物？」「向〜」は、白話では「〜において」の意。文言の「於」にあたります（『漢辞海』「向」四①㋑、頁二三九・上／『禅語辞典』「向①」頁一二七、参照）。『壇経』の例、「遂《かく》て南廊下《なんろうか》中間の壁上に向《おい》て、題して呈心偈《ていしんげ》と作《な》す。――遂向南廊下中間壁上題作呈心偈」。（神秀は）そこで南廊下の中間の壁に（自作の一首を）書きつけて、心

向〜

境を呈示する偈とした。「題する」は「書きしるす。壁・石・画などのものの上に書きつける」こと（『漢辞海』「題」[二]《動》①、頁一五九三・下）。

「吾辺」の「～辺」は、～のところ。「汝、什摩人《なにびと》の辺《ところ》従りか伝《つた》え来《きた》れる？——汝従什摩人辺伝得来？」（『祖堂集』巻十一・保福章）。「二祖、達摩《だるま》の辺《ところ》に於て个《こ》の什摩《なに》事《ごと》をか承領《うけと》り得《え》たる？——二祖於達摩辺承領得个什摩事？」（同巻十三・福先招慶章）。王鍈『詩詞曲語辞例釈』（第二次増訂本、中華書局、二〇〇五年、頁一三）、林昭徳『詩詞曲語辞雑釈』（四川人民出版社、一九八六年、頁六五）に考証があります。

「復求何物？」の「復～」は「①疑問詞に伴って疑問の語気を表す。〝復《は》た〟と訓ずればよい。いったい、そもそも」（『禅語辞典』頁四〇八・上）。「祖祖相伝《そそそうでん》とは、復《は》た何の法をか伝《つた》う？——祖祖相伝、復伝何法？」（『祖堂集』巻九・九峰道虔章）。「合～」「当～」にも同じ用法があります（『禅語辞典』頁一四〇・上、頁三三三・下）。「祖祖相伝《そそそうでん》とは、合《は》た何の法をか伝《つた》う？——祖祖相伝、合伝何法？」（『祖堂集』巻十六・南泉普願章）。「仏は当《は》た何処《いずこ》にてか選ばる？——仏当何処選？」（『同』巻四・丹霞天然章）。

「何物」は二字で「なに」の意。「何物《なん》の法——何物法」（『宗鏡録』巻二十五／大正四八—五五六中）とか、「何物《なん》の法門——何物法門」（『同』五五七下）のように「何物」がさらに名詞にかかる例があることから、「何物」で二字一語の疑問詞となっていること（「何＋物」でなく「何物＋～」であること）が確かめられます。『壇経』の例、「心は何物《なに》をか開く？　仏知見を開くなり。——心開何物？　開仏知見」。

～辺

疑問副詞
復～
合～
当～

何物

かくして「汝今向吾辺復求何物?」は「汝、今、吾辺《わがところ》に向《おい》て復《は》た何物《なに》をか求む」、お前は今、わしがところでいったい何を求めようというのか、という意味になります。

そう問われて、恵能は答えます。

〔7〕わたくしは答えました、「わたくしは嶺南の人間で、新州の庶民でございます。こうしてわざわざ遠くから和尚さまを礼拝にまいりましたのは、他の物を求めてのことではございません。ただ、仏と成ること、その一事を求むるのみにございます」。

恵能答えて曰く、「弟子《それがし》は是れ嶺南《れいなん》の人、新州《しんしゅう》の百姓《ひゃくせい》なり。今、故《ことさ》らに遠く来りて和尚を礼拝せるは、余の物を求めず、唯《た》だ作仏《さぶつ》を求むるのみ」。

恵能答曰、「弟子是嶺南人、新州百姓。今故遠来礼拝和尚、不求余物、唯求作仏」。

是〜

「恵能」も「弟子」も、ここではへりくだった一人称の代わりとして使われています。「是」は習慣的に「是《こ》れ」と訓読はしていますが、すでにアレ・コレのような指示の意味はなく、「是〜」で、〜である、〜だ、という意味になっています（第5課で一度とりあげました）。「弟子は是れ嶺南の人、新州の百姓なり。——弟子是嶺南人、新州百姓」。弟子《わたくし》は嶺南の人・新州の庶民です。「神秀上座は是れ教授師なり。——神秀上座是教授師」は、神秀上座は教授師である（『壇経』）。否定は「不是～」。これもふつう「是《こ》れ～にあらず」と訓読していますが、実際は「～に不是《あら》ず」ということです。

不是～

是～　しかし「是」を、単語Aと単語Bを「＝」でつなぐもの、と理解するのは正確ではありません。Aという主題はすでに分かっていれば示す必要はありませんし、Bも単語とは限らず、文であってもよい。要するに「是B」「不是B」で、「Bである」「Bではない」という判断・説明を表しているのです。たとえば『壇経』に「是汝作偈否？——是れ汝《なんじ》の偈《げ》を作《つく》れる否《や》？」という例があります。ここにはAにあたるものが最初からありません。またBにあたる部分も単語でなく、「汝、偈を作る——汝作偈」（汝―《作》―偈）という文になっています。これは、誰が書いたか解らない偈が皆のあいだで評判になっている、その状況を前提としつつ、五祖が神秀に「汝が偈を作った」のであるか、と問うた文です。同じく『壇経』の「衆生無辺誓願度、不是恵能度」という文なら「〝衆生無辺誓願度《しゅじょうむへんせいがんど》〟とは、恵能《われ》の度するに不是《あら》ざるなり」、わしが度する、のではない。「教是先聖所伝、不是恵能自知」は、「教なるものは是れ先聖の伝えし所、恵能《われ》の自ら知るには不是《あら》ざるなり」、わしが自分で知った、のではない。それぞれ「恵能《われ》が度す」「恵能《われ》が自ら知る」という文に対して「不是〜」、〜ではない、という判断・説明が加えられているわけです。逆に、Bの部分が省かれることもあります。

一行三昧者、於一切時中、行住坐臥、常行直心是。（『壇経』）
一行三昧《いちぎょうざんまい》とは、一切時中《いっさいじちゅう》の行住坐臥《ぎょうじゅうざが》に於て、常に直心《じきしん》〔真っ直ぐな心〕を行ずる、是れなり。

直訳すると「一行三昧とは、一切時中・行住坐臥に於て常に直心を行ずることが、〔一行三昧〕である」ということです。『祖堂集』の「学人《それがし》〝仏〟を識らんと欲求《ほっ》す、如何《いか》なるか是れ〝仏〟？――学人欲求識仏、如何是仏？」（巻十七・福州西院〔大安〕章）という文が、『景徳伝灯録』では「学人《それがし》、〝仏〟を識らんと欲求《ほっ》す、何者か即ち是れ？――学人欲求識仏、何者即是？」、わたくしは「仏」を識りたい、何ものが〔その「仏」なるもの〕であるのか、となっているのもよい参考になるでしょう（巻九・福州大安章）。

さて、「今、故《ことさ》らに遠く来りて和尚を礼拝せるは、余の物を求めず、唯《た》だ作仏《さぶつ》を求むるのみ。――今故遠来礼拝和尚、不求余物、唯求作仏」。そう訴える恵能に対して、五祖はひどいことを言います。「故」はここでは「①ことさら‐に。…㋑故〜

わざわざ。特に。《特定の目的をもって行う意》」（『漢辞海』「故」四《副》、頁六三七・上）。

〔8〕すると五祖大師はわたくしを責めていわれました、「お前は嶺南《れいなん》の人間で、しかも獦獠《かつろう》の身である。どうして仏になどなり得よう」。

大師遂《かく》て恵能を責めて曰く、「汝は是れ嶺南《れいなん》の人、又た是れ獦獠《かつろう》なり、若為《いか》んが仏と作《な》るに堪《た》えん？」

大師遂責恵能曰、「汝是嶺南人、又是獦獠、若為堪作仏？」

又～

「是～」はさきほどの、～だ、～である。「又」は「また」ですが、「亦」や「也」が横並びの「また」であるのに対し、「又」には、その上さらに「また」、と上のせする感じがあります（『漢辞海』「又」一《副》①ま-た「㋑そのうえ。ほかに《意味をさらに加えたり、二つの事情が重ねて存在する意》」、頁二二二・上）。「嶺南の人」であるだけでも劣っているのに、しかも、おまけに「獦獠《かつろう》」でもある、という言い方です。

獦獠

「獦獠」は中国西南地域の少数民族の一種（『漢辞海』、頁九二七・中「獠」B一《名》②「西南地方の山岳民族の名。そのうちの獦獠《カツロウ》が今の仡佬《コーラオ》族の前身」）。

若為

「若為」は「いかん」。どうして、どのように、という疑問詞で、「如何」と同じ（『漢辞海』「若」［句法2］【若為】頁一二二六・上／『禅語辞典』頁一九三・上）。「汝が師、若為《いかん》が衆に示す?――汝師若為示衆?」、汝の師はどのように説法しているか（『景徳伝灯録』巻五・吉州志誠）。「師、但《た》だ無情《むじょう》有仏性とのみ説く、有情《うじょう》は復《は》た若為《いかん》?――師但説無情有仏性、有情復若為?」、師は無情に仏性ありとしか説かれぬが、有情はいったいどうなのか（『同』巻二十八・南陽慧忠国師語）。ただし、五祖の言は「どうして仏と成ることができようか?」という反語で、いや、なれるはずがない、というのが真意です。「群賊《ぐんぞく》路に当りて坐す、道理若為《いかん》が通らん?――群賊当路坐、道理若為通?」、盗賊どもが路をふさいで居座っていたら、どうして道理が通りえよう。通れるはずがない（『龐居士語録』巻中）。

堪〜

「堪《かん》」は独立の《述語》としては、「①た-える・タ-フ。㋐能力があって任にこたえられる。負担できる」（『漢辞海』「堪」㈡《動》）。それが他の《述語》の前に加えられると、「①…しうる。…できる。た-える・タ-フ」㈢《助動》、頁三二三・上）。

嶺南の出であるうえに獦獠でもあるその身、どうして仏になどなりえよう。「汝は是れ嶺南《れいなん》の人、又た是れ獦獠《かつろう》なり、若為《いか》んが仏と作《な》るに堪《た》えん?――汝是嶺南人、又是獦獠、若為堪作仏?」現代ならとんでもない差別発言ですが、五祖のこの言葉に、恵能は静かに、しかし、きっぱりと反論します。

〔9〕「人には確かに南北の違いもございましょう。しかし、仏性《ぶっしょう》には南北などございませぬ。獦獠《かつろう》の身は和尚さまとは異なりますが、仏性に何の区別がございましょう」。

恵能答えて曰く、「人には即ち南北有り、仏性《ぶっしょう》には即ち南北無し。獦獠《かつろう》の身は和尚と同じからざれど、仏性に何の差別《しゃべつ》か有らん？」

恵能答曰、「人即有南北、仏性即無南北。獦獠身与和尚不同、仏性有何差別？」

「人には即ち南北有り、仏性《ぶっしょう》には即ち南北無し。——人即有南北、仏性即無南北」。「即～」や「則～」には、たしかに～、と述語の意を強く確認・肯定するはたらきがあり（『漢辞海』「即」［句法1］④、頁二一五・上）、そこから往々にして逆接や対比の文脈が導きだされます。Aはたしかに～だ、と強く念押しすることが、しかしBは……、という句を引き出す伏線になるのです。日本語で「～は」の「は」に力をいれて言ったような感じです。「値段は安い」といえば、「でも、品質は……」といった句が自然に予想されますよね。

南岳懐譲《なんがくえじょう》が六祖に対し、「修証《しゅしょう》」（修行して悟るということ）はたしかに有る、しかし、「汚染《おぜん》」（それによって無限定な本来性を汚すこと）はよくない、と言った話は有名で

即　則

すが、その原文は次のようになっています。

修証即不無、汚染即不得。（『景徳伝灯録』巻五・南岳懐譲章）
修証は即ち無きにあらず、汚染するは即ち得ず。

修証則不無、汚染即不得。（『五灯会元』巻三・南岳懐譲章）
修証は則ち無きにあらず、汚染するは即ち得ず。

いずれも「即」ないし「則」によって「修証」と「汚染」の対比が強くきわだたされています。

「人即有南北、仏性即無南北」という恵能のことばも同様で、「人の身にはたしかに南北の別が有る。しかし、仏性には南北のへだてなど無い」という対比が強調され、それゆえ、ただちに、「獦獠の身は和尚と異なるが、しかし仏性には何の差別《しゃべつ》も無い」という結論につづいてゆくのでした。「獦獠《かつろう》の身は和尚と同じからざれど、仏性に何の差別《しゃべつ》か有らん？」——獦獠身与和尚不同、仏性有何差別？」

この一言で、五祖は恵能がタダモノでないことを直感しました。しかし……。

〔10〕大師はさらに議論をつづけたかったのですが、おつきの人がおそばにい

るのを見て、話すのをやめられました。そして、わたくしを下がらせて、みなとともに雑役に従事させたのでした。
その時、一人の行者《あんじゃ》がありまして、わたくしに命じて碓房《たいぼう》に行かせました。わたくしはそこで八カ月あまりの間、碓《うす》ふみをしたのでした。

大師更《さら》に共に議せんと欲するも、左右の傍辺《かたわら》に在るを見て、大師便ち言わず、遂《かく》て恵能を発遣《やり》て、衆《しゅ》に随いて作務《さむ》せしむ。時に一行者《あんじゃ》有り、遂《かく》て恵能を碓《たい》房《ぼう》に差《つか》わす。碓《うす》を踏《ふ》むこと八个余月。

大師欲更共議、見左右在傍辺、大師便不言、遂発遣恵能、令随衆作務。時有一行者、遂差恵能於碓房。踏碓八个余月。

五祖大師はさらに語りあいたいと思いましたが、「傍辺《かたわら》」にいる「左右《さゆう》」（おそばの者、側近／『漢辞海』「左右」③、頁四四九・上）を憚って、何も言わず、恵能を「発遣《はっけん》」し（ほかへやる、行かせる／『漢辞海』「発遣」②、頁九七九・中）、他の者たちとともに「作《さ》務《む》」に従事させました。「作務」はもともと禅語ではなく、労働や労役を意味するふつうの漢語です（『漢語大詞典』一―一二五四右）。「大師更《さら》に共に議せんと欲するも、左右の傍辺《かたわら》に在るを見て、大師便ち言わず、遂《かく》て恵能を発遣《やり》て、衆《しゅ》に随いて作務《さむ》せし

む。――大師欲更共議、見左右在傍辺、大師便不言、遂発遣恵能、令随衆作務」。

行者

そこで、とあるひとりの「行者《あんじゃ》」が、恵能を「碓房」の仕事に割り当てました。「時に一行者《あんじゃ》有り、遂《かく》て恵能を碓房《たいぼう》に差《つか》わす。――時有一行者、遂差恵能於碓房」。「行者」は未だ得度の機会を得ず、有髪のまま寺内で下働きに従事しながら仏道修行の見習いをしている者（『禅林象器箋』第七類・職位門「行者」条）。同じ下働きの者でも、雇われて働いている下僕・使用人は「人工《にんく》」といいます。恵能もここではまだ「行者」の一人ですので、俗姓にちなんで恵能を「盧行者《ろあんじゃ》」と呼ぶこともあります（第3課の末尾で看た、南泉の語がそうでした）。

差

「差」はここでは「派遣する、つかわす」という動詞。その場合の音読みは、漢音も呉音も「サイ（chāi）」（『漢辞海』「差」C㊀《動》②、頁四四九・下）。

碓

「碓房」は足踏み式の杵と臼で脱穀や製粉を行う作業場のことで、「碓坊」とも書かれます。『漢辞海』「碓」の条に良い図がありますので、ぜひ、それをご覧になってみてください（頁一〇一九・中）。

かくして恵能は「碓房」で、八カ月あまりの間、人知れず、黙々と碓ふみの重労働に励んだのでした。「碓《うす》を踏《ふ》むこと八个余月。――踏碓八个余月」（《踏》―碓＋八个余月）。

動作量

第5課の末尾で看た「面壁九年」（《面》―壁＋九年）と同じく、動詞句の後に動作の量を表すことば（ドレダケ）が置かれたもの（『漢辞海』「漢文読解の基礎」四①数量補語、頁一六九八・上）。「个」は「物や人を数えることば」（『漢辞海』「个」㊀《量》①、頁二八・中）。「⦅量⦆」は「量詞」、物事を数える単位を表すことばのことで、日本語でいう助数詞に当たります。「个」は「箇」「個」の古字で、日本語で「三ヶ月」などと書く「ケ」はこの字のくずし字です。

第9課　六祖の物語（三）「本来無一物」

敦煌本《とんこうぼん》『六祖壇経《ろくそだんきょう》』から、恵能伝《えのうでん》の一部を抜粋して読んできました。旅人の誦える『金剛経《こんごうきょう》』を偶然耳にして悟った恵能は、ただちに五祖弘忍《ごそぐにん》禅師のもとを訪ねます。仏性《ぶっしょう》をめぐる問答によって、五祖は、恵能のうちに秘められた悟りの深さを看ぬきました。しかし、それゆえにかえって、五祖は恵能に雑役を命じ、恵能は米つき小屋で黙々と臼を踏み続けていたのでした。

これにつづくのが、五祖からの伝法の資格をめぐって神秀《じんしゅう》と恵能が偈《げ》（うた）を競作するという有名な話です。しかし、『六祖壇経』だと、それはたいへん入り組んだ長い話になってしまいますし、とくに敦煌本では、文献学的に面倒な問題がいろいろ関わってきます。そこで今回は、宋の『聯灯会要《れんとうえよう》』巻二・五祖弘忍大師章の簡潔に整えられた文章で、その話を読んでみることにします。

五祖弘忍

〔1〕師〔五祖〕は法を伝授しようとして、門人たちに偈《げ》の提出を命ぜられた。

見性した者にこれ〔法〕を授けよう、と。門下の首席たる神秀《じんしゅう》大師という人が、偈を一つ作り、それを廊下の壁に書きつけた。

師〔五祖〕将《まさ》に法を付《さず》けんとして、門人に命じて偈を呈せしむ。見性《けんしょう》せる者に焉《これ》を付けん、と。上首神秀《じんしゅう》大師なる有り、一偈を作り、廊壁《ろうへき》の間に書く。云く、

師将付法、命門人呈偈。見性者付焉。有上首神秀大師作一偈、書于廊壁間、云、

「師」は、ここでは五祖弘忍禅師のこと。禅籍では、ふつう、その語録の主人公である禅僧のことを「師」と書きます。たとえば『臨済録《りんざいろく》』は臨済の語録ですから、臨済のことが「師」と書かれてます。臨済が禅師として説法している場面だけではありません。『臨済録』の「行録《あんろく》」には若き修行僧だったころの臨済が師の黄檗《おうばく》禅師と激しくやりあう場面も記録されていますが、そこでも「師」と書かれているのは、黄檗禅師でなく、弟子である臨済禅師のほうになっています（たとえば、「師〔臨済〕栽松次、黄檗問……」）。

多くの禅僧の言行録を集成した書物の場合は、各章ごとに、その章の主人公となっている禅僧が「師」と書かれます。ここは『聯灯会要』の五祖の章なので五祖

が「師」と書かれていますが、一方、元の『禅林類聚《ぜんりんるいじゅう》』巻八「祖偈」の章では、同じ物語の記録であるにもかかわらず、弟子である慧能のほうが「師」と書かれ、師である五祖は「祖」と書かれています（たとえば、「祖〔五祖〕云、〝嶺南人無仏性、若為得仏？〟師〔慧能〕云、〝人有南北、仏性豈然！〟」）。知っていればどうということのないささいな事ですが、知らないと発言者を取り違えることになりかねません。

「将～」は、これから～しようとする、じき～なろうとしている。訓読は「将《まさ》に～せんとす」（『漢辞海』「将」［句法1］頁四一五・中）。「命」はむろん「命ずる」意ですが、「命～《述語》」という句型を構成して、ダレダレ（～）に命じてナニナニ（《述語》）させる、という使役の意を表します（『漢辞海』「命」［二］《動》①、頁二五五・下／「漢文読解の基礎」11「兼語式の文〈1〉使役形」頁一七〇八・上）。「偈《げ》」は仏典のなかの韻文のこと。梵語「gāthā」の音訳で、義訳は「頌《じゅ》」。あわせて「偈頌」ともいいます。そこから坊さんの作る仏教的な内容の詩も「偈」といいます。「焉」はすでにわかっているもの（ここではこの文の上に出ている「法」）を指す代詞で、主に動詞の目的語として使われます。「これ（を）」（『漢辞海』「焉」［一］《代》①、頁八八八・上）。「師〔五祖〕将《まさ》に法を付《さず》けんとして、門人に命じて偈を呈せしむ。見性《けんしょう》せる者に焉《これ》を付けん、と。――師将付法、命門人呈偈。見性者付焉」。

将～　命～　偈　焉

その命に応じて、「上首神秀《じんしゅう》大師なる有り、一偈を作り、廊壁《ろうへき》の間に書く。――有上首神秀大師作一偈、書于廊壁間」。「有～」という形で新出情報（ここでは「上首

有～《述語》

神秀大師」）を導入する語法については、第2課で詳しく取り上げました。ここも「みなさんご存知のアノ神秀大師が……」という言い方でなく、「神秀大師という、とある一人の人がありまして、その人が……」という言い方で書かれています。

そこで神秀が壁に書いた偈は、次のような一首でした。

〔2〕
身《み》は菩提《さとり》の樹《き》
心《こころ》は澄《す》みし鏡《かがみ》の台《うてな》のごとし
つねに勤《つと》めて拭《ふ》き清《きよ》め
塵《ちり》ほこり　つけさせることのなきように

身是菩提樹　　身《み》は是《こ》れ菩提《ぼだい》の樹《き》
心如明鏡台　　心《こころ》は明鏡《めいきょう》の台《うてな》の如《ごと》し
時時勤払拭　　時時《じじ》に勤《つと》めて払拭《ほっしき》し
莫遣惹塵埃　　塵埃《じんあい》を惹《ひ》かしむること莫《なか》れ

身是菩提樹
心如明鏡台

詩や偈の場合、「五言《ごごん》」すなわち五文字の句は二字＋三字、「七言《しちごん》」すなわち七文字の句は四字＋三字という切れ方になるのがふつうです（四字はさらに二字＋二字になります）。また、偶数番めの句の最後の字の母音をそろえるのが決まりで、これを「韻《いん》を踏《ふ》む」とか「押韻《おういん》する」といいます。右の一首も第二句の最後の「台《ダイ》」と第四句の最後の「埃《アイ》」で韻を踏んでいます。

是〜　時時　遣〜

「是〜」は前回もやったとおり、「〜だ、〜である」。「時時」はここでは「ときどき」でなく、「いつも、たびたび」（『漢辞海』「時時」①、頁六七八・下）。ちなみに「処処」も「ところどころ」ではなく「いたるところ」の意です（『同』「処処」②、頁一五九・上）。「払拭」は「ちりやほこりを払いのける」意ですが（『同』「払拭」①、頁五八〇・中）、禅籍では呉音で「ほっしき」と読みならわしています。「遣」はさきほどの「命」と同じく「遣〜《述語》」という使役の句型を構成します。ダレダレ（〜）を派遣してナニナニ（《述語》）させる、というのがもとの意味ですが、「遣」の原義が薄れ、単に使役の意を表す形式になっている場合も少なくありません（『同』「遣」[一]《動》③、頁一四五二・中／「漢文読解の基礎」11「兼語式の文〈1〉使役形」頁一七〇八・上）。右の第4句もその例で、かつ「〜」にあたる成分がなく、「遣」が直接、述語「《惹》」について、「惹《ひ》かしむ」という使役の意味だけが表されています。

浮雲と日光

なお、この偈についていは、いわゆる「北宗」系の文献である『楞伽師資記《りょうがしじき》』求那《ぐな》跋陀羅《ばったら》章に、次のようにあるのが参考になります。「大道はもともと広大かつ普遍である。それは円満にして清浄であり、本から有るものであって、他の原因によって得られるものではない。それはあたかも浮雲の奥の日光のごとくであって、雲が滅し去れば、日光はそこに自ずと現れるのである。……これはまた、銅鏡を磨くようなものでもある。鏡上の塵さえ落ちてしまえば、鏡はもともと明るく澄んでいるのである」。

鏡面上の塵

大道《だいどう》は本来《もとよ》り広《ひろ》く遍《あま》ねく、円浄《えんじょう》にして本《もと》より有《あ》り、因従《いんよ》り得《う》るにはあらず。如《たと》えば浮雲《ふうん》の底《そこ》の日光《にっこう》の似《ごと》し、雲霧《うんむ》滅《めっ》し尽《つ》さば、日光《にっこう》自《おの》ずから現《あらわ》る。……亦《ま》た銅《どう》鏡《きょう》を磨《みが》くが如《ごと》し、鏡面上《きょうめんじょう》の塵《ちり》落《お》ち尽さば、鏡《かがみ》は自《もとよ》り明浄《みょうじょう》なり。

大道本来広遍、円浄本有、不従因得。如似浮雲底日光、雲霧滅尽、日光自現。……亦如磨銅鏡、鏡面上塵落尽、鏡自明浄。（小川『神会—敦煌文献と初期の禅宗史』臨川書店、唐代の禅僧二、頁八三、参照）

不変の仏性を太陽や鏡に、それを覆う客塵煩悩を雲や塵に、それぞれなぞらえているわけです。ここで神秀の作とされている右の一首も、このような考えを要約したものにほかなりません。

この偈を見た五祖は、みなの前では、ひとまずこの偈を褒めました。

〔3〕師〔五祖〕は嘆息していわれた。

「この偈にしたがって修行しても、やはり、すぐれた悟りは得られよう」

そこで修行僧たちは、みなこれを唱えた。恵能はそれを耳にして、おもむろに問う。

「お唱えになっているのは、何のおうたでございましょうか？」

同学たちが事の次第を子細に話すと、恵能はいった。

「見事なことは、見事でございます。だが、悟っておるかといえば、未だ悟ってはおりませぬ」。

師〔五祖〕嘆じて云く、「若《も》し此《こ》れに依《よ》りて修行せば、亦《ま》た勝果《しょうか》を得ん」。衆《しゅ》皆な之《これ》を誦《とな》う。能〔慧能〕聞きて、乃ち問うて云く、「誦《とな》うるは是れ何《なん》の章句《しょうく》ぞ？」同学具《つぶ》さに其の事を述ぶ。能云く、「美《び》なることは則《すなわ》ち美《び》なり。了《りょう》ずることは則《すなわ》ち未《いま》だ了《りょう》ぜず」。

師嘆云、「若依此修行、亦得勝果」。衆皆誦之。能聞、乃問云、「誦者是何章句？」

同学具述其事。能云、「美則美矣。了則未了」。

五祖はみなの前では、ひとまず神秀の偈を認めます。「若《も》し此《こ》れに依《よ》りて修行せば、亦《ま》た勝果を得ん」。——若依此修行、亦得勝果」。しかし、この句では「亦」の字がひっかかります。この偈にしたがって修行すれば、それでもまあ勝果は得られよ

亦

う、そんな留保つきの含みです。神秀の偈が完善なものでないことをそれとなく匂わせる口ぶりですが、しかし、修行僧たちはそれに気づかず、よろこんで神秀の偈をとなえます。「衆《しゅ》皆な之《これ》を誦《とな》う。――衆皆誦之」。

碓房で米つきにはげむ恵能の耳にも、その声は自ずとはいってきました。恵能は神秀の偈を耳にすると、間を置きつつ、おもむろに〔乃〕たずねます。それは、いったい何の「章句」でございますか、と。「能〔慧能〕聞きて、乃ち問うて云く、〝誦《とな》うるは是れ何《なん》の章句《しょうく》ぞ？〟――能聞、乃問云、〝誦者是何章句？〟」「章句」はここでは「文章・詩詞を指す」（『漢辞海』「章句」③、頁一〇六五・上）。僧たちは「具《つぶ》さに」事の経緯《ゆくたて》を告げました。「同学具《つぶ》さに其の事を述ぶ。――同学具述其事」。「具」は「欠けることなくすべて。ことごとく〔悉〕《すべてのものが言及の範囲にそなわる意》」（『同』「具」三①《副》、頁一四六・上）。

それを聴いて、恵能はきっぱり言いました。「美《び》なることは則《すなわ》ち美《び》なり。了《りょう》ずることは則《すなわ》ち未《いま》だ了《りょう》ぜず。――美則美矣。了則未了」。

前回勉強したように、「則」や「即」には《述語》の内容を強く確認・念押しするはたらきがあり、そこから自ずと、逆接や対比の文脈が引き出されてきます。特にここのように「A則A」あるいは「A即A」と同じ言葉を重ねると、Aなことは確かにAだ、だが、しかし……、となります（『漢辞海』「則」［句法2］④、頁一七五・下）。たとえば、「到ることは即ち到るも、号《な》を通ぜず。――到即到、不通号」（『景徳伝灯

章句

具〜

則

即

録』巻十四・石室善道章）。行ったことは行った。しかし名のりはしなかった。日本語でも、「ウマイことはウマイ」と言えば、その後に必ず「でも、値段が……」などと逆の評価がつづくのに似ています。「美《び》なることは則《すなわ》ち美《び》なり」、りっぱなことは確かにりっぱだ。しかし、「了《りょう》ずることは則《すなわ》ち未《いま》だ了《りょう》ぜず」、了《さと》っているか否かという点でいえば、未だ了《さと》ってはいない。

こんな言葉を聞けば、僧たちは当然怒ります。

〔4〕同学たちは叱りつける。

「お前のように凡庸な輩が、何がわかって、かような世迷言を吐く！」

「信じていただけぬなら、これに和して一偈を示しとう存じます」

同学たちは、顔を見合わせて笑った。

同学呵《か》して云く、「庸流《ようる》、何を知りてか、此の狂言《きょうげん》を発す！」能云く、「若《も》し信ぜずんば、願《ねが》わくは一偈を以て之に和《わ》せん」。同学相顧《あいかえり》みて笑う。

同学呵云、「庸流何知、発此狂言！」能云、「若不信、願以一偈和之」。同学相顧而笑。

「庸流《ようる》、何を知りてか、此の狂言《きょうげん》を発す！——庸流何知、発此狂言！」ここで重要なのが「何知—何をか知る」のところです。漢語が「《述語》—目的語」、すなわち「《ナントカする》—ナニナニを」の語順になることは言うまでもありません。しかし、正規の文言文の場合、目的語が疑問詞（ナニ、ダレ、ドコなど）だと、この順序が反転するのです（『漢辞海』「漢文読解の基礎」13「疑問文」「〈2〉特定型の疑問文　④疑問代詞が目的語の場合」頁一七一一・上）。たとえば次の例をご覧ください。

疑問詞が目的語の場合

吾誰欺？　欺天乎？（『論語』子罕篇一二）
吾《わ》れ誰《たれ》をか欺かん？　天を欺《あざむ》かんか？

吾誰欺

後半は「《欺《あざむ》く》—天を」というふつうの語順ですが、前半は目的語が「誰」という疑問詞であるために「誰を—《欺く》」という逆の語順になっています。

この種の顛倒は中世の時代にしだいに行われなくなり、唐代には無くなっていたそうです（太田辰夫『中国語歴史文法』朋友書店、頁一三〇、頁四〇六）。ただ禅籍には、文言と白話の双方の表現が出て来ますので、文章をあらたまった調子に整えた場合には、やはりこうした古い文言式の表現が用いられます。

木頭何有？（『景徳伝灯録』巻十四・丹霞天然章）

木頭何有

木頭に何か有らん？
木に何が有るのか？

丹霞が木仏を焼いたという、おなじみの話のなかの一句です（その話はのちに第23課で詳しく読みます）。ちなみに『祖堂集』では、同じ句が「木頭有何也？」となっています（巻四・丹霞章）。そちらは唐代の白話を反映した表現と言えるでしょう。

さて、ここの「何知」も、目的語である「何」が疑問詞であるために、ひっくりかえって前に出て来たものです。お前ごとき「庸流《ようる》」（凡俗のやから）に何がわかる、そう叱咤された恵能は、信じていただけぬなら、自らも偈一首をもってその偈に「和」したいと願い出ます。「和」はここでは「人の作った詩の題材や内容、体裁、韻字などに照らし合わせて詩を作る。酬和」という動詞（『漢辞海』B一《動》④、頁二五六・中）。「若《も》し信ぜずんば、願《ねが》わくは一偈を以て之に和《わ》せん。——若不信、願以一偈和之」。

和

しかし、「同学相顧《あいかえり》みて笑う。——同学相顧而笑」。ここの「相〜」は、双方向の用法。対等な人間だと思えば腹も立つでしょうが、僧たちは慧能をそのようには看ていないので、慧能にはとりあわず、本人を無視して、自分たちだけでたがいに（相）顔を見あわせて冷笑したのでした。

相〜

そこで、恵能はしかたなく、自分も夜間ひそかに自作の偈を呈示します。といっても、無学な彼は自分では文字を書けません。

〔5〕恵能は深夜になってから、自分で手にロウソクをもち、ひとりの童子にたのんで、神秀の偈のかたわらに一首の偈を書いてもらった。

能、深夜に至りて、自ら燭《ともしび》を執《と》り、一童子《どうじ》に倩《こ》いて秀《しゅう》の偈《げ》の側《かたわら》に於て一偈を書す、云く、

能至深夜、自執燭、倩一童子於秀偈之側書一偈、云、

「倩《セイ》」(qing)は「代わりに仕事をするよう人にたのむ。やとう(雇)」(『漢辞海』「倩」倩B一《動》①、頁一一〇上)。恵能は文字の読み書きができなかったので、寺の童子(童《ずん》行《なん》)にたのんで、次のような自作の偈を代わりに壁に書いてもらったのでした。

〔6〕

菩提には　樹など無い
明鏡も　また台ではない
本来《ほんらい》　一物《いちもつ》も無し

どこに　塵《ほこり》など着きえよう

菩提本無樹　　菩提《ぼだい》本《もと》と樹《き》無《な》し
明鏡亦非台　　明鏡《めいきょう》も亦《ま》た台《うてな》に非《あら》ず
本来無一物　　本来《ほんらい》無一物《むいちもつ》
何処惹塵埃　　何《いず》れの処《ところ》にか塵埃《じんあい》を惹《ひ》かん

本来無一物

同じ比喩を用い、同じく「台《ダイ》」「埃《アイ》」で韻を踏んで、神秀の偈に「和」した一首です。神秀の偈を前提としつつ、その意を反転したもので、「菩提」も「心」も、形ある物体ではない。そもそも何物も実在しないのだ。煩悩の汚れなど、どこに着くはずがあろう、とうたっているわけです。

このあと、この偈を見た五祖は、みなの前ではひとまずこれを否定し、そして、深夜を待って、ひそかに恵能に法を伝えるのでした。

第10課　六祖の物語（四）「本来面目」

六祖

前回読んだ慧能《えのう》（恵能）と神秀《じんしゅう》の偈の競作の結果、五祖の法は慧能に授けられ、慧能が禅宗の第六祖となりました。今回はその後の話を『無門関《むもんかん》』第二三則「不思善悪」の文で読んでみます。

慧能への伝法を知った五祖の門人たちは、伝法の証拠の品である衣鉢《えはつ》（法衣と応量器）を取り返そうと、みなで慧能の後を追いかけます。そのなかで、もと軍人だった慧明《えみょう》という僧だけが、大庾嶺《たいゆれい》という峠で慧能に追いつきました。ここを越えると、慧能のふるさと、嶺南《れいなん》の地です。

衣鉢

慧明

〔1〕慧明上座が大庾嶺《たいゆれい》まで、六祖を追ってやって来た。六祖は慧明がやって来たのを見ると、すぐさま衣鉢を石の上にほうりなげた。
「この衣《ころも》は法の真実を表すもの。どうして力ずくで争おうか。さあ、思うがままに、持って行かれるがよい」。

六祖《ろくそ》、因《ちな》みに明上座《みょうじょうざ》、趁《お》いて大庾嶺《だいゆれい》に至る。祖〔六祖〕、明の至るを見るや、即《すなわ》ち衣鉢《えはつ》を石上に擲《なげう》ちて云《いわ》く、「此の衣《こえ》は信を表す。可《あ》に力もて争わん耶《や》？君が将《も》ち去《さ》るに任《まか》す」。

六祖因明上座趁至大庾嶺。祖見明至、即擲衣鉢於石上、云、「此衣表信。可力争耶？任君将去」。

公案の初めには、よく祖師の名前が表示されます。それはいわば公案全体の見出しのようなもので、その単文の主語ではありません。「趙州因僧問――趙州、因《ちな》みに僧問う」（『無門関』第一則）。これは「趙州禅師の話。あるとき僧がこう問うた……」ということで、一句の主語は「僧」です。「因」は、ある時、あるきっかけで、あるいは、ある経緯によって。

名前の省き方

「明上座」は慧明のこと。第5課の最後と第6課の最後で看たように、中国では、二字の名のうち一字（多くは下の字）が本人独自の名、もう一字（多くは上の字）は世代を表示しているのがふつうです。そのため、人名を略して呼ぶ際はよく下の一字のみをいうのですが、禅籍ではこの形式が呼称一般に広範に適用され、「達磨」も「武帝」も「二祖」も、二回目からは「磨」「帝」「祖」と書かれるのでした。今回の一段でも、二回目以降、「六祖」は「祖」、「慧明」は「明」と略称されています。

可〜耶？

「可力争耶？」の「力争」は、力で争う、力ずくで奪いあう。「可〜」は、ここでは可能でなく、反語を表し、問いかけの語気を表す句末の「耶」と呼応して、「可〜耶？」、可《あ》に〜せん耶《や》？という句を構成しています。『漢辞海』「可」「句法3」に次のような説明があります（頁二三一・上）。

> 反語を表す副詞として隋唐以降に出現した用法である。従来、「可…」（…スベケンヤ）と反語の形に訓読してきたが、反語の副詞として「あニ」「なんゾ」「い

ずクンゾ」と訓読するほうが、より正確となる。「どうして…であろうか」と訳す。

〔例〕此情可待成追憶

こノじょうあニついおくトなるヲまタンヤ

〔訳〕この心の思いはどうして追憶となるのを待つ必要があろうか〈李商隠―詩・錦瑟〉

任～

次の「任君将去」の「任～」は、「自由に思い通りにさせる」（『漢辞海』A㊀《動》③㋒、頁七九・中）。

〔例〕任民之所善

たみのよシトスルところニまかス

〔例〕民衆が良いとする通りにさせる〈『商君書』弱民〉

一任～

これを相手に向かっていえば、好きなように～せよ、思うさま～するがよい、という意味になるわけです。禅籍では「一任～」、ひとえに～に任す、という言い方でよく出てきます。「問う、如何《いか》なるか是《こ》れ首山《しゅざん》の境《きょう》？ 師曰く、一《ひとえ》に衆人《しゅうじん》の看《み》るに任《まか》す。――問、如何是首山境？ 師曰、一任衆人看」（『景徳伝灯録』巻十三・首山省念章）。首山の風光（首山省念の境涯）は眼前に隠れもなく全現していて、誰でも見放題だ（わしの境涯が如何なるものであるかは、わしが答えることではなく、質問者が自ら看て取るべきものだ）。

〔2〕そこで慧明がそれを持ち上げようとしたところ、山のごとく微動だにしない。慧明はうろたえ、ゾッとした。

「わしは法を求めてまいった。衣のためではござらぬ。行者《あんじゃ》どの、どうかご示教を」。

明遂《かく》て之《これ》を挙《あ》ぐるに、山の如く動かず、踟蹰《ちちゅう》悚慄《しょうりつ》す。明曰く、「我れ来《きた》りて法を求む。衣の為に非《あら》ざる也《なり》。願《ねがわ》くは行者《あんじゃ》、開示《かいじ》せよ」。

明遂挙之、如山不動、踟蹰悚慄。明曰、「我来求法。非為衣也。願行者開示」。

踟蹰　「踟蹰《ちちゅう》」はウロウロしたり、オロオロしたりするさまをいう擬態語（『漢辞海』「踟」一、頁一三九七・中）。

悚慄　「悚慄《しょうりつ》」は「おそれ、おののく。すくみ震える」（『漢辞海』「悚慄」、頁五三七・上）。

願～　「願～」は「～センコトヲねがフ」または「ねがハクハ～セン」。自分についていえば、どうか～させていただきたい。相手に向かっていえば、どうか～していただきたい（『漢辞海』「願」〔句法〕、頁一五九五・上）。

〔3〕六祖、「しからば、善も思わず、悪も思わぬ。まさにそのような時、ドレが上座どのの〝本来面目《ほんらいめんもく》〟か？」

慧明はただちに大悟《たいご》し、全身に汗が流れた。

祖云く、「善を思わず、悪を思わず、正《まさ》しく与麼《かくのごと》き時、那箇《いずれ》か是《こ》れ明上座、本来《ほんらい》の面目《めんもく》？」明、当下《とうげ》に大悟《たいご》し、遍体《へんたい》に汗《あせ》流る。

祖云、「不思善、不思悪、正与麼時、那箇是明上座本来面目？」明当下大悟、遍体汗流。

不思善、不思悪
本来面目

「与麼《よも》」は口語で、このように、このような（『禅語辞典』頁四六〇・下）。「恁麼《いんも》」ともいいます（『同』頁二八・上）。「豈《あ》に与麼《かくのごと》き事《こと》有らん！――豈有与麼事！」、なんで、そんな事が有るものか（『臨済録』岩波文庫、頁一九四）。「好箇《こうこ》の師僧《しそう》、又も恁麼《かくのごと》く去《ゆ》けり。――好箇師僧又恁麼去」、ごりっぱな坊さまが、またしてもこんなふうに行ってしもうた（『無門関』第三一則）。

与麼
恁麼

「那《ナ》」は口語の指示詞。下がり調子（去声 nà）で読むと、遠くのものを指す「アレ、アノ」。低い調子（上声 nǎ）だと疑問の意味で「ドレ、ドノ」になります（『禅語辞典』頁三五五・上）。字面の上では区別がありませんので、文脈から読み分けます。「倩女《せんじょ》

那

離魂《りこん》、那箇《いずれ》か是れ真底？――倩女離魂、那箇是真底？」、魂と体の二人になってしまった倩女、さて、どちらが本物か（『無門関』第三五則）。「那時《そのとき》、道《い》わずと言う莫《なか》れ。――那時莫言不道」、その時になって、言われていない（聞いていない）などと言うてはならぬ（同前）。同じ則からの引用ですが、前者はドレ・ドノ、後者はアレ・アノの例になっています。ちなみに「那」と対になるのが、近いものをさす「這」です。「遮」「者」などの字が当てられる場合もあります（『禅語辞典』頁一八八・下～頁一九〇・下）。「待《ま》て我《われ》、去《ゆ》きて爾《なんじ》が与《ため》に這《こ》の婆子《ばす》を勘過《かんか》せん。――待我去与爾勘過這婆子」、ひとつわしが、おぬしのために、その婆さんを点検に行ってやろう（『無門関』第三一則）。「只《まさ》しく者《こ》の一箇の無字《むじ》こそ、乃《すなわ》ち宗門《しゅうもん》の一関也《いっかんなり》。――只者一箇無字、乃宗門一関也」、まさしくこの「無」の一字こそ、禅の関門にほかならぬ（『無門関』第一則、「宗門」は禅門のこと）。

這・遮・者

「本来面目《ほんらいめんもく》」は、もともとの顔。そこから「本来の自己。主人公」をいいます（『禅語辞典』頁四三一・下／「面目」は顔。『漢辞海』「面目」①、頁一五七五・下）。「善」「悪」などの二項対立によって分別を加えられる以前の、無相なる自己、ということでしょう。黄檗禅師の『伝心法要』では、この箇所がこう書かれています。

六祖云く、「汝且《まず》は暫時《しばし》念を斂《おさ》め、善も悪も都《すべ》て思量する莫《なか》れ」。明乃ち語《ご》を稟《う》く〔その言葉のとおりにした〕。六祖云く、「善を思わず、悪を思わず、正《まさ》しく与麼《かくのごと》き時に当りて、我れに明上座が父母未生《ふぼみしょう》時〔父母から生まれる以前〕の面目を還《かえ》し来《きた》れ」。

六祖云、「汝且暫時斂念、善悪都莫思量」。明乃稟語。六祖云、「不思善、不思悪、正当与摩時、還我明上座父母未生時面目来」。（筑摩書房・禅の語録8、頁八五）

この「父母未生」云々の系統の記述も後世にひきつがれ、宋の『大慧普説』（巻二・栄安撫請普説）や『宏智広録』巻五（小参）にもこの形の引用が見えます。ちなみに、うんと時代が下って、明治時代、夏目漱石が若き日に円覚寺で釈宗演老師に参じて与えられたのも、この形の伝承にもとづく「父母未生以前本来の面目」という公案でした（小川「漱石の公案」、『図書』第八四二号、岩波書店、二〇一九年二月）。

〔3〕の本文にもどります。ここで慧明との問答で注目されるのは、「本来面目」について、六祖が「如何なるものか」と問わず、「那箇——ドレか」と問うていることです。ドレかという問いは、複数の選択肢の存在を前提とするでしょう。しかし、ここで六祖はいくつかある面目のなかから一つを選べと言っているのではありません。この問い返しによって、いくつかの選択肢に分割される以前の無分節なる自己の「本来面目」に気づかせようとしているのであり、現に慧明はそれを体感して大悟したのでした。「ドレか」という問いは、ドレと言えない自己、ドレドレに分れる以前の無相なる自己に気づかせるための、一種の反語だったのです。

〔4〕〔大悟した慧明は〕涙ながらに礼拝した。
「歴代の仏祖たちが伝えてきた秘密の語、秘密の意のほかに、何か真意がございましょうか？」

泣涙《きゅうるい》し作礼《さらい》して、問うて曰く、「上来《じょうらい》の密語密意《みつごみつい》の外《ほか》、還《は》た更に意旨《いし》有り否《や》？」

泣涙作礼、問曰、「上来密語密意外、還更有意旨否？」

「還～否？」「還～也無？」「還～麼？」は、禅籍に頻出する口語の是非疑問（ハイ・イイエの疑問文）の句型です。「～ですか？」という意味の「～也無？」「～否？」「～麼？」の上に、疑問の語気を表す「還」が添えられたものです（『禅語辞典』頁七一上・下）。伝統的には「還《かえ》って～や也《ま》た無《な》しや」「還《かえ》って～や否《いな》や」などと訓読されてきましたが、現在は語義と文法構造にあわせて「還《は》た～也《や》無」「還《は》た～否《や》」「還《は》た～麼《や》」と訓読されるようになっています。「狗子《くし》に還《は》た仏性有り也《や》無？――狗子還有仏性也無？」、イヌに仏性は有るか（『無門関』第一則）。「還《は》た趣向《しゅこう》す可《べ》き否《や》？――還可趣向否？」、（〝道〟という対象に）向かってゆくことは可能か（『無門関』第一九則）。「還《は》た人の与《ため》に説《と》かざる底《てい》の法《ほう》有り麼《や》？――還有不与人説底法麼？」、人のために説かぬ法が有るか（『無門関』第二七則）。

還～否？
還～也無？
還～麼？

〔5〕六祖、「わしが今、おぬしに説けば、それはもはや秘密ではない。おぬしが自身の〝本来面目〟を顧みたならば、秘密はむしろおぬしの側にある」。

祖曰く、「我《わ》れ今《いま》、汝《なんじ》が為《ため》に説《と》かば、即《すなわ》ち密《みつ》に非《あら》ざる也《なり》。汝、若《も》し自己《じこ》の面《めん》目《もく》を返照《へんしょう》せば、密は却《かえ》って汝が辺に在り」。

祖曰、「我今為汝説者、即非密也。汝若返照自己面目、密却在汝辺」。

〜者

「〜者」にはいろいろな働きがありますが、ここは次のような用法です（『漢辞海』「者」〔句法2〕①、頁一一五六・中）。

仮定表現の重文で、条件節の後に置き、仮定の意を表す。この場合、「者」は置き字として訓読せず、条件節であることを表す「…バ」「…レバ」「…トキハ」と送り仮名をつけて、「もし…であれば」「かりに…すれば」と訳す。

〔例〕伍奢有二子、不殺者、為楚国患。

ごしゃニにしあリ、ころサざレバ、そこくノうれヒトなラン

〔訳〕伍奢に二人の息子がいるが、もし殺さなければ、わが楚国の災いとなろ

う（『史記』楚世家）

ここでは「〜者」で提起された仮定の条件を「即…」で受けることで、上の句と下の句が「〜ならば」「とりもなおさず、すなわち…」と緊密に結びつけられています（「即」については第4課、参照）。次の「若〜」も仮定条件（『漢辞海』「若」［句法3］、頁一二一六・上）。よく「若〜則…（若《も》シ〜ナレバ、則《すなわ》チ…）」と呼応します（後段〔7〕にその例が見えます）。ここでは「則」のかわりに「却」で受けています。「却」は《述語》の前において、むしろ、かえって、逆に（『漢辞海』「却」［句法］①、頁二二四・上）。

返照

「返照」は『禅語辞典』に「夕日の照り返しをいうのが普通であるが、禅では自己に内在する本然の光を外へ輝き出させる意に用いる」と説明されています（頁三八五・下）。ただし、重点は、その輝き出た光を反転して自分自身を照らし出す、というところにあり、辞典は次の例文からその意を読み取らせようとしています。

你《なんじ》、祇《た》だ一箇の父母有り、更に何《なに》物をか求めん？　你《なんじ》自らを返照《へんしょう》し看よ。

你祇有一箇父母、更求何物？　你自返照看。（『臨済録』頁四二）

同辞典の「回光返照《えこうへんしょう》」の条に「自らの内なる知慧の光で自らを照明すること」とあるのをあわせて参照すれば、その意はさらに明らかでしょう（頁三三・下／傍点は引用者）。「汝、若《も》し自己《じこ》の面目《めんもく》を返照《へんしょう》せば、密は却《かえ》って汝が辺に在り」。汝が自らの「本来面目」を顧みたならば、歴代の仏祖たちが伝えてきた「密語密意」は、むしろ汝自身の身の上にこそある——本来面目を自覚することのほかに、祖師たちだけが隠し持っている秘伝の真意などありはしない、というわけです。

〔6〕慧明、「わたくしは黄梅《おうばい》〔五祖のもと〕で大衆の一員として修行しておりました。しかし、実は自己の〝面目〟を明らかにしえてはおりませんでした。今、道への入り口をお示しいただき、あたかも水を飲んだごとく、その冷暖《れいだん》を身をもって覚《さと》りました。今や行者《あんじゃ》どのこそ、わたくしの師にほかなりませぬ」。

明云く、「某甲《それがし》、黄梅《おうばい》に在りて衆《しゅ》に随《したが》うと雖《いえど》も、実は未《いま》だ自己の面目を省《あきら》めざるなり。今、入処《にっしょ》を指授《しじゅ》するを蒙《こうむ》りて、人《ひと》の水《みず》を飲《の》むが如《ごと》く、冷暖《れいだん》自ら知れり。今、行者《あんじゃ》即ち是れ某甲《それがし》が師也《しなり》」。

冷暖自知

明云、「某甲雖在黄梅随衆、実未省自己面目。今蒙指授入処、如人飲水、冷暖自知。今行者即是某甲師也」。

某甲

「某甲」は、へりくだった一人称「それがし」（『禅語辞典』頁四二七・上）。話の流れとともに、六祖から慧明に対する呼称は「君」「上座」から「汝」へと下がってゆき、慧明の側の自称も「我」から「某甲」へとへりくだっていっています。呼称の使い分けによって両者の上下関係の微妙な変化が描き出されているのです。「雖～」は「～といえども」。～だが、～だけれども。後に、しかし…、という逆接の句がつづきます（『漢辞海』「雖」〔句法1〕、頁一五五六・中）。「金屑《きんせつ》は貴しと雖《いえど》も、眼《まなこ》に落つれば翳《かげ》と成る。――金屑雖貴、落眼成翳」、金の屑は貴いが、眼に入ると翳りとなる（『臨済録』頁一六五／『禅語辞典』頁九四・上）。ここは「雖～」の句を「実」で受けています。「実」にも「しかし実は」という逆接の意味があるからです。「如来、一切衆生の為に諸法を演説すと雖も、実は説く所無し。――如来雖為一切衆生演説諸法、実無所説」、如来は一切衆生のために諸法を説くけれども、しかし実は、説かれたものなど何も無い（北本『涅槃経』嬰児行品）。

雖～

実～

〔7〕六祖、「いや、それならば、わしもおぬしも、ともに黄梅〔五祖〕を師と仰ごう。ここで冷煖自知したものを、たいせつに守ってゆくがよい」。

祖云く、「汝、若《も》し如是《かくのごと》くなれば則《すなわ》ち吾《われ》と汝《なんじ》と同《とも》に黄梅《おうばい》を師《し》とせん。善自《よろし》く護《ご》持《じ》せよ」。

一　祖云、「汝若如是則吾与汝同師黄梅。善自護持」。

師

ここは定石どおり「若～則…」と呼応しています。「師」はここでは、師事する意の動詞（『漢辞海』「師」㊁《動》①、頁四五八・上）。「善自」は二字で、よく。「～自」は副詞を二音節化するための接尾辞で、特に意味はありません。「信自《まこと》に」「本自《もとよ》り」「幸自《さいわい》に」など多くの例があります（『漢辞海』「自」㊆《接尾》①、頁一一九二・上／『禅語辞典』頁一七九・上）。

～自

慧明と道明

ほかの書物では、慧明がこの後、自ら「道明」と改名したと記しています。「慧能」と「慧明」、名前の上の字が同じであることは系図の上で同世代であることを意味してしまいます。それで慧明はそれを憚って、自分の名前の上の字を変えたのでした。たとえば『景徳伝灯録』巻四の袁州蒙山道明《えんしゅうもうざんどうみょう》禅師章は、彼を五祖の法嗣に列しながらも、その章をこう締めくくっています。

> のちに袁州蒙山《えんしゅうもうざん》の地におもむいて、大いに道をひろめた。初めは「慧明」という名であったが、師の上の字を避けるために「道明」と名を改めた。自分の弟子たちはのこらず嶺南の地にやって、六祖に師事させたのであった。
>
> 後、始めて袁州の蒙山に往き、大いに玄化《げんけ》〔奥深き教え〕を唱《とな》う。初め慧明と名づくるも、師の上の字を避くるを以て故に道明と名づけたり。弟子等

は尽《ことごと》く遣《や》りて嶺南に過《わた》り六祖に参礼《さんらい》せしむ。

後始往袁州蒙山、大唱玄化。初名慧明、以避師上字故名道明。弟子等尽遣過嶺南参礼六祖。

慧明の側は、やはり、終生、六祖を師とあおぐ気持ちを抱きつづけていたのでしょう。

III

南岳・馬祖と青原・石頭

菩提達磨 ―― 二祖慧可 …… 五祖弘忍

五祖弘忍 ― 六祖慧能〔南宗〕
五祖弘忍 ― 神　秀〔北宗〕

六祖慧能 ― **南岳懐譲** ―― **馬祖道一**
六祖慧能 ― **青原行思** ―― **石頭希遷**

第11課　六祖と南岳「説似一物即不中」

　これまで読んできたような経緯によって、慧能《えのう》（恵能）が五祖の法をつぎ、禅宗の第六祖となりました。禅門の伝承では、ここで禅の流れが神秀《じんしゅう》の「北宗《ほくしゅう》」と恵能の「南宗《なんしゅう》」に分かれ、正統となった「南宗」がさらに「南岳懐譲《なんがくえじょう》―馬祖道一《ばそどういつ》」の系統と「青原行思《せいげんぎょうし》―石頭希遷《せきとうきせん》」の系統に分かれて発展していったとされています。

　これから六祖以後の人々の言行を読んでゆきますが、その前に、禅籍によく出てくる口語の基本語彙を整理しておきましょう。かなりの語彙や句型が前回すでに学んだものですが、今回、例文をかえて、もう一度、項目別にまとめなおしてみます。一度におぼえきれなくても、気になさらないでください。同じ事は、この後、何度もくりかえし出て来ます。

(1) 這・那・那

　ものごとをコレとかアレとか指し示すことば（指示代詞）の系列です。日本語でこれを「こそあど」ことばというのは、この種のことばが、近いものを指す「これ・この」（近称）、中間のものを指す「それ・その」（中称）、遠いものを指す「あれ・あの」（遠称）、そして疑問をあらわす「どれ・どの」の四つから成っているからです。しかし、中国語には中称の「それ・その」に当たることばが有りません。近称「這《しゃ》」

（zhè）と遠称「那《な》」（nà）、そして疑問の「那《な》」（nǎ）の三つだけです。

遠近を区別する基準は、言語によって異なります。といっても、何センチとか、何メートルとか、数値で測れるような距離の違いではありません。たとえば英語も中国語と同じく、近称「this」と遠称「that」の二つだけですが、英語では自分（話し手）を中心として、自分の領域内（と話し手が感じている範囲内）のものが「this」、それ以外が「that」だそうです。いっぽう中国語では、自分と相手（話し手と聴き手）が共有している話の場があって、その範囲内が「這」、それ以外が「那」です。同じ二分法でも、英語は「私」とそれ以外、中国語は「私たち」とそれ以外、というわけです。

では、日本語では、なぜそれが三つになるのでしょうか? それは「私」と「私たち」の両方を基準としているためです。まず「私たち」の範囲の外のもの（話し手と聴き手の共有する話の場に属さないもの）が「あれ・あの」。そして「私たち」の内部で、「私」に近くて「あなた」から遠いもの（聴き手の側に属さず、話し手の側に属するもの）が「これ・この」、逆に「あなた」に近くて「私」から遠いもの（話し手の側に属さず、聴き手の側に属するもの）が「それ・その」、となります。「私たち」とそれ以外という大きな区別があり、その中にさらに「私」と「あなた」という区別がある。多くの国の人々にとって、この使い分けは、なかなか習得が難しいもののようです。中国語を日本語に訳す際には、「這」「那」いずれもが、文脈によって「それ・その」と訳されることになります。

なお「這」には、「者」や「遮」の字が当てられる場合があります。アレの「那」とドレの「那」は、漢字は同じですが声調（声の上げ下げの調子、トーン）が異なります。後者に「哪」という文字をあてて区別するのは、現代中国語の新しい表記です。
また「這」「那」は「這是〜」「那是〜」の場合をのぞくと、独立の単語としてそのまま使うことができず、うしろに「〜箇」などの量詞（物事をかぞえる単位になることば、助数詞）か、または名詞をつなげて使います。うしろに「〜裏」をつけると「這《しゃ》裏《り》―ここ」「那《な》裏《り》―かしこ」「那《な》裏《り》―いずこ」と、場所を指す意味になります。禅籍の具体例を見てみましょう。

這《しゃ》（者・遮）

①這箇師僧却堪持論。（『臨済録』岩波文庫、頁一六）
這《こ》箇の師僧《しそう》、却て持論《じろん》するに堪《た》えたり。
コノ坊さん、意外と問答するに足りるわい。
（「師僧」は老師でなく、修行僧のこと。「這箇」は⑤にも）

②這一堂僧還看経麼？（『同』頁一六五）
這《こ》の一堂の僧、還《は》た経を看《よ》む麼《や》？
僧堂いっぱいのコノ僧たちは、経典を読むか？
（「一堂」はここでは僧を数える単位。「還〜麼？」については後出⑲参照）

這箇

這裏

③這風顛漢！ 却来這裏捋虎鬚。（『同』頁一八四）

這《こ》の風顛漢《ふうてんかん》！ 這裏《ここ》に却《かえ》り来りて虎鬚《こしゅ》を捋《ひ》く。

コノたわけが！ ココにもどって来て虎のひげをひっぱるとは！

（「這」を名詞につけて言い切ると、強い罵りや咎めとなる。日本語で「コノ〜！」と言うのと同じ。後出⑮「這畜生！」もその例。虎の鬚をひく、は、命知らずの無謀な行為のたとえ）

者

④只者一箇無字、乃宗門一関也。（『無門関』第一則）

只《まさ》しく者《こ》の一箇の無字《むじ》こそ、乃《すなわ》ち宗門《しゅうもん》の一関《いっかん》なり。

まさしくコノ「無」の一字こそ、禅の関門にほかならぬ。

（「這」のかわりに「者」の字が当てられた例）

那《な》（nà）

那箇

⑤如今禅和子三箇五箇聚頭口喃喃地便道、這箇是上才語句、那箇是就身処打出語。（『碧巌録』第九則・本則評唱、岩波文庫、上―頁一四三）

如今《にょこん》の禅和子《ぜんなす》、三箇五箇と頭《こうべ》を聚《あつ》め口喃喃地《こうなんなんち》に便《すなわ》ち道《いわ》く、這箇《しゃこ》は是れ上才の語句、那箇《なこ》は是れ身処に就《つ》きて打出《たしゅつ》せる語、と。

今どきの禅坊主たちは、三人五人と額を寄せあっては、むにゃむにゃとこう言うておる——コレはすぐれた才能からの語、アレはわが身に即しての語、と。

（修行僧たちが公案の分類と品評に憂き身をやつしているさまを、雲門が揶揄した語）

⑥他雖如此道、意決不在那裏。（『碧巌録』第八則・本則評唱、上—頁一三七）
他《かれ》は如此《かくのごと》く道《い》うと雖《いえど》も、意は決して那裏《そこ》に在らず。

かれはそのように言ってはいるが、真意は断じてソコにはない。

那裏

那《な》（nǎ）

⑦大悲千手眼、那箇是正眼？（『臨済録』頁一九）
大悲千手眼《だいひせんじゅげん》、那箇《いずれ》か是れ正眼《しょうげん》？

千手千眼観音、そのドレが正面の眼か？

那箇

⑧従上来一人行棒、一人行喝。阿那箇親？（『同』頁一六六）
従上来《じゅうじょうらい》、一人《いちにん》は棒を行じ、一人は喝を行ず。阿那箇《いずれ》か親し？

これまで、一人は棒をやり、一人は喝をやってきた。ドチラが道に即しているか？

（疑問の「那箇」に接頭辞「阿〜」がついたもの。意味は同じ）

阿那箇

⑨山僧此日以常侍堅請、那隠綱宗？（『同』頁一五）
山僧《それがし》、此の日、常侍《じょうじ》の堅く請ずるを以って、那《なん》ぞ綱宗《こうじゅう》を隠さん？

本日は常侍どののたっての要請となれば、ナンデ根本義を隠したりなどいたそうか。

（疑問の「那」がドレ・ドコの意味から、ナンデ〜か、ドウシテ〜か、という反語の意味に用いられている）

「那」ナンゾ

⑩禅道若到緊要処、那裏有許多事？（『碧巌録』第二四則・本則評唱、上—頁三一四）　那裏

禅道、若《も》し緊要《きんよう》の処《ところ》に到らば、那裏《いずく》にか許多《こた》の事有らん？

禅道も究極のところに到ったならば、ドコにあれこれの事があろう。

（これも反語の例。ドコにあろうか？⇩ドコにもない、一切ない。つまり本来無事ということ）

⑵ 什麼《じゅうも》・甚麼《じんも》

日本語の音読みは「什麼《じゅうも》」「甚麼《じんも》」と分かれていますが、中国語では発音も意味も同じ（現代中国語では shénme）。「なに」「なんの」の意の疑問詞で、文語の「何」にあたります。

⑪経又不看、禅又不学、畢竟作箇什麼？（『臨済録』頁一六五）　什麼

経も又た看《よ》まず、禅も又た学ばざれば、畢竟《ひっきょう》、箇《こ》の什麼《なに》をか作《な》す？

経も読まず、禅も学ばぬとなれば、いったいナニをするのか？

（「箇」は「一箇」の意。ひとつの。英語で単語の前に「a～」がつくようなもの）

⑫和尚前日道甚麼？（『臨済録』頁一五二）　甚麼

和尚、前日、甚麼《なに》とか道《い》える？

和尚は先日、ナンと言われた？

⑬無位真人是什麼乾屎橛！（『同』頁二〇）

無位の真人、是れ什麼《なん》たる乾屎橛《かんしけつ》ぞ！

せっかくの〝無位の真人〟が、ナンというくそ同然の体たらく！

（「什麼〜！」は疑問でなく、ナンたる〜！ナンという〜！という感嘆の表現。入矢義高「乾屎橛」参照。『増補　自己と超越―禅・人・ことば』岩波現代文庫、収録）

(3) 作麼《そも》・作麼生《そもさん》

「作麼《そも》」「作麼生《そもさん》」は、どのように、いかに、という疑問詞。文語の「如何」にあたります。動詞につけて、どのように〜するか、という句を作りますが、「作麼生」はそれだけで独立した句になることもできます（「〜生」は接尾辞）。

⑭汝作麼生会？（『臨済録』頁一七一）

汝《なんじ》、作麼生《いかに》か会《え》す？

お前はドウ理解するか？

（「作麼生」が動詞「会」にかかって、ドノヨウニ会得するか？という句になっている）

作麼生

⑮山云、「長老作麼生？」師云、「這畜生！」（『同』頁一六六）

山云く、「長老、作麼生《いかん》？」師云く、「這《こ》の畜生！」

杏山、「長老どのは、ドウなのです？」臨済、「コノ畜生！」

（「作麼生」が単独で使われた例。どうか？如何か？「這〜！」は前出③参照）

このほか「〜作麼？」が句末について、〜してドウする？〜してナンとする？という反語の文を作る用法もあります。そんなことをして何になる、まったく無意味ではないか、ということです。

⑯若道教意是極則、世尊何故更拈花？祖師更西来作麼？（『碧巌録』第四〇則・本則評唱、中―頁一〇二）

〜作麼

若《も》し教意《きょうい》是れ極則《ごくそく》なりと道《い》わば、世尊《せそん》何が故にか更に拈花《ねんげ》せん？祖師《そし》更に西《せい》来《らい》して作麼《いかんせ》ん？

教義が究極の真理だというならば、なぜ釈尊はそのうえさらに拈華微笑の因縁をなす必要があったのか？そのうえ達磨が西来などしてドウするのか？

（教理が究極のものだとすれば、拈華微笑や祖師西来によって伝えられた禅など、無用だったことになるではないか？）

ちなみにアニメの一休さんがトンチ問答の前に「そもさ〜ん！」と叫んでいたのは、右の「作麼生」のことでした。中国の禅籍では問答の前の掛け声として「作麼生」と叫ぶなどということはありませんが、上田秋成『雨月物語』の「青頭巾」に次のようなせりふが見えます。「禅師見給ひて、やがて禅杖《ぜんじょう》を拿《とり》なほし、〝作麼生《そもさん》何《なんの》所為《しょゐ》ぞ〟と、一喝《かつ》して……」（高田衛・稲田篤信校注・ちくま学芸文庫、一九九七年、頁三九六)。日本ではこういう言い方もあったのでしょうか?

(4) 与麼《よも》・恁麼《いんも》

「与麼《よも》」「恁麼《いんも》」は、このように、このような、という指示詞。文語の「如此」にあたります。見た感じが「什麼」や「作麼」に似ているので、昔はよく疑問詞と間違われていたようですが、疑問詞ではないのでご注意ください。

⑰豈有与麼事!(『臨済録』頁一九四)
豈《あ》に与麼《かくのごと》き事《こと》有らん!
どうしてソノヨウナ事があろうか!

⑱正恁麼時、作麼生対?(『無門関』第五則)
正に恁麼《かくのごと》き時、作麼生《いかに》か対《こた》う?
まさにコノヨウな時、ドウ答えるか?
(後半は「作麼生」+動詞「対」。前出⑭参照)

与麼

恁麼

(5) 還~麼?還~否?還~也無?

「那箇《いずれ》」や「那裏《いずく》」、「什麼《なに》」や「作麼生《いかん》」などの疑問詞が入ると、それだけで文全体が疑問文になります。そのような文を疑問詞疑問文とか特指疑問文といいます。

文言では疑問詞が目的語になると語順の反転がおこりますが（第9課参照）、白話ではそうなりません。いっぽう、ハイかイイエ、yesかnoを答えさせる疑問文は、諾否疑問文とか是非疑問文といわれます。それは「～麼？」「～否？」「～也無？」などの形で問われ、たいていその上に発問の語気を添える「還」という語がかぶせられます（疑問副詞）。むかしは「還《かえ》って～なりや否《いな》や」とか「還《かえ》って～なりや也《ま》た無《な》しや」などと訓読されていましたが、最近は意味にあわせて「還《は》た～麼《や》？」「還《は》た～否《や》？」「還《は》た～也無《や》？」と訓読されています。

還～麼？
還～否？
還～也無？

⑲這裏還有祖師麼？（『碧巌録』第一則・頌、上―頁四七）
這裏《ここ》に還《は》た祖師《そし》有り麼《や》？
ここに達磨はいるか？（「這裏」については前出③参照）

⑳陛下還識此人否？（同第一則・本則、上―頁三七）
陛下、還《は》た此《こ》の人《ひと》を識《し》る否《や》？
陛下は、この人をご存知ですか？

㉑且道此人還具眼也無？（同第八四則・垂示、下―頁一一五）
且《しば》らく道《い》え、此の人、還《は》た眼《まなこ》を具《ぐ》す也無《や》？
さあ言うてみよ、この人には、ちゃんとものを見る目が具わっているか？

「説似一物即不中《せつじいちもつそくふちゅう》」 では以上の語彙と語法をふまえて、六祖から南岳懐譲《なんがくえじょう》への伝法の因縁を読んでみましょう。書き下し文の中に上記の例文の番号を示してありますので、上の基本語彙と相互に参照しながらお読みになってみてください。


南岳懐譲和尚が初めて六祖に参じた時のこと。

六祖、「どこから来た?」

懐譲、「嵩山《すうざん》より参りました」

「ナニがこのようにやって来たのか?」（現にこうしてやって来たのは何物か?）

「コレだと言えば、すぐはずれてしまいます」（一つの事物と同定したとたん、もうそれではなくなってしまいます）

「修証《しゅしょう》に依らぬのか?」

「たしかに、修行によって悟るということが無いわけではありません。しかし、それによって汚すことが、よくないのです」

「うむ、まさしくこの〝汚さぬ〟という一点、それこそ諸仏が大事に守ってきたものだ。お前がそうであり、わしもまたそうなのだ」

南岳懐譲
嵩山
説似一物即不中

南岳譲和尚、初めて六祖に参ず。祖問う、「甚処《いずく》よりか来《きた》る?」曰く、「嵩山《すうざん》より来る」。祖曰く、「甚麼物《なにもの》（⇓⑫）**か恁麼《かくのごと》く**（⇓⑱）**来る?」曰く、「一物《いちもつ》**

を説似《せつじ》せば即ち中《あた》らず」。祖曰く、「還《は》た修証《しゅしょう》を仮《か》る也《や》無？（⇓㉑）」曰く、「修証は即ち無きにあらず、汚染《おぜん》することは即ち得ず」。祖曰く、「只《まさ》しく此の汚染せざるこそ、乃ち諸仏の護念なり。汝既《すで》に如是《かくのごと》くなれば、吾も亦た如是し」。

南岳譲和尚初参六祖。祖問、「甚処来？」曰、「嵩山来」。祖曰、「甚麼物恁麼来？」曰、「説似一物即不中」。祖曰、「還仮修証也無？」曰、「修証即不無、汚染即不得」。祖曰、「只此不汚染、乃諸仏之護念。汝既如是、吾亦如是」。

（大慧『正法眼蔵』巻中）

甚処

「甚処」は「甚麼《なに》」⑫の「甚」に「処」で、ナンのところ、どういうところ。「修証即不無、汚染即不得」については前に第8課で勉強しました。二つの「即」によって、「修証は」有る、だが「汚染は」いけない、という対比が、強く際だたされているのでした。「甚麼物恁麼来」は古い翻訳では「どんなものが、どんなふうに来たのだ」と訳されていることがありますが（『禅家語録Ⅰ』筑摩書房・世界古典文学全集36A、一九七二年、頁一三六上）、「恁麼」が疑問でないことは、さきに強調したとおりです。

即

恁麼

～似

「説似《せつじ》一物即不中《いちもつそくふちゅう》――一物《いちもつ》を説似《せつじ》せば即《すなわ》ち中《あた》らず」の「似」は、もと「一字の動詞の下に付けて動作の向けられる方向を示す接尾辞。『助字弁略』では「向」に読み替えている」（『禅語辞典』頁一八一・下）。ただし、その意味を失っている場合もしばしばあり、「説似」もただ「いう」という一語の動詞になっています（『禅語辞典』頁一一八・下「挙似」条、参照）。「中」という字は平らな調子（平声 zhōng）で読むと「なか」という名詞ですが、下がり調子（去声 zhòng）だと「あたる」という動詞になります（『漢辞海』「中」AとB、頁二八・中）。「命中」する、「的中」する、などの「中」です。したがって、「説似一物即不中」は、ある一つのものを言うと、たちまち当たらなくなってしまう。つまり、ハズレてしまう。真実とは〇〇である、と、一つのものに置き換えたとたん、一つの言葉にあてはめたとたん、それはもう真実そのものではなくなってしまう、ということです。それは、名状も定義も寄せつけない永遠に無限定なるものであって、どこまで行っても「甚麼物」という疑問詞でしか呼ぶことのできないものなのでしょう。前の課で慧明が「冷煖自知」した、ドレといえない「本来面目」、それも、きっと同じことを言っていたのだと思います。

「中」あたる

第12課　南岳と馬祖「磨甎作鏡」

六祖慧能《えのう》（恵能）の「南宗《なんしゅう》」は「南岳懐譲《なんがくえじょう》—馬祖道一《ばそどういつ》」と「青原行思《せいげんぎょうし》—石頭希遷《せきとうきせん》」、この二つの系統に分かれて展開していったとされています。前回は六祖から南岳への伝法の話を読みましたので、今回はつづけて南岳から馬祖への伝法の故事を読んでみます。文章は、元の時代に編まれた類書『禅林類聚《ぜんりんるいじゅう》』巻十六「鏡扇」から採ります。今回は、まず現代語訳で全体のスジを読み、それから小分けに原文を読んでゆくことにします。

懐譲禅師が南岳にいた時のこと。馬祖がおなじ地で庵に住み、日々ひたすら坐禅していた。


懐譲禅師がたずねていって、問うた。

「ここで何をしておる?」

「坐禅です」

「坐禅して何をめざす」

「仏と成ることです」

禅師はある日、敷がわらを一枚もってゆき、馬祖の庵の前で磨いた。馬祖は問うた。

「そんなものを磨いて、どうなさいます?」

「ふむ、鏡にしようと思うてな」

「敷がわらを磨いて、どうして鏡になどなりましょう?」

「ならば、坐禅して、どうして仏になれるのか?」

「で、では、どうすれば……?」

「牛に車をひかせるようなもの。車が止まったら、車をたたくがよいか、牛をたたくがよいか」

馬祖はこの一言で悟り、証明を受けて、法を伝えられた。「馬が天下の人を踏み殺す」、そういった西天の祖師の予言どおり、南宗の禅は、江西《こうぜい》の地にさかえたのであった。

以下、少しずつくぎりながら、原文を読んでみます。

---

〔1〕南岳譲《なんがくじょう》〔懐譲〕禅師、南岳《なんがく》に居《お》る時、馬祖《ばそ》、彼《かしこ》に在りて庵《いおり》に住し、日《ひび》に唯《た》だ坐禅《ざぜん》するのみ。

南岳懐譲
馬祖道一

南岳譲禅師居南岳時、馬祖在彼住庵、日唯坐禅。

彼・此

前に第7課でも看たように、「此」「彼」は物や人だけでなく、場所も指します。「自彼至此。—かしこよりここニいたル」（韓愈「与孟東野書」／『漢辞海』「彼」㊀《代》②、頁五〇一・下）。「彼《かしこ》」はここでは、直前の「南岳」を指しています。「日」には、述語の前につけて、日ごとに～、あるいは、日増しに～、という連用修飾語になる用法があります。訓読は「ひびニ」または「ひニ」（『漢辞海』「日」㊀《名》①「ひ」《連用化》、頁六六四・上）。「僧有り、日《ひび》に『金剛経』を誦うること一百遍。——有僧日誦金剛経一

日～

百遍」、『金剛経』を毎日百回どおり読誦する僧がいた（大慧『宗門武庫』六〇）。
したがって「日唯坐禅」は、馬祖が、来る日も来る日も、ただ、坐禅ばかりしていたということですが、そこへ懐譲禅師が訪ねて来ます。

---

〔2〕師〔懐譲〕因《ちな》みに往《ゆ》きて問うて云く、「此《ここ》に在りて何《なに》をか為《な》す？」祖〔馬祖〕云く、「坐禅」。師云く、「坐禅して何の図《はか》る所ぞ？」祖云く、「作仏《さぶつ》を図る」。

坐禅何所図？

師因往問云、「在此何為？」祖云、「坐禅」。師云、「坐禅何所図？」祖云、「図作仏」。

疑問詞が目的語の場合

「此《ここ》に在りて何《なに》をか為《な》す？——在此何為？」の「何為」は、「為す」が《述語》で「何を」が目的語。目的語が疑問詞であるために、通常の「《述語》—目的語」という語順がひっくりかえったものです。この語法については、すでに第9課で勉強しました。ここで、もう一例看ておきましょう。

心識安在？（『五灯会元』巻十九文殊心道章）
心識、安《いずく》にか在る？

「～にある」は「在～」ですが、「安」がドコという疑問詞（『漢辞海』「安」［句法1］、頁三八七・下）なので、反転して上に来ているわけです。　安

次の「坐禅して何の図《はか》る所ぞ？――坐禅何所図？」の「何所図」は、「何所～」という疑問の句型。『漢辞海』「何所　㋑なんノ…スルところカアル」の条に次のような説明があります（「何」［句法1］【何所】頁八二・上）。　何所～

㋑「所」が動詞あるいは動詞句の前に置かれてそれらを体言化する助詞で、「どんな…することがあろうか」「…するものはなにか」などと訳す。

〔例〕客何所為？

かくハなんノなスところカアル

〔訳〕食客はどんなことをしているのであろうか（『史記』孟嘗君伝）

『碧巌録』にも、こんな例が見えます。「礼拝して当《は》た何《なん》の求むる所《ところ》かある？――礼拝当何所求？」、礼拝していったい何を求めるのか（第一一則・頌評唱／「当～」は疑問副詞）、「外道《げどう》、何《なん》の証《さと》る所《ところ》有りてか得入すと言える？――外道有何所証而言得入？」、外道は何を悟って（自分は）得入したと言ったのか（第六五則・本則）。「図《はか》る」が「手に入れようと謀る。取得する。とる」という動詞ですので（『漢辞海』「図」㊀《動》①はか‐る㋑、頁二九三・中）、「何所図？」は「何《なん》の図《はか》る所《ところ》かある？」、何の目指　「図」はかる

すものがあるのか、何を得ようとしているのか、となります。
馬祖は「作仏《さぶつ》を図る——図作仏」、むろん仏と成ることを目ざしている、と答えます。
懐譲は、この後、日をあらためて、再び馬祖を訪ねます。

---

〔3〕師、一日、甎《せん》一片を将《も》って庵の前に於いて磨《みが》く。祖云く、「此れを磨きて何をか為す？」師云く、「鏡《かがみ》に作《な》さんと要《ほっ》す」。祖云く、「甎を磨きて豈《あ》に鏡《かがみ》と成《な》るを得んや？」師云く、「坐禅して豈《あ》に仏《ほとけ》と成《な》るを得んや？」

師一日将甎一片於庵前磨。祖云、「磨此何為？」師云、「要作鏡」。祖云、「磨甎豈得成鏡？」師云、「坐禅豈得成仏？」

「師、一日、甎《せん》一片を将《も》って庵の前に於いて磨《みが》く。——師一日将甎一片於庵前磨」。「甎《せん》」は「粘土を固めて乾燥させた後、高温で焼いて作った建築用材」（『漢辞海』「甎」□一《名》①、頁九五〇・上）。「かわら」と訓読みしますが、日本の屋根瓦のようなものでなく、「れんが」や「敷きがわら」の類を指し、「磚《せん》」（『同』頁一〇二三・上）「塼《せん》」（『同』頁三二〇・上）などの文字と互いに通用します。「将」は、持つ、とる。第6課の末尾で看た「達磨安心」の「将心来。為汝安。——心を将《も》ち来《きた》れ。汝が為《ため》に安んぜん」の「将」と同じです（『無門関』第四一則）。

磨甎豈得成鏡？
坐禅豈得成仏？

将

それを見て、今度は馬祖のほうから南岳禅師に問います。「此れを磨きて何をか為す？――磨此何為？」先日の南岳禅師の問いを、そっくりそのまま裏がえした問いになっています。

南岳は涼しい顔で答えます。「鏡《かがみ》に作《な》さんと要《ほっ》す。――要作鏡」。「要～」は、動詞の前につけて、～したいと思う、しようと思う。「諸人《しょにん》、雪竇《せっちょう》に見《まみ》えんと要《ほっ》す麼《や》？――諸人要見雪竇麼？」、諸君、雪竇禅師に会いたいと思うか（『碧巌録』第三則・本則評唱）。

要～

馬祖は驚き、訝ります。「甎を磨きて豈《あ》に鏡《かがみ》と成《な》るを得んや？――磨甎豈得成鏡？」

「豈～」については、『漢辞海』に次のような説明があります（「豈」［句法］、頁一三六〇・上）。

豈～？

副詞として動詞の前に置く。「あニ」と訓読し、ふつう文末の助詞「乎」「哉」「耶」などと呼応して、「豈…乎（あニ…ナランや）」の形で用いる。

㋐反語の意味

反語の語気を表し、「どうして…であろうか」「まさか…ではあるまい」などと訳す。

〔例〕仲尼豈賢於子乎

ちゅうじあニしヨリまさランや

〔訳〕仲尼がどうしてあなたよりもまさっていることがあろうか（『論語』子張篇）

「得〜」は「〜できる」という可能の意を表しますので（『漢辞海』「得」［句法1］、頁五〇七・下）、「豈得成鏡？」は「豈《あ》に鏡と成るを得んや」、どうして鏡に成ることができようか。まさか、鏡に成ることがあり得ようか？

南岳は待ってましたとばかり、その問いをそっくりそのままオウム返しに投げ返します。「坐禅して豈《あ》に仏《ほとけ》と成《な》るを得んや？——坐禅豈得成仏？」なら、人が坐禅して、どうして仏と成りうるのか？

いくら「敷きがわら」を磨いても鏡になど成りえない。それと同じく、いくら坐禅しても人が仏になることは有りえない、というわけですが、答えを教えるのでなく、問いを投げ返すことによって、相手自身に自らその答えを発見させるという禅の問答の特性がよく解るやりとりです。

馬祖は動揺し、懐譲禅師に迫ります。では、いったい、どうすればいいのか？「如《い》何《か》にせば即《すなわ》ち是《よ》き？——如何即是？」

---

〔4〕祖云く、「如何《いか》にせば即《すなわ》ち是《よ》き？」師云く、「人《ひと》の車《くるま》を駕《が》すが如《ごと》し。車《くるま》若《も》し行かざれば、車《くるま》を打《う》つが即《すなわ》ち是《よ》きか？牛《うし》を打《う》つが即《すなわ》ち是《よ》きか？」

打車即是？
打牛即是？

一　祖云、「如何即是？」師云、「如人駕車。車若不行、打車即是？打牛即是？」

南岳は答えます。「人《ひと》の車《くるま》を駕《が》すが如《ごと》し。——如人駕車」。「人—《駕す》—車を」という「主語—《述語》—目的語」の文が、まるごとさらに「如」の目的語になった文です。「駕」は「①馬の首にくびきを装着する。馬を車につなぐ。かけ‐る。カ‐ク」という意味から引いて、馬車や牛車を「③あやつる。操縦する」こと（『漢辞海』「駕」A一《動》、頁一六一八・上）。現代中国語では自動車を運転することも「駕車」といいます。

では、操っているその牛車が前に進まなくなった時、どうするか？「車《くるま》若《も》し行かざれば、車《くるま》を打《う》つが即《すなわ》ち是《よ》きか？牛《うし》を打《う》つが即《すなわ》ち是《よ》きか？——車若不行、打車即是？打牛即是？」ここでも禅師は問いに対して答えを与えず、逆に問いを投げ返すことで、学人自身に自らその答えを見つけ出させようとしています。この問い返しは『大乗荘厳経論《だいじょうしょうごんきょうろん》』にもとづいており、もとは、身体の苦行によって心の煩悩をおさめようとするのは、牛車が進まなくなった時、牛でなく車の方を鞭打つような見当ちがいの行為だ、という喩えでした。それが、ここでは、自己が仏であるのに、坐禅という作為によってわざわざ仏に成ろうとするのはとんだ顛倒だ、という趣旨を気づかせるための問い返しに転用されています。

選択疑問　ここで文法的に注意すべきは、「打車即是？打牛即是？」の一文です。

選択疑問

「車を打つのが正しい」という句と「牛を打つのが正しい」という句がただ並んでいるだけですが、漢語では、このように、対比的な内容の語句が並ぶだけで選択疑問になり得ます。

①祖意教意同別?（『景徳伝灯録』巻十三・吉州福寿章）
祖意と教意は、同か別か?
祖師の意（禅）と経典の説（教）は、同じか別か?
②祖意教意是同是別?（同巻十七・鷲嶺善本章）
祖意と教意は、是れ同か、是れ別か?
祖意と教意は、同じであるか、別であるか?
③只這箇、更別有?（同巻六・百丈懐海章）
只だ這箇《これ》のみか、更に別に有りや?
ただコレだけか、さらに別に有るか?
④你粗我粗?（『五灯会元』巻三・帰宗智常章）
你《なんじ》粗なるか、我《われ》粗なるか?
お前が粗行（戒律違反）か、わしが粗行か?

いずれも疑問を表す文字は含まれていませんが、A・Bという対比的・対立的な事項を並べるだけで、AかBか、という選択疑問になっています。
ただし、これだけだと、ただの並列と区別がつきにくいので、多くの場合、AかBの一方、または双方のあたまに「為」「為当」「為復」などの接続詞（連接詞）をつけて、選択疑問の意を明示します。現在はいずれも「はた」と訓読されています（『禅語辞典』頁一〇下～一二上、参照）。

為～？
為当～？
為復～？

⑤汝学坐禅、為学坐仏？（『景徳伝灯録』巻五・南岳懐譲章）
汝、坐禅を学ぶや、為《は》た坐仏を学ぶや？
⑥汝為学坐禅、為学坐仏？（『馬祖道一禅師広録』）
汝、為《は》た坐禅を学ぶや、為《は》た坐仏を学ぶや？
⑦為復語底是、黙底是？（『碧巌録』第九四則・頌評唱）
為復《はた》語る底是《ぜ》なるか、黙する底是《ぜ》なるか？
⑧為復総是、為復総不是？（同）
為復《はた》総て是《ぜ》なるか、為復《はた》総て不是《ふぜ》なるか？
⑨只這箇、為当別有？（『景徳伝灯録』巻六・馬祖章）
只だ這箇《これ》のみか、為当《はた》別に有りや？
⑩為当只這箇、別更有？（同巻十八・長慶慧稜章）
為当《はた》只だ這箇《これ》のみか、別に更に有りや？

⑪仏法為当只在剣南、為復此間亦有？（『歴代法宝記』）

仏法は為当《はた》只だ剣南（四川）にのみ在りや、為復《はた》此間《ここ》にも亦《ま》た有りや？

⑤と⑥は同じ問答の別本の記録。⑨⑩はさきの③と同義です。同じ意味の文でも「為」「為当」「為復」の組み合わせがいろいろ有ること、⑪のように異なった接続詞を前後にくみあわせることも有ることがわかります。また、次の⑫⑬のように、Ａ・Ｂの一方が是非疑問文（ハイ・イイエの疑問文）になる形もあります。

⑫長弄麼？還有置時？（『景徳伝灯録』巻十四・雲巌曇晟章）

長《つね》に弄《ろう》する麼《や》？還《は》た置く時有《あ》りや？

つねに〔獅子舞を〕操るか、下ろす時も有るか？

還〜麼？

⑬汝祇浴得這箇、還浴得那箇麼？（『黄龍慧南禅師語録』巻一）

汝、祇《た》だ這箇《これ》を浴し得るのみか、還《は》た那箇《あれ》をも浴し得る麼《や》？

〔浴仏の時〕お前はコレ（肉身）に水をそそげるだけか、あるいはアレ（法身）にも水をそそげるか？

懐譲禅師の問い返しにより、馬祖は「坐禅によって仏と成る」という考えの非を悟り、法を伝えられました。こののち馬祖の禅は、江西《こうぜい》の地を中心に、南宗の正統としてさかえてゆくのでした。

---

〔5〕祖、是《ここ》に於《お》いて旨《むね》を言下《ごんか》に悟《さと》り、遂《かく》て心《こころ》を印《いん》し法《ほう》を伝《つた》う。西祖《さいそ》の讖《しん》の「馬駒《ばく》、天下《てんか》の人《ひと》を踏殺《とうさつ》す」の語に符《かな》い、南宗《なんしゅう》、江西《こうぜい》に闡《あらわ》る。

祖於是悟旨於言下、遂印心伝法。符西祖之讖馬駒踏殺天下人之語、南宗闡於江西。

馬駒踏殺天下人

「西祖」は西天の祖師。「讖《しん》」は「神仙に仮託して禍福・吉凶を予言した呪術的な語」（『漢辞海』「讖」[一]《名》①、頁一三五八・上）。具体的には、西天二十七祖、般若多《はんにゃた》羅《ら》尊者が達磨に告げたとされる予言のことを指しています。『景徳伝灯録』南岳懐譲章に、六祖が懐譲に告げたことばとしてこう記されています。「西天の般若多羅讖《しん》すらく、汝の足下より一馬駒《ばく》出で、天下の人を蹋殺《とうさつ》せん、と。——西天般若多羅讖、汝足下出一馬駒、蹋殺天下人」（「蹋」と「踏」は通用。ふむ、ふみつける／『漢辞海』「蹋」[一]《動》①、頁一四〇〇・上）。「馬駒」が天下の人を踏み殺す、それは南宗禅が江西の馬祖を中心として天下を席巻するという予言だったのでした。

讖

『寒山詩』　以上、「坐禅によって仏と成る」という考えが否定された故事でした。

寒山詩

しかし、それは決して「成仏」という目的に対して坐禅という手段が適切でないとか有効でないとかいう意味ではありません。自身がもともと仏であるのに、そこにさらに「成仏」「作仏」という外在的な目的を立てる、そのこと自体がおかしい、と、この物語は語っているのです。

その趣旨は、この故事を詠みこんだ『寒山詩《かんざんし》』の次の一首によく示されています（項楚『寒山詩注』〇九七）。『寒山詩』はどの詩も無題ですが、ここに「成仏――仏に〝成る〟ということ」という題を付してみると、言わんとする所がよく解ります。

蒸沙擬作飯　沙《すな》を蒸して飯《めし》を作らんと擬《ほっ》し
臨渇始掘井　渇《かわ》きに臨《のぞ》みて始めて井《いど》を掘る
用力磨⿰鹿瓦甎　力を用いて⿰鹿瓦甎《ろくせん》を磨くも
那堪将作鏡　那《なん》ぞ将《も》って鏡と作《な》すに堪《た》えん
仏説元平等　仏は説けり　元《もと》より平等《びょうどう》にして
総有真如性　総《すべ》て真如《しんにょ》の性《しょう》有りと
但自審思量　但自《ただ》　審《つまび》らかに思量《しりょう》せよ
不用閑争競　閑《いたず》らに争《あらそ》い競《きそ》うを用いざれ

用力磨⿰鹿瓦甎
那堪将作鏡

それ――「成仏」――は砂を蒸して飯を作ろうとし
喉《のど》が渇《かわ》いてから井戸を掘るようなもの
力ずくで甋甎《しきがわら》を磨いてみたところで
鏡になろうはずもない
御《み》仏《ほとけ》もお説きになっている　もともと平等で
すべてのものに法の真実が具わっておるのだと
ただそのことだけを　よく考えよ
むなしく競うことは　要《い》らぬことゆえ

この話は、唐代の禅ではこのような趣旨を表していました。しかし、のちに道元はこの話を「悟りを目的としないで坐禅する」という別の趣旨に読み替えています。その事については、石井修道『正法眼蔵行持に学ぶ』禅文化研究所、二〇〇七年、の第10話、および同書附録2「なぜ道元禅は中国で生まれなかったか」に詳論されています。

第13課　六祖と青原「聖諦尚不為」

前回と前々回とで、六祖慧能《えのう》（恵能）から「南岳懐譲《なんがくえじょう》―馬祖道一《ばそどういつ》」とつづく流れを見ました。今度は六祖から「青原行思《せいげんぎょうし》—石頭希遷《せきとうきせん》」と伝わった、もう一方の流れを見てみましょう。今回は長い説明の必要な語法がいくつかありますので、さきにそれを勉強してから本文を読みます。「～さえも」「～すらも」という強調の表現です。

（1）主題化による強調

主題化

まず、次の例を見てみてください。

天不怕、地不怕

①天不怕、地不怕、閻羅王也不怕。（『雲渓俍亭挺禅師語録』巻四、禅宗全書七四—一三七下左）

天も怕《おそ》れず地も怕れず、閻羅王《えんらおう》も也《ま》た怕れず。

天も恐くない、地も恐くない。エンマ大王だって恐くない。

「天不怕、地不怕」は慣用句で「天だって地だって恐くない」。つまり、何も恐いものはない、矢でも鉄砲でも持って来い！ということです。「《怕》～」で「～を怕《おそ》る」。したがって「～を怕れず」は「不《怕》～」となるはずですが、ここは「天」「地」を目的語の位置から主題の位置に引き出すことで「天すら怕れず」「地さえ怕れず」という意が表されています。中国語では、本来、《述語》の後ろにあるはずのものを前に引き出すことで「～すらも……」「～さえも……」と強調したり際立たせたりする用法があるのです。次もその例です。

牛馬不如

②噫！有志男子、覩斯言而無所悟発、則牛馬不如也。（『紫柏尊者別集』巻二、禅宗全書五〇―七〇二下）

噫《ああ》！　志《こころざし》有る男子、斯《こ》の言《げん》を覩《み》て悟発する所無《な》くんば、則ち牛馬《ぎゅうば》にだに如《し》かざる也《なり》。

ああ！大の男が、この言葉を見て悟らぬようでは、ウシウマにすら劣るというものだ。

「牛馬不如」は「牛馬にさえ及ばない」という意味の成語です。「百聞不如一見」、百聞は一見に如《し》かず、と言うように「不《如》～」で「～に如《し》かず」、～に及ばない、ということです。したがって「牛馬に及ばない」なら「不《如》―牛馬」となるはずですが、これも目的語「牛馬」を主題の位置に引き出すことで「牛馬にすら～」「牛馬にさえ～」という意味が示されています。古典にも次のような例があります。

③其母不愛、安能愛君？（『韓非子』難一）

其《そ》の母をすら愛せず、安《いず》んぞ能《よ》く君を愛せん？

自分の母さえ愛さずして、どうして君主を愛せよう。

禅籍でも同じです。

五戒不持

④師問座主、「汝莫是講唯識否？」対曰、「是」。師云、「五戒不持」。（『景徳伝灯録』巻十二・陳尊宿（睦州）章）

莫（是）～否？

師〔陳尊宿〕座主《ざす》に問う、「汝、唯識《ゆいしき》を講ずるに莫是《あらざ》る否《や》？」対《こた》えて曰く、「是《しか》り」。師云く、「五戒も持《たも》たず」。〔「莫（是）～否？」は、～ではないのか？～だな？という確認・念押しの問いかけ〕

「五戒不持」は、五戒を守っていないのでなく、僧として最低限の戒である五戒さえも、五戒すらも、守っていないということです。これは実際にはお前は「不妄語戒を犯している」、つまり、お前はウソをついているという非難です（後の⑬の例で、そのことが分かります）。「唯識」を口先で講義するだけで、その真実を実感も体得もしていない、と咎めているのでしょう。

次の「一物不将来」も同様の語法です。

一物不将来

⑤厳陽尊者問趙州、「一物不将来時、如何？」州云、「放下著」。厳云、「既是一物不将来、又放下箇甚麼？」州云、「放不下便担取去」。（大慧『正法眼蔵』巻上）

厳陽《げんよう》尊者、趙州《じょうしゅう》に問う、「一物《いちもつ》不《ふ》将来《しょうらい》の時、如何《いかん》？」州〔趙州〕云く、「放下《ほうげ》著《じゃく》」。厳云く、「既《すで》に是れ一物不将来なるに、又た箇《こ》の甚麼《なに》をか放下《ほうげ》せん？」

州云く、「放不下《ほうふげ》なれば便ち担取《たんしゅ》し去れ〔かついで行け〕」

「一物不将来」は、一物を持ってきていない、のではなく、ただの一物さえも持って来ていない。厳陽尊者は、自分は徹底した無一物でやって来た、さあ、そのような私にどう応対するか、と自信満々で趙州に迫っています。すると趙州は言いました。「放下著《ほうげじゃく》」。放下せよ。下におろせ。「放下」は「単に〝置く〟〝下ろす〟ということ。ほうり投げることではない」（『禅語辞典』頁四二三・上）。「～著」は命令の語気を表します（『同』頁三〇五・上）。厳陽はいきり立ちます。「真の無一物だというのに、そのうえ（「又」）何を下ろせと言われるか！」（「箇」は、一箇の）。そこで趙州は言いました。「放下できぬ（放不下）のなら、担いで行け」。お前は「無一物」という観念のお荷物をかついで回っているだけだ。それを手放せぬなら、後生大事に担いで帰るがよい。

放下
～著

（2）「亦～」「也～」による強調

①の「天不怕、地不怕」や②の「牛馬不如」は慣用表現として定着しているので、誤解の余地は有りません。しかし、中国語では動作の主体でないものでも、主題・話題として提示されるものはみなふつうに文頭に出て来ますから、主語の位置にあ

亦～
也～

るというだけでは強調かどうかはっきりしません。そこで①が「天不《怕》、地不《怕》」につづけて、エンマさまだって恐くないという時、「閻羅王也不《怕》」と言っていたように、《述語》に「也～」「亦～」を添えることがよくあります。

「也～」「亦～」は日本語でいえば「も」「また」に当たることばです。「也」は口語、「亦」は文語ですが、禅籍ではほぼ同じように使われます。

⑥恁麼也得。不恁麼也得。（『碧巌録』第三則・垂示）
恁麼《いんも》も也《ま》た得《よ》し、不恁麼《ふいんも》も也《ま》た得《よ》し。
そうでもよし、そうでなくともよし。

⑦衆人退、老人亦退。（『無門関』第二則）
衆人退《しりぞ》けば、老人も亦《ま》た退く。
一同が下がると、老人も下がった。

これらはいずれも単純な並列の例ですが、では、次の例はどうでしょう。

⑧三歳孩児也解恁麼道。（『景徳伝灯録』巻四・鳥窠道林章）
三歳の孩児《がいじ》も也《ま》た解《よ》く恁麼《かくのごと》く道《い》う。
三歳のおさなごでも、そのように言える。

三歳孩児也解恁
麼道

この例は、オトナも言える、コドモも言える、という並列ではなく、それくらいのことなら、小さなコドモだって言える、ということですね（「解～」は「～できる」、解～『禅語辞典』頁一〇〇・下）。この例やさきほどの「閻羅王也不怕」がそうだったように、中国語の「也」「亦」にも、日本語の「も」と同様、～さえも、～すらも、という強調の意を表す用法があります。

⑨一箇事也無。（『臨済録』岩波文庫、頁七〇）
一箇の事も也《ま》た無し。
一つの事も無い（まったくの平常無事だ）。

⑩老漢話頭也不識。（同頁二〇五）
老漢《ろうかん》、話頭《わとう》も也《ま》た識《し》らず。
ご老体、話というものもご存じない。

⑪若論頓也、不留朕迹。千聖亦摸索不著。（『碧巌録』第三八則・垂示、中―頁七三）
若《も》し頓を論ずるや、朕迹《ちんせき》を留《と》めず。千聖《せんしょう》も亦《ま》た摸索《もさく》し不著《えず》。
「頓」となれば、跡形をとどめず、あまたの聖人たちにも探り当てられぬ。

⑫包亦不解、直上法堂、……（『碧巌録』第四則・本則評唱、上―頁八三）
包《つつみ》も亦《ま》た解《と》かず、直《じき》に法堂《はっとう》に上《のぼ》り、……
荷もほどかず、まっすぐ法堂に上って、……

いずれも「〜すらも」「〜さえも」という語感です。さきの④と見比べながら、同じ陳尊宿（睦州）の次の例をご覧になってみてください。

⑬師問僧、「近離什麼処？」曰、「仰山」。師曰、「五戒也不持」。曰、「某甲什麼処是妄語？」師云、「這裏不著沙弥」。（『景徳伝灯録』巻十二・陳尊宿（睦州）章）

師（陳尊宿）僧に問う、「近ごろ什麼処《いずく》をか離る？」曰く、「仰山《きょうざん》」。師曰く、「五戒も也《ま》た持《たも》たず」。曰く、「某甲《それがし》、什麼処《いずく》か是れ妄語《もうご》？」師云く、「這裏《ここ》には沙弥《しゃみ》を著《お》かず」。

五戒也不持

近離什麼処？

行脚して来た僧に陳尊宿が問いました。「ここへ来る前はドコの僧堂におった？」「近離什麼処？」は、老師と行脚僧との初相見の際の常套句。直訳で言えば、「直近、ドコを出発してここへ来たのか？」具体的には、うちに来る前にドコの僧堂で修行していたか、どの老師の下で修行し、そこで何をつかんで来たのか、ということです。僧は答えます。「仰山」。「仰山というお寺で修行していた」ということと「仰山禅師の下で修行していた」ということ、その二つの意味が同時に含まれた答えです。しかし、その答えに対して、陳尊宿はただちに断じます。「五戒も也《ま》た持《たも》たず。――五戒也不持」。④では「五戒不持」と言われていましたが、ここでは「也」が加わることで最低限の五戒すらも、五戒さえも、という意味がいっそうハッキリ示されています。一方的な決めつけに、行脚僧は気色ばんで言いかえします。「私のドコ（什麽《なん》の処《ところ》）が〝妄語〟だというのですか？」この反問によって、「五戒（也）不持」の一句が、具体的には五戒のうちの不妄語戒を指していたことが分かります。僧の反抗を、陳尊宿はキッパリ斬って捨てました。「ここには沙弥は置かぬ」。五戒の保持さえままならぬような小僧に用はない。「仰山」で修行したとは口さきばかりで、実際にはそう言えるだけの内実がどこにある。それなら、うちの僧堂に置いてやったところで、また同じことのくりかえしではないか。陳尊宿は、そう戒めているのでしょう。

(3)「尚」「且」「猶」による強調

文言では《述語》の前に「尚」「且」「猶」などの副詞をつけることで「〜すら」「〜さえ」という意味を表す語法もあります（『漢辞海』「尚」［句法］頁四二二・下、「且」［句法2］頁二四・上、「猶」［句法2］頁九二五・下）。いずれも「（〜すら）なお」と訓読しますが、これらは上の句に用いられ、その後に「まして他のことはなおさらだ」という論理がつづきます。

〜尚
〜且
〜猶

⑭字尚不識、焉能会義？（『六祖法宝壇経』）
字すら尚《な》お識らず、焉《いずくん》ぞ能《よ》く義を会《え》せん？

文字すら読めぬのに、どうして意味を解せよう？（文字さえ読めぬのだから、まして意味が解ろうはずがない）

⑮汝自性且不見、敢爾弄人！（同右）

汝、自性《じしょう》すら且《な》お見ざるに、敢《あ》えて爾《かくのごと》く人を弄す！

お前は自己の本性すら見ずして、そのうえ大胆にもこのように人を愚弄するか！

⑯諸仏出現、猶示涅槃。有来必去、理亦常然。吾此形骸、帰必有所。（同右）

諸仏の出現すら、猶《な》お涅槃を示す。来ること有らば必ず去るべし、理も亦《ま》た常に然《しか》り。吾《わ》が此《こ》の形骸《けいがい》、帰《き》するに必ず所《ところ》有るべし。

諸仏がこの世に現れた時でさえ、涅槃の相が示されたのだ。来ればまた去るのが、不変の道理。わがこの肉体も然るべき所に帰らねばならぬ。

⑯は六祖が自らの遷化を予告したことばで、諸仏でさえ涅槃の相を示されたのだから、まして自分の肉身が死滅するのは当然のことだ、という趣旨です。

（4）「何～之有？」という強調表現

文言では、強調のために目的語を上に持ち出したとき、上に来たその言葉と《述語》の間に「之」を挿入することがあります（『漢辞海』「之」［句法2］頁三一・下）。禅籍を読むのに憶えておくとよいのは、これが定式化された「何〜之有？——何の〜かコレ有らん」という句型です（『同』「何」「句法1」【何…之有】頁八二・中）。

⑰弟子位鎮江山、何険之有？（『景徳伝灯録』巻四・鳥窠道林章）

弟子、位《くらい》、江山《こうざん》を鎮《しず》む、何《なん》の険《けわ》しきか之《こ》れ有らん？

わたくしは、天下の統治にあずかる身、いったい何の危険がございましょう？

⑱何利益之有哉？（『禅源諸詮集都序』裴休叙）

何の利益《りやく》か之れ有らん？

いったい何の利益があろうか？

「〜が有る」は「《有》〜」ですが、「〜」の部分を強調するためにそれを上に出し、その下に「之」を挿入して「〜之《有》」という語順となっているわけです。

「聖諦すら尚《な》お為さず」では、これらの語法をふまえて、六祖と青原行思の物語を読んでみましょう。

行思《ぎょうし》禅師は、吉州安城《きっしゅうあんじょう》〔江西省〕の劉《りゅう》氏の生まれ。曹溪《そうけい》〔六祖〕の教化が盛んであることを耳にして、まっしぐらにやって来ると、六祖に礼拝してこう問うた。

青原行思

曹溪

「何を務めとすれば、いかなる境位にも落ち込まずにすむでしょうか？」

六祖、「これまでは何をやっていた？」

「聖なる真理すらなしませぬ」

「それで何の境位に落ちるのか？」

「聖なる真理すら修めぬというに、いったい何の境位がございましょう」

六祖は彼を高く評価し、修行僧の長を命じた。

ある日、六祖は言われた。

「お前も教えを他の地方に分け伝え、この法門を絶やさぬようにするべきである」

行思は法を得ると、そのまま吉州の青原《せいげん》山に帰り、法を広め、教えを継いだのであった。（没後「弘済禅師」の称号を贈られた）

聖諦亦不為
聖諦尚不為
何階級之有？

行思《ぎょうし》禅師、吉州安城《きっしゅうあんじょう》の劉《りゅう》氏に生《うま》る。曹渓《そうけい》の法席《ほっせき》の化《け》を盛《さか》んにせるを聞き、径《ただ》ちに来《きた》りて参礼《さんらい》し、遂《かく》て問うて曰く、「当《は》た何《なん》の務《つと》むる所《ところ》あれば即ち階級に落ちざる？」師曰く、「汝曾《かつ》て什麼《なに》をか作《な》し来れる？」曰く、「聖諦《しょうたい》も亦《ま》た為さず」。師曰く、「何の階級にか落つ？」曰、「聖諦すら尚お為《な》さず、何の階級か之れ有らん？」師深《ふか》く之を器《うつわ》とし、思〔行思〕をして衆《しゅ》に首《しゅ》たらしむ。

一日、師謂《い》いて曰く、「汝当《まさ》に化《け》を一方に分《わか》ち、断絶せしむること無かるべし」。

思既《すで》に法を得て、遂《かく》て吉州青原《せいげん》山に回《かえ》り、法を弘め化《け》を紹《つ》げり。（弘済禅師と諡《おくりな》す）

行思禅師、生吉州安城劉氏。聞曹渓法席盛化、径来参礼、遂問曰、「当何所務即不落階級?」師曰、「汝曽作什麼来?」曰、「聖諦亦不為」。師曰、「落何階級?」曰、「聖諦尚不為、何階級之有?」師深器之、令思首衆。一日、師謂曰、「汝当分化一方，無令断絶」。思既得法、遂回吉州青原山、弘法紹化（諡弘済禅師）。（『六祖大師法宝壇経』）

「径来参礼」の「径」は「ただちに㋐直接に。真っすぐに」という副詞（『漢辞海』「径」㊂《副》①、頁五〇〇・下）。「当何所務即不落階級?」の「何所～?」は前回やった「何の～する所かある?」、何を～するか、という疑問の句型。前回やったのは「坐禅何所図?――坐禅して何の図《はか》る所かある?」という文でした（第12課）。「当～」は「復～」「合～」などと同じく、疑問文の《述語》の前に添えて疑問の語気を表す語（疑問副詞）。いったい、そもそも。近年は「はた」と訓読されています（第8課でやりました）。したがって「当何所務即不落階級?」は「当《は》た何《なん》の務《つと》むる所《ところ》あれば即ち階級に落ちざる?」。いったい何を務めとすれば、いかなる境位・階層にもはまり込まずにすむでしょうか、となります。いかなる序列にもくみこまれない、いか

径～

何所～

当～

なる外的規定も受けない、そうした無限定のありかたを保つには何をすればよいのか、という問いです。

そこで六祖は問い返します。「汝曽《かつ》て什麼《なに》をか作《な》し来れる？――汝曽作什麼来？」そういう汝自身はかつて何をやったのか、と。この「来」については、太田辰夫先生の「『祖堂集』語法概説」に次のような説明があります。「現代語の〝来着〟に相当し、過去のことを回想する語気。現時点でその動作・状態は存在していないのである」（『中国語史通考』白帝社、一九八八年、頁二一八）。大事なのは、現在につながっていない過去のことを表す、という点です。ここのように上に「曽《かつて》」がついているとそのことがはっきりしますが、「何処去来？」（『祖堂集』巻五・雲巌章）などという文を見ると、日本語同様、「何処へ行って来た」という訳でもよさそうに見えてしまいます。しかし、これは、今ここにいる相手に向かって「（今はここにいるが、その前は）何処に行っていたのか」と問うたものです。「『祖堂集』語法概説」の挙げる次の例で、そのことがいっそうはっきり解ります。

～来

曽～来

行者何時曽死来？（『祖堂集』巻六・神山章）
行者《あんじゃ》、何《いず》れの時《とき》にか曽《かつ》て死《し》に来《きた》れる？

これはある行者の「生死事大、請師一言。――生死事大《しょうじじだい》、師に一言《いちごん》を請《こ》う」という問いに答えたことばです。生死を問うというが、今ここにこうして生きているあなたは、以前、いったいイツ死んだことがあるのか——死んでもいないのに、なぜ、そんなことを問題にするのか——というのです（ちなみに、霊界の「実話」を説いて已まぬ「心霊学の大家」に、大拙博士はこう答えたそうです。「それより、今、ここに在ることはどうなのかいナ……。死んでからでは遅くはないか？」『鈴木大拙とは誰か』岩波現代文庫、頁二六五）。したがって「汝曽作什麼来？」は、これまでずっと何をやってきたか、ということではなく、ここに来る前は何をやっていたか、以前にはどういうことをやっておったのか、ということです。

　青原の答えは「聖諦亦不為。——聖諦《しょうたい》も亦《ま》た為さず」。さきに勉強した（2）の語法で、聖なる真理すらも行じない、という意味です。そこで六祖はさらに「それなら、何の境位に落ち込むというのか」と問い返します。青原は答えました。「聖諦尚不為、何階級之有？——聖諦すら尚《な》お為さず、何の階級か之れ有らん？」。これはさきの（3）と（4）の語法を組み合せたもので、「聖諦さえ行わぬのに、いったい何の境位が有りえましょう（完全なる無為には、いかなる相対的境位も有りえない）」ということです。

　六祖はこれを聞いて、彼を相当の人物と認め、首座に任じました。「師深器之」の「器」は、ここでは動詞。「〔才能・能力を〕高く評価する。〔ひとかどの人物として〕重視する。〔うつわトス〕」という意味です（『漢辞海』「器」[二]《動》①、頁二八一・上）。『六

器

祖法宝壇経』に付録された「六祖大師縁起外記」にも、次のような例が見えます。
「五祖器之、付衣法、令嗣祖位。——五祖、之《これ》〔慧能〕を器《うつわ》とし、衣法《えほう》〔袈裟と正法〕を付《さず》け、祖位《そい》〔祖師の位〕を嗣《つ》がしむ」。

この後、行思は六祖の法をついで郷里の吉州に帰り、青原山で禅の教えを広めたのでした。その法は、やがて、石頭希遷によって受けつがれることになります。

第14課　青原と石頭「尋思去」

名前の省き方

前回の六祖と青原行思《せいげんぎょうし》の話につづき、今回は『五灯会元《ごとうえげん》』巻五・青原章から、青原と石頭希遷《せきとうきせん》の話を読んでみます。本文に入る前に思い出しておいていただきたいのが、これまで何度かふれてきた、人を指す略称のことです。中国では伝統的に、二字の名のうち一字（多くは下の字）が本人独自の名を表し、もう一字（多くは上の字）は一族の系図のうえでの世代数を表しているのが通例です。そのため、人名を略して呼ぶ際は下の一字のみが称されるのですが、禅籍ではその略し方が固有名詞でない尊称や職名にまで機械的に適用されるのでした（第5課の最後、第6課の最後、第10課、参照）。今回読む一段でも、「六祖」⇩「祖」、「希遷」⇩「遷」、「首座」⇩「座」、「行思」⇩「思」という略称が用いられています。特に「行思」が「思」と略されることによって、「尋思去」という句が二つの意味にとれてしまうことが、今回の話のカギになっています。では、少しずつ切りながら訳と原文を読んでみましょう。

〔1〕六祖がまもなく遷化されようという時、希遷という名の沙弥（すなわち後の石頭禅師）がおたずねした。

石頭希遷

「和尚さま亡き後、わたくしは、いったいどのようなお方につけばよろしゅうございましょう？」

六祖は「尋思去《じんしこ》」と仰せられた。

六祖将《まさ》に示滅《じめつ》せんとするに、沙弥《しゃみ》希遷なる有り（即ち石頭和尚）、**問うて曰く、「和尚百年後、希遷《それがし》、未審《しら》ず、当《まさ》に何人《なにびと》にか依附《えふ》すべき？」祖曰く、「尋思去《じんしこ》」。**

尋思去

六祖将示滅、有沙弥希遷（即石頭和尚）問曰、「和尚百年後、希遷未審当依附何人？」祖曰、「尋思去」。

ダレダレの「百年後」は、ダレダレの死後ということの婉曲表現（『禅語辞典』頁三九三・下）。現代中国語でもふつうに使われる言い方です。「希遷」はここでは、へりくだった一人称として自らを「名」で指したもの。

百年後

不知　不審　未審　「未審～」は疑問文に冠せられる発問の辞で（『禅語辞典』頁四三八・上）、伝統的には「未審《いぶかし》」と訓読されています。文言の「不知～」に相当し、また、「不審～」という言い方もあります。

不知～？

不知雲門意作麼生？（『景徳伝灯録』巻二十四・法眼文益章）
不知《しら》ず、雲門、意《い》、作麼生《いかん》？
はて、いったい、雲門は、どのような考えだったのでございましょうか？

不審～？

不審此是見上一時起用否？（同巻十三・圭峯宗密章）
不審《しら》ず、此れは是れ〝見〟上に一時に用《ゆう》を起《おこ》せる否《や》？
はて、これは、「見《けん》」という本性の上に、一度にあらゆる用《はたら》きが起こる、ということでございましょうか？

未審～？

蚯蚓斬為両断、両頭倶動。未審仏性在阿那頭？（同巻十・長沙景岑章）
蚯蚓《きゅういん》、斬りて両断と為すに、両頭倶《とも》に動く。未審《しら》ず〔未審《いぶか》し〕仏性《ぶっしょう》、阿那《いずれ》頭にか在る？
ミミズを二つに切ると、両側とも動いております。さて、仏性は、いったいドチラ側にあるのでしょうか？

「不知」「不審」「未審」がついて始めて疑問文になるのではなく、もともと疑問文として成立している文の上に冠して発問の口調を整えるものです。これらの語によって、いずまいを正して、折り入っておききする、謹んでおたずね申し上げる、そんなあらたまった気持ちが加わるようです。

なお「不審」は「不審《しら》ず、少病少悩にして、起居《ききょ》軽利なり不《や》？——不審少病少悩、起居軽利不？」というように、よく相手のご機嫌をうかがう疑問文に冠せられていたことから、やがて「不審」というだけで「こんにちは」「ごきげんうるわしう」というお坊さんどうしの挨拶語となり（『大宋僧史略』巻上・礼儀沿革）、さらには「不審する」、挨拶する、という動詞にも使われるようになりました。ちなみに別れ際の挨拶は「珍重《ちんちょう》」と言います。お大事に、お大切に、という意味です（『大宋僧史略』巻上・礼儀沿革）。

不審

珍重

本文にもどります。「和尚さま亡き後、わたくしめは、どういうお方に師事すればよろしうございましょうか？」希遷のこの問いに、六祖はただ一言、こう答えました。

——尋思去《じんしこ》。

今回の話のカギになる一句です。「尋思」は、スジミチをたどって思考するという動詞。たとえば大珠慧海《だいじゅえかい》の『頓悟要門《とんごようもん》』に「尋思する莫れ、求覓《もと》むる莫れ。心性は本来清浄なり」という例が見えます（筑摩書房・禅の語録6、頁一四三）。希遷も「尋

尋思

思」をその意味にとり、「尋思去」を「ずっと尋思してゆけ」、つまり、人になど師事せず、どこまでも自分自身で深く考えつづけてゆけ、そんな遺言として、この言葉を厳粛に受け止めたのでした。

〔2〕六祖が身まかられた後、希遷はいつも静かな処で坐禅し、まるで生きることを忘れたかのごとき寂滅のさまであった。そこで首座《しゅそ》が問うた。

「老師はすでに亡くなられたというに、空しく坐してどうするのだ？」

希遷、「老師の遺されたお教えに従えばこそ、こうしてただ〝尋思〟しているのです」

首座、「おぬしには思和尚〔行思〕という兄弟子《あに》があって、今、吉州に住持しておられる。おぬしの因縁は、そこにある。老師がたいそう直截に仰せられたのを、おぬしが勝手に取り違えておるだけだ」

祖の順世するに及び、遷、毎《つね》に静処《じょうしょ》に於て端坐《たんざ》し、寂として生を忘るが若《ごと》し。第一座《だいいちざ》問うて曰く、「汝が師、已《すで》に逝《ゆ》けるに、空《むな》しく坐して奚《なに》をか為す？」

空坐奚為？

遷曰く、「我れ遺誡《ゆいかい》を稟《う》く、故に尋思《じんし》する爾《のみ》」。座曰く、「汝に師《す》兄《ひん》思和尚なる有り、今、吉州に住す。汝が因縁《いんねん》、彼《かしこ》に在り。師の言、甚だ直《じき》なるに、汝自《みずか》ら迷いし耳《のみ》」。

及祖順世、遷毎於静処端坐、寂若忘生。第一座問曰、「汝師已逝、空坐奚為?」遷曰、「我稟遺誡、故尋思爾」。座曰、「汝有師兄思和尚、今住吉州。汝因縁在彼。師言甚直、汝自迷耳」。

疑問詞が目的語の場合

六祖が亡くなった後、希遷は、いつも静かなところで坐禅し、まるで死んでしまったかのように深い寂静に沈潜していました。そんな希遷に「第一座」、すなわち首座《しゅそ》和尚が問いかけます、「空坐奚為?」。「～を為す」は「為～」ですが、「奚」がナニの意の疑問詞であるために、語順が顛倒して「奚為——奚《なに》をか為す」となっています（第9課「庸流何知——何をか知る」、第12課「在此何為——何をか為す」、参照）。

～爾

「空《むな》しく坐して奚《なに》をか為す?」そう問われて、希遷は、六祖の遺誡にしたがって「尋思」しているだけ（「爾」）だと答えます。ここの「～爾《のみ》」も、すぐ後に出てくる「～耳《のみ》」も、「～而已《のみ》」に同じで、いずれも句末について、限定や肯定・確認の語気を表します（『漢辞海』「爾」頁九〇七・下、「耳」頁一一六〇・中、「已」頁四五一・上の各「句法」欄を参照）。

それを聞いて首座は希遷の思い違いを正します。いやいや、おぬしには「思」和尚（青原行思）という名の「師兄《すひん》」（あに弟子）がいらっしゃる。「尋思去」というおことばは、「思を尋ね去《ゆ》け」、つまり、行思をたずねてまいれ、という意味だったのだ。そのものズバリのたいへん直截なお示しだったのに、お前が自分で勝手に（「自」）

迷ってしまっただけのことなのだ（「耳」）。

~去　「~去」は動詞句について、動作が遠ざかってゆく感じを表します（方向補語）。時間について言えば「（未来に向かって）ずっと~してゆく」。空間について言えば「（離れたところに向かって）~しに行く」。趙州の「喫茶去《きっさこ》」が「お茶をおあがり」ではなく「茶を喫《の》みに去《ゆ》け」の意であること（『禅語辞典』頁八二・下）、同じく「洗鉢《はつ》盂《う》去」（『無門関』第七則）が「鉢盂（応量器）を洗い去れ（洗ってしまえ）」でなく「鉢盂を洗いに去《ゆ》け」の意であること、今日ではいずれも常識と言ってよいでしょう。「喫茶去」について言えば、「茶堂内喫茶去」（『建中靖国続灯録』巻十三・居山真如禅院元祐禅師章）、「僧堂裏喫茶去」（『楊岐方会和尚語録』）、「帰堂喫茶去」（『法演禅師語録』巻上）など、この場で飲むのでなく、どこか別の場所へ行って飲む、という意味であることを示す例は、枚挙にいとまありません。

~去
喫茶去
洗鉢盂去

「~去」がこの二様——「（未来に向かって）ずっと~してゆく」と「（離れたところに向かって）~しに行く」——にとれることも、希遷の誤解のもう一つの原因になっています。そうか、「尋思してゆく」ではなく「思（行思）を尋ねてゆく」だったのか！　取り違えに気づいた希遷は、急いで青原行思のもとへと旅立ちます。

〔3〕希遷はその言葉を聞くと、ただちに六祖の墓塔に礼拝して別れを告げ、まっ

すぐ吉州の静居寺《じょうごじ》に参上した。

青原行思禅師、「そなた、どちらよりまいられた？」

希遷、「曹溪《そうけい》（六祖のところ）でございます」

青原、「そこから何を持って来た？」

希遷、「曹溪に行く前から、何も失ってはおりませぬ」

青原、「ならば、わざわざ曹溪になど行ってどうする？」

希遷、「曹溪に行っていなかったら、どうして、何も失っていなかったことが解ったでしょう」

曹溪

遷、語を聞くや、便ち祖龕《そがん》に礼辞し、直《じき》に静居《じょうご》に詣《いた》りて参礼《さんらい》す。師曰く、「子《そなた》、何《いず》れの方《かた》よりか来《きた》る？」遷曰く、「曹谿《そうけい》なり」。師曰く、「甚麼《なに》をか将得《もち》て来る？」曰く、「未《いま》だ曹谿に到らざるも亦《な》お失わず」。師曰く、「若《も》し恁麼《しか》らば、曹谿に去《ゆ》くを用いて甚麼《なに》をか作《な》す？」曰く、「若し曹谿に到らざれば、争《いかで》か失わざるを知らん？」

何方

遷聞語、便礼辞祖龕、直詣静居参礼。師曰、「子何方来?」遷曰、「曹谿」。師曰、「将得甚麼来?」曰、「未到曹谿亦不失」。師曰、「若恁麼、用去曹谿作甚麼?」曰、「若不到曹谿、争知不失?」

いよいよ、青原行思禅師との初相見です。まず青原禅師が問いかけます。「子何方来?」「子」は「あなた《相手に対する敬称》」(『漢辞海』「子」[二]《代》①、頁三七七・下)。「汝《なんじ》」「你《なんじ》」などに比べて鄭重な語感がありますが、ただし、禅籍では、もっぱら、師から修行僧を呼ぶ場合に使われます。身内の弟子でないヨソの修行僧を呼ぶ場合や、身内の弟子でも師のほうから一目置いているような人を呼ぶ場合が多いようです(たとえば潙山が仰山を呼ぶ時など)。ここは前者で、青原にとって希遷はまだ、初対面の遠来の客僧にすぎないのです。

子

どこから来たかと問われて、希遷は「曹渓」と答えます。「曹渓」が六祖のところを指すことは言うまでもありません。行思自身もかつてそこで六祖の法を嗣いだのでした。そこで青原はさらに問います、「将得甚麼来?」「将」は「もつ」という動詞。動詞の後ろにつく「得」は、可能を表すほか、その動作が現になされていることを表す場合もあります(『禅語辞典』頁三五〇・下「得」②)。『祖堂集』巻七・雪峯章、「雪峯養得一条蛇。——雪峰は一匹の蛇を飼っていた」(太田辰夫「『祖堂集』語法概説」、『中国語史通考』白帝社、頁一八一)。「甚麼《なに》をか将得《もち》て来る?」は、曹渓から現に何をもって来たか、すなわち、六祖の下で何を体得してここに来ているのか、という問いです。しかし、希遷の答えはこうでした、「未到曹谿亦不失。——未《いま》だ曹谿に到らざるも亦《な》お失わず」。曹渓で何かを新たに得てなどおりませぬ。そもそも曹渓に行く前から、何も失ってはいないのです。必要なものは本より過不足なく我が身に

将

〜得

具わっているのだ、というわけです。

青原はさらに問います、「若恁麼、用去曹谿作甚麼?——若《も》し恁麼《しか》らば、曹谿に去《ゆ》くを用いて甚麼《なに》をか作《な》す?」「恁麼」は、このように、このような（第11課）。「用～」は何かの手段として、わざわざ～の行為をする。「～作甚麼?」（＝作什麼?）は、何をするかという疑問でなく、～してどうするか? ～してナンになる? という反語（第11課（3）⑯「～作麼」と同じ）。そんなことは無意味ではないかという口調です。もともと何も失っていない、もともと何も加える必要はない、それなら、わざわざ、曹渓になど行く必要は無かったではないか、と言うのです。

恁麼

～作甚麼

そこで石頭は答えました、「若し曹谿に到らざれば、争《いかで》か失わざるを知らん?——若不到曹谿、争知不失?」「争～」は「どうして。いか‐でか。《反語を表す。口語的用法》〔例〕老去争由我　おイさるハいかデカわれニよラン　〔訳〕老化はどうして私に原因があろうか〈白居易—詩・新秋〉」（『漢辞海』「争」A二《副》①、頁四六・中）。もし曹渓に行っていなかったら、どうして何も失っていないことが解っただろうか。すなわち、曹渓に行ったからこそ、行く前から何も失っていないことが解ったのだ。

争

この趣旨については、「祖師西来意」に関する次の問答が参考になるかと思います。

問う、「達磨未《いま》だ来《きた》らざる時、如何《いかん》?」

師〔投子〕曰く、「天に偏《あまね》く地に偏《あまね》し」

曰く、「来りし後は如何？」

師曰く、「蓋覆《おお》い得ず」

問、「達磨未来時如何？」師曰、「偏天偏地」。曰、「来後如何？」師曰、「蓋覆不得」。

（『景徳伝灯録』巻十五・投子大同章）


祖師の西来によって、はじめて何かが新たにもたらされたのではない。祖師が西来する前から「祖師西来意」は天地に満ち満ちていた。祖師の西来によって、それが覆い隠しようのない、誰の目にも明らかなものとなったのだ。禅の悟りとは、それまでに無かったものを新たに獲得することではなく、もともと何の過不足も無かったことに自ら気づくことなのでしょう。

「也」「亦」による逆接・譲歩　さきほど「未到曹谿亦不失。——未《いま》だ曹谿に到らざるも亦《な》お失わず」という句がありました。前回、〜すらも、〜さえも、という強調を表す「也」「亦」について勉強しましたが、「也」「亦」にはほかに「しかし、それでもまた」「だが、それでもなお」という逆接や譲歩の論理を表す用法があります。この点も日本語の「も」と似ています。「雨が降っても行く」とか「腐ってもタイ」とか。


也〜

亦〜

①汝向去有把茆蓋頭、也只成箇知解宗徒。（『六祖大師法宝壇経』）
汝、向去《このさき》、把茆《はぼう》の頭《こうべ》を蓋《おお》う有らんも、也《ま》た只《た》だ箇の知解《ちげ》の宗徒《しゅうと》と成らんのみ。

おぬしは将来、一院の住持となろうとも、（それでも、なおまた）しょせん一介の知解の徒と成るのが関の山だ。（「把茆（茅）蓋頭」は一つかみのカヤが頭上を覆うという意から、一院の主となって人を教化する喩え）

「未到曹谿亦不失」も同様です。「曹渓に行っていなくても（それでも、しかし、なお）何も失ってはいない」という論理です。上の句に「たとえ〜でも」という表現が加わると、この意がいっそうはっきりします。

②師打露柱云、「直饒道得、也秖是箇木橛」。（『臨済録』岩波文庫、頁一六〇）

直饒〜也…


師、露柱《ろちゅう》を打ちて云く、「直饒《たと》い道得《いいう》るも、也《ま》た秖《た》だ是《こ》れ箇の木橛《もくけつ》なるのみ」。

師は庭の柱をたたいて言った。「たとえ真実を言いえたところで、（それでも、なおまた）しょせん一本の棒クイにすぎぬ」。

③縦使聞声悟道見色明心、也是尋常。（『無門関』第一六則）

縦使〜也…


縦使《たと》い聞声《もんしょう》悟道《ごどう》、見色明心《けんしきみょうしん》せるも、也《ま》た是《こ》れ尋常《じんじょう》。

たとえ耳から道を悟り、眼から本心を明らめたとしても、（それでも、なおやはり）ツキナミだ。

設～亦…

④設有、亦無挙処。（『臨済録』頁二〇四）
設《たと》い有るも、亦《ま》た挙《こ》する処《ところ》無し。
たとえ有っても、（それでも、やはり）話しようが無い。

仮使～亦…

⑤仮使百千文殊、亦出此女人定不得。（『無門関』第四二則）
仮使《たと》い百千の文殊《もんじゅ》なるも、亦《ま》た此《こ》の女人《にょにん》の定《じょう》を出《いだ》し不得《えず》。
たとえ百千もの文殊菩薩があろうとも、（それでも、なお）この女人を禅定から出すことはかなわぬ。

右の「直饒～」「縦使～」「設～」「仮使～」は、いずれも「たとい～とも」という譲歩の文脈を導き出す接続詞です。しかし、上の句にこれらの言葉がついてはじめて「～であっても、なお……」という意味になるのではなく、「未到曹谿亦不失」や①のように、下の句を「也」「亦」で受けるだけでその論理は充分表現されます。ただし、注意が必要なのは、「也」「亦」は、日本語の「も」のように上の成分のおしりについているのではなく、あくまでも下の句の《述語》の前についているのだということです。

雖然～亦…

⑥雖然如是、吾亦要知。汝但挙看。（『臨済録』頁一八六）
如是《かくのごと》しと雖然《いえど》も、吾《われ》亦《ま》た知らんと要《ほっ》す。汝、但《た》だ挙《こ》し看《み》よ。

それでも、わしは（やはり）知りたい。ともかく、話してみてくれ。

「亦」は「吾」の後についているのでなく「要《知》」の前についたものです。意味としては「吾」をとびこえて「雖然如是」を受けています。つまり「吾もまた」ではなく、「そうではあっても、（吾は）なお知りたく思う」と言っているのです。次の例も同様です。

⑦莫道陛下発使去取、闔国人去、他亦不回。（『碧巌録』第一則・本則、岩波文庫、上—頁三七）　莫道〜亦…

陛下の使《つかい》を発して去《ゆ》きて取《とら》えしむるは莫道《いうにおよば》ず、闔国《くにじゅう》の人去《ゆ》くも、他《かれ》亦《ま》た回《かえ》らざらん。

陛下が使者を送ってつかまえさせるのはもとより、たとえ国中の人が追うて行ったところで、あのお人は（やはり）戻っては来ますまい。

ここの「亦」も「他」の後ろについているのでなく、「不《回》」の前についたものです。意味的には「他」をとびこえて「闔国人去」を受け、「国中の人が行っても、（他《かれ》は）なおやはり帰っては来まい」というのでした（「莫道〜」は、〜は言うまでも無く。〜は言うに及ばず）。

Ⅳ 南岳・馬祖下の系譜——臨済宗と潙仰宗

- 六祖慧能
  - 南岳懐譲 — 馬祖道一
    - **百丈懐海**
      - **黄檗希運** — **臨済義玄** ……《臨済宗》
      - **潙山霊祐** — 仰山慧寂 ……《潙仰宗》
    - **南泉普願** — **趙州従諗**
  - 青原行思 — 石頭希遷

第15課　百丈懐海「百丈野狐」（上）

ここまでの数回で「六祖―南岳《なんがく》―馬祖《ばそ》」と「六祖―青原《せいげん》―石頭《せきとう》」という二筋の流れを見てきました。禅門の伝承において、唐代禅の歴史は、「南岳系」と「青原系」とよばれる、この二つの主流を軸として整理され語りつがれてきたのでした。ここから数回は、まず「南岳―馬祖系」の禅者の故事を選読してみます。今回は『無門《むもん》関《かん》』第二則「百丈野狐《ひゃくじょうやこ》」の話。馬祖の最も有名な弟子のひとり、百丈懐海《ひゃくじょうえかい》にまつわる伝説です。伝説自体は宋代になってから生まれたものですが、これまで勉強してきた基本的な語法がたくさん出てきますので、それらを一つ一つおさらいしながら、上・下二回に分けて読んでみます。

百丈懐海

〔1〕百丈和尚の説法の際、いつも一人の老人が大衆《だいしゅ》とともに聞法していた。大衆が退けば、老人も退いた。それがふとある日、退かなかった。そこで百丈が問いかけた。

「わが眼前に立っておるのは、はて何者か？」

すると、老人いわく、「はい、私めは人ではございません。過去、迦葉仏《かしょうぶつ》の時、かつてこの山〔百丈山〕に住持しておりました。ある時、修行僧が〝修行を徹底した人も因果の道理に落ちるか？〟と問いましたので、私は〝因果の道理には落ちぬ〟と答えました。それで、その後五百生《ごひゃくしょう》もの間、野狐《やこ》の身に堕ちてしまったのです。どうか和尚、今、私に代わって一転語《いってんご》をお願いいたします。野狐の身より脱け出したいのです」。

そして問うた。「修行を徹底した人も因果の道理に落ちましょうか？」

百丈は答えた。「因果の道理には昧《くら》まぬ」。

老人はその言下《ごんか》に大悟し、礼拝して言った。「私めはすでに野狐の身より脱け出して、裏山に居ります。恐れながら和尚に申し上げます、なにとぞ、僧侶の死去の際のならわしにしたがって、後事のお取り計らいを願います」。

百丈《ひゃくじょう》和尚、凡《およ》そ参ずる次《おり》、一老人有り、常に衆《しゅ》に随いて聴法《ちょうぼう》す。衆人退《しりぞ》けば、老人も亦《ま》た退く。忽《たちま》ち一日、退かず、師遂《かく》て問う、「面前に立てる者は復《は》た是れ何人《なんぴと》ぞ？」老人云く、「諾《だく》、某甲《それがし》は人に非《あら》ざるなり。過去迦葉仏《かしょうぶつ》の時に於て、曾《かつ》て此の山に住せり。学人《がくにん》の〟大修行底《だいしゅぎょうてい》の人、還《は》た因果に落つる也無《や》？〟と問えるに因《よ》りて、某甲対《こた》えて〟因果に落ちず〟と云い、五百生《ごひゃくしょう》、野狐《やこ》の身に堕せり。今、請《こ》う和尚、一転語《いってんご》を代れ、野狐を脱せんと貴《ほっ》す」。遂《かく》て問う、「大修行底の人、還《は》た因果に落つる也無《や》？」師云く、「因果に昧《くら》まず」。老人、言《ごん》下《か》に於て大悟す。作礼《さらい》して云く、「某甲、已《すで》に野狐の身を脱し、山後に住在す。敢《あえ》て和尚に告ぐ、乞《こ》う亡僧《もうそう》の事例に依《よ》れ」と。

不落因果

不昧因果

百丈和尚、凡参次、有一老人常随衆聴法。衆人退、老人亦退。忽一日不退、師遂問、「面前立者復是何人?」老人云、「諾、某甲非人也。於過去迦葉仏時、曽住此山。因学人問〝大修行底人還落因果也無?〟、某甲対云〝不落因果〟、五百生堕野狐身。今請和尚代一転語、貴脱野狐」。遂問、「大修行底人還落因果也無?」師云、「不昧因果」。老人於言下大悟。作礼云、「某甲已脱野狐身、住在山後。敢告和尚、乞依亡僧事例」。

はじめの「百丈和尚」は一段全体の標題のようなもので、この一文の主語ではありません。第10課で読んだ『無門関』第二三則「不思善悪」の書き出しも「六祖《ろくそ》、因《ちな》みに明上座《みょうじょうざ》、趁《お》いて大庾嶺《だいゆれい》に至る。——六祖因明上座趁至大庾嶺」となっていました。そこでの「六祖」と同じです。

凡〜

「凡《およ》そ参ずる次《おり》、一老人有り、常に衆《しゅ》に随いて聴法《ちょうぼう》す。——凡参次、有一老人常随衆聴法」。「凡《およ》そ〜」は、〜についてはすべて例外なく、ということ。「およそ」という日本語ももとはそういう意味でしたが、後世、おおよそ、だいたい、の意に変化していったのでした（第4課）。

参

「参」は修行僧を集めて説法を行うこと。元の『勅《ちょく》修百丈清規《しゅうひゃくじょうしんぎ》』の「晩参《ばんさん》」の条に「凡《およ》そ衆《しゅ》を集めて開示するは、皆な之を〝参〟と謂う。——凡集衆開示皆謂之参」と見えます。

〜次

「〜次」は、〜の時。むかしは「〜の次《ついで》」と訓読されていましたが、近年は「〜の次《おり》」とよんでいます。「有〜」は未知・不特定の事物（新出情報）を主題として導入する時の文型。とある～が有って、その～がドウコウする、という言いかた（第2課）。毎回の説法（参）のたびごと、とある一人の老人が、常に大衆《だいしゅ》（修行僧たち）の後に随って、いっしょに説法を聴いていた。

有～《述語》

「衆人退《しりぞ》けば、老人も亦《ま》た退く。忽《たちま》ち一日、退かず、師遂《かく》て問う、――衆人退、老人亦退。忽一日不退、師遂問」。「忽」は「ふと、ひょいと、たまたま」（『禅語辞典』頁一四三・下）。「遂」は「ついに、とうとう」というよりも、「それで、そうして、そのまま」と、前のことを承けつつ自然に後につなげる用法のほうがふつうでした（第5課）。ここもその例で、ふだんは説法の後、大衆といっしょに退出していたその老人が、ふと（「忽」）ある日、ひとりだけ退出しなかったので、それで（「遂」）百丈和尚が次のようにたずねたのでした。「面前に立てる者は復《は》た是れ何人《なんぴと》ぞ？――面前立者復是何人？」と。

忽

遂

「是～」は、～だ、～である（第8課）。そこにかぶせられた「復」についても、以前、次のように勉強しました（第8課、「疑問副詞」）。「①疑問詞に伴って疑問の語気を表す。〝復《は》た〟と訓ずればよい。いったい、そもそも」（『禅語辞典』頁四〇八・上）。「祖祖相伝《そそそうでん》とは、復《は》た何の法をか伝《つた》う？――祖祖相伝、復伝何法？」。「合～」「当～」にも同じ用法があります（『禅語辞典』頁一四〇上・頁三三三下）。「祖祖相伝《そそそうでん》とは、合《は》た何の法をか伝《つた》う？――祖祖相伝、合伝何法？」（『祖堂集』巻十六・南泉普願章）。「仏は

疑問副詞

復～

合～

当～

当た《は》何処《いずこ》にてか選ばる？——仏当何処選？」（同巻四・丹霞天然章）。

「わが面前に立っている者は、はて、いったい（復）何人《なにびと》である（是）のか？」そう問われて、老人は答えました、「諾《だく》、某甲《それがし》は人に非《あら》ざるなり。過去迦葉仏《かしょうぶつ》の時に於て、曽《かつ》て此の山に住せり。——諾、某甲非人也。於過去迦葉仏時、曽住此山」。「諾」は「はい、よし《返事や承諾のことば》」（『漢辞海』[一]《感》①、頁一三四一・中）。「某甲非人也」は、「某甲《それがし》は非人（鬼神・異類）なり」とも訓めますが、『圜悟《えんご》語録』巻十九で「丈云、汝是何人？ 老人云、某非人」と作っていることから推して、ここではひとまず「人に非《あら》ざるなり」のほうにしておきます。「某甲」はへりくだった一人称。わたくしめ、それがし（『禅語辞典』頁四二七・上）。「迦葉仏」はいわゆる過去七仏の六番目の仏。釈尊の一代前の仏陀です。「曽（曾）」は「過去にある動作や状態があったことを示し、「これまで」「以前に」と訳す」（『漢辞海』「曽」［句法3］頁六九三・上）。趙州禅師の、あの有名な問答にもでてきます。

趙州、凡《およ》そ僧に見《あ》うや便《すなわ》ち問う、「曽《かつ》て此間《ここ》に到れる麼《や》？」「曽て到る」と云《い》い、或《ある》いは「曽て到らず」と云うも、州（趙州）総《すべ》て云く、「喫茶去《きっさこ》」と。

趙州凡見僧便問、「曽到此間麼？」云「曽到」或云「不曽到」、州総云、「喫茶去」。

（『碧巌録』第二二則・本則評唱、岩波文庫、上—頁二九四）

諾

某甲

曽

喫茶去

趙州は僧にあうたびいつもきまって（凡）、こう問うた、「以前（曽）、ここに来たことがあるか?」と。僧が「前に（曽）来たことがある」と言っても、「これまで（曽）来たことがない」と言っても、趙州はすべて同じように（総）「茶を喫《の》みに去《ゆ》け」と言うのであった。

さて、老人は「曽《かつ》て」過去世の迦葉仏の時代、この山の住持を勤めていたのでしたが、「学人《がくにん》」（道を学ぶ人、すなわち修行者。『禅語辞典』頁六〇・下）から「大修行底《だいしゅぎょうてい》の人、還《は》た因果に落つる也無《や》?」と問われたため、「不落因果」と答え、その報いでなんと「五百生《ごひゃくしょう》」もの間、ずっと畜生である「野狐《やこ》」の身に堕とされつづけたのでした。「学人《がくにん》の〝大修行底《だいしゅぎょうてい》の人、還《は》た因果に落つる也無《や》?〟と問えるに因《よ》りて、某甲対《こた》えて〝因果に落ちず〟と云い、五百生《ごひゃくしょう》、野狐《やこ》の身に堕せり。――因学人問〝大修行底人還落因果也無?〟、某甲対云〝不落因果〟、五百生堕野狐身」。

「大修行底《だいしゅぎょうてい》の人」の「底」は「A底B――AのB」というふうに、修飾語Aを名詞Bにむすびつける働きをします（現代中国語の「的」にあたります）。日本語の「の」と似ていますが、異なるのはAが名詞に限らず、動詞性（～する、～した）や形容詞性（～な）の修飾語も「底」によって名詞Bに結びつけられるという点です。「立地成仏底人――立地《たちどころ》に成仏する底《てい》の人」、その場でただちに成仏する人（『碧巌録』第四則・頌評唱）。「猛利底漢――猛利底《もうりてい》の漢」、勇猛な人（同本則評唱）。また日本語の「の」と同じく「～底」だけで、「～の」（～なもの、～するもの、～したもの）という名詞を作る働きもあります。「且道与達磨道底是同是別?——且《まず》は道《い》え、達磨の道《い》える底《てい》と是れ同か是れ別か」、さあ、言うてみよ、達磨が言うたの（「達磨道底」）と、同じか別か（同第一則本則評唱／「是同是別?」のような選択疑問については、第12課参照）。「底」については『禅語辞典』頁三一七・下にも詳しい説明があります。

したがって「大修行底《だいしゅぎょうてい》の人」は、大いに修行した人。つづく「還《は》た因果に落つる也無《や》?」の「還~也無?」については、「還~麼?」「還~否?」などとともに、以前、次のように勉強しました（第10課。また第11課でも別の例文でもう一度やりました）。

「還~否?」「還~也無?」「還~麼?」は、禅籍に頻出する口語の是非疑問（ハイ・イイエの疑問文）の句型。~ですか、という意味の「~也無?」「~否?」「~麼?」の上に、疑問の語気をあらわす「還」が添えられたものです（『禅語辞典』頁七一上・下）。伝統的には「還《かえ》って~や也《ま》た無《な》しや」「還《かえ》って~や否《いな》や」などと訓読されてきましたが、現在は語義と文法構造にあわせて「還《は》た~也無《や》」「還《は》た~否《や》」「還《は》た~麼《や》」と訓読されるようになっています。「狗子《くし》に還《は》た仏性有り也無《や》?——狗子還有仏性也無?」、イヌに仏性は有るか（『無門関』第一則）。「還《は》た趣向《しゅこう》す可《べ》き否《や》?——還可趣向否?」、（〝道〟という対象に）向かってゆくことは可能か（『無門関』第一九則）。「還《は》た人の与《ため》に説《と》かざる底《てい》の法《ほう》有り麼《や》?——還有不与人説底法麼?」、人のために説かぬ法が有るか（『無門関』第二七則）。

還~否?
還~也無?
還~麼?

「大修行底《だいしゅぎょうてい》の人、還《は》た因果に落つる也無《や》?」、徹底的に修行のできあがった人——

要するに悟った人——も、因果の道理の支配を受け、輪廻に堕するのか？「学人《がくにん》」からそう質問されて「不落因果」と答え、その報いで、かつて（「曽」）百丈山に住する高僧であったこの人は、五百回も生まれ変わり死に変わりする間、ずっと畜生道に堕とされ、キツネの身でありつづけてきたのでした。

五百生

ここで注意していただきたいのは「五百生」の位置です。漢語では一般的に、動作の量（ドレダケ～する）を表す言葉は《述語》の後にきます（第5課末「面壁九年」、第8課末「踏碓八个余月」参照）。それで五百生の間、野狐身に《堕ちた》という文は、ふつうなら、後段〔3〕の黄檗の発言のように「堕五百生野狐身」となるはずです。しかし、漢語には、もう一つ、《述語》の後に来るはずのものを《述語》の前に引き出すと、それだけで、～すらも、～さえも、などと強調した言い方になるという原理も有りました（第13課「（1）主題化による強調」）。ここでは、通常《述語》（《堕》）の後にくるはずの「五百生」を前に出すことで、「五百生も」と、「五百生」の時間的な長さを強調する言い方が採られているのです。黄檗が客観的事実として「五百生の間、野狐身に堕ちた」（《堕》五百生……）と言うのに対し、老人は「五百生もの長きにわたって、野狐身に堕ちた」（五百生《堕》……）と、我が身の苦しみを切実に訴えているのでした。

かくして、実はキツネの化身である老人は、百丈禅師に懇願します。「今、請《こ》う和尚、一転語《いってんご》を代れ、野狐を脱せんと貴《ほっ》す。——今請和尚代一転語、貴脱野狐」。どうか和尚さま、代りに一転語をお示しください。その一転語によって真実を悟り、この野狐の身から解脱したいのです。

「一転語」は「聞く者をして心機一転せしめる言葉。また新しい局面を開示する言葉。〔臨済録勘弁二〕請和尚代一転語」(『禅語辞典』頁一六・下)。「貴」は助動詞。「…　貴〜したい。…したがる。ほっ-する。ホッ-ス《主観的な意志や願望を表す。近世に及び、同義の「欲」と熟して「貴欲」とも》〔例〕貴合於秦以伐斉　しんニがっシテもっテせいヲうタントほっス〔訳〕秦と結んで斉を討ちたい〈『戦国策』東周〉」(『漢辞海』「貴」三《助動》①、頁一三七一・下)。禅籍では次の例が有名です。

> 挙《こ》す、世尊《せそん》初めて生《うま》れ下《おつ》るや、一手は天を指し、一手は地を指し、周行すること七歩、目は四方を顧《みまわし》て云く、「天上天下《てんじょうてんげ》、唯我独尊《ゆいがどくそん》」と。師〔雲門〕云く、「我れ当時若《も》し見ば、一棒に打ち殺して狗子《いぬ》に喫却《くらわ》しめ、天下の太平を図《はか》らんと貴《ほっ》す」。
>
> 挙、世尊初生下、一手指天、一手指地、周行七歩、目顧四方云、「天上天下、唯我独尊」。師云、「我当時若見、一棒打殺与狗子喫却、貴図天下太平」。(『雲門広録』巻中)

生れたての釈尊が「天上天下、唯我独尊」と喝破した、その場に自分が居合わせていたら、一棒のもとに叩き殺してイヌに食わせ、天下の太平を図りたかった、というのです。

本文にもどります。老人は以上の経緯《ゆくたて》を語り、そうして（「遂」）こんどは自分が質問者となって同じことを問いました。「遂《かく》て問う、〝大修行底の人、還《は》た因果に落つる也無《や》?〟——遂問、〝大修行底人還落因果也無?〟」。百丈は答えました、「師云く、〝因果に昧《くら》まず〟。——師云、〝不昧因果〟」。因果の道理において晦むことはない。そのような人は、因果の道理において、ごまかすことも、ごまかされることもない。厳然たる因果の事実を、明白かつ如実に受けとめるだけだ。

百丈の言葉を聞いて「老人、言下《ごんか》に於て大悟す。——老人於言下大悟」。そして「作礼《さらい》して云く——作礼云」、「某甲《それがし》、已《すで》に野狐の身を脱し、山後に住在す。敢《あえ》て和尚に告ぐ、乞《こ》う亡僧《もうそう》の事例に依《よ》れ。——某甲已脱野狐身、住在山後。敢告和尚、乞依亡僧事例」。

「住在〜」は、〜にとどまっている。「敢」は助動詞。恐れ、憚り、遠慮など、心理的抵抗がある事柄に対し、その抵抗を力ずくで推しきって「あえて」やる、という気持ちを表します（『漢辞海』「敢」［句法］①、頁六四〇・下）。霊雲が桃の花を見て悟ったという有名な話がありますが、その悟道の偈を聞いた玄沙はこう言ったと伝えられています、「諦当《ていとう》なることは甚《はなは》だ諦当《ていとう》なるも、敢《あえ》て保す、老兄《ろうひん》の未だ徹せざることを。——諦当甚諦当、敢保老兄未徹在」。的確なことは確かにたいへん的確だ。しか

敢〜

し、憚りながら敢えて断言しよう、兄《あに》弟子どのは未だ徹底しておられぬと（入矢義高監修・唐代語録研究班編『玄沙広録』上、筑摩書房・禅の語録12a、頁七〇／Aなことは確かにAだが、という表現については第9課でやりました。句末の「在」は「唐代の俗語で、強い断定の語気を表す。「在り」という意味はない」、『禅語辞典』頁一五六・下。より詳しくは、入矢義高「禅語つれづれ―在」参照。『増補　求道と悦楽――中国の禅と詩』岩波現代文庫、頁一五二）。

〜在

「敢《あえ》て和尚に告ぐ、乞《こ》う亡僧《もうそう》の事例に依《よ》れ」の「敢」も、そうです。野狐の身である自分がこんなことを求めるのは、本来なら分に過ぎた恐れ多いことではあるが、しかし、憚りながら、そこを「あえて」お願いしたい、どうか「亡僧の事例」（亡き僧を弔うしきたり）にしたがって死後の事を取り計らっていただきたい、と。「敢」の一字に、この老人の切ない思いが凝集しているようです。五百生もの間、汚らわしい畜生の身でありつづけた自分にその資格が無いことは百も承知だが、そこを何とか無理にお願い申し上げたい。師の一転語で解脱し得た今、せめて最後だけは、何とか僧として葬っていただきたい、と。

敢〜

第16課　百丈懐海「百丈野狐」（下）

『無門関《むもんかん》』第二則「百丈野狐《ひゃくじょうやこ》」の話を読んでいます。前半は、こんな話でした。

百丈山でいつも修行僧たちとともに懐海《えかい》禅師の説法を聴いている謎の老人。わけを問えば、正体は、裏山に住む狐の化身であると申します。はるか昔、過去七仏のうちの迦葉仏《かしょうぶつ》の時代、ここの住持であったのが、ある時、大修行底の人も因果に落ちるかという問いに「不落因果《ふらくいんが》」と答えてしまい、その報いで、なんと五百生もの間、野狐の身に堕とされて今日に至っているのだと訴えます。

そして、こんどは自分が質問者となって、あらためて懐海に問いました。「大修行底の人、還《は》た因果に落つる也《や》無?」懐海の答えは、ただひとこと、「不昧因果《ふまいいんが》」。因果に昧《くら》まず。因果の道理には、ごまかすことも、ごまかされることもない。それは変えようも選びようもない、厳然たる事実なのだ。

このことばを聞いてようやく解脱を得た老人は、礼拝して懇願しました。もとはといえば当山の住持であったこの身。ようやく野狐身より解脱し得た今、まことに恐れながら〔敢〕、何とか僧侶としての弔いを賜りたい、と。百丈は、黙ってそれを聴き入れました。

〔2〕百丈は維那《いのう》和尚に命じ、白槌《びゃくつい》して大衆《だいしゅ》に告げさせた。
「食事の後、亡くなった僧の葬儀を執り行う!」
大衆は言いあった、「一同みな達者だし、涅槃堂《ねはんどう》にも病人はおらぬ。だのに、なぜ、かようなことを?」すると食事の後、百丈はなんと、大衆を連れて裏山の岩の下に至り、杖で一匹の死んだ狐を取り出した。そして作法どおり、それを荼毘に付したのであった。

師、維那《いのう》をして白槌《びゃくつい》して衆《しゅ》に告げしむ、「食後《じきご》に亡僧《もうそう》を送る！」大衆《だいしゅ》言議すらく、「一衆皆《み》な安く、涅槃堂《ねはんどう》にも又た人《ひと》の病《や》む無し。何《なに》が故《ゆえ》にか如是《かくのごと》くなる？」食後、只だ見る、師の衆を領《ひ》きて山後の巌《いわお》の下《もと》に至り、杖を以て一の死野狐《やこ》を挑出《ちょうしゅつ》し、乃ち依《よ》りて火葬せるを。

師令維那白槌告衆、「食後送亡僧！」大衆言議、「一衆皆安、涅槃堂又無人病。何故如是？」食後只見師領衆至山後巌下、以杖挑出一死野狐、乃依火葬。

「維那《いのう》」は僧衆を統括・監督する役職。北宋の『禅苑清規《ぜんねんしんぎ》』巻三「維那」の条に「凡《およ》そ僧中の事は、並《すべ》て之を主《つかさど》る」として、その職務が列記されています（鏡島元隆・佐藤達玄・小坂機融校注『訳注禅苑清規』曹洞宗宗務庁、一九八五年、頁一一〇）。「白槌《びゃくつい》」は大衆への指示・伝達のために木槌をカーンと打ち鳴らすこと。「白」は「もうす」の意といいます。「令」は使役。「A令B《述語》」で「A、Bをして《述語》せしむ」（『漢辞海』「令」［句法1］頁七一・下／「漢文読解の基礎」11「兼語式の文〈1〉使役形」頁一七〇八・上）。したがって、ここは「師（A）、維那《いのう》（B）をして《白槌告衆》せしむ」。師が維那に《白槌して衆に告ぐ》ということをさせた。「師令維那白槌告衆——師、

維那

白槌

令～

維那《いのう》をして白槌《びゃくつい》して衆《しゅ》に告げしむ」。なにを告げさせたかというと、「食後送亡僧！——食後《じきご》に亡僧《もうそう》を送る」。

亡僧

「亡僧」の葬送については『禅苑清規』巻七「亡僧」の条に詳細な記述があります（頁二三七）。それによれば、葬儀の当日、維那は「粥飯《しゅくはん》」（食事）ないし「行櫬《ぎょうしん》」（おとき）の後に「白槌」し、こう宣言すると定められています。

大衆《だいしゅ》、粥後《しゅくご》——或は斎後《さいご》——鐘の声を聞かば、各おの威儀《いぎ》を具《そな》え、普請《ふしん》して亡僧を送れ。諸寮の頭首《ちょうしゅ》〔各部署の責任者〕を除きて、並《すべ》て皆な斉《ひと》しく赴《おもむ》け。謹んで白《もう》す。（頁二三八）

この後、住持以下、各人が序列と作法にしたがって、順次、焼香や念誦などを行ってゆくことになっています。野狐の化身である老人との約束により、懐海はそうした作法どおりの鄭重な葬送の準備を命じたわけですが、事情を知らぬ修行僧たちは、それこそキツネにつままれたようにキョトンとして、「大衆《だいしゅ》言議すらく——大衆言議」、みな口々に言いあいました。「一衆皆《み》な安く、涅槃堂《ねはんどう》にも又た人《ひと》の病《や》む無し。何《なに》が故《ゆえ》にか如是《かくのごと》くなる？——一衆皆安、涅槃堂又無人病。何故如是？」

涅槃堂

「涅槃堂」は重篤の僧を収容する病舎のことで、「延寿堂《えんじゅどう》」ともいいます。大衆一同、そろって健やかであり、涅槃堂に病臥している者も無い。つまり、亡くなるような者など一人もおらぬはずなのに、老師はなぜ（「何故」）、かように（「如是」）せられる——いきなり葬儀の支度など命ぜられるのか？ すると「食後只見～」。

只見

「只見」は、ふつうは文字どおり「只だ見る」、～しか見えない、～があるだけ、という意味ですが、ここはちょっと違って、次のような用法です。

〔動〕（zhǐjiàn）ふと見る。(転)一般に主語を言わない。話者が眼前の動きやようす・景観などを思いがけない発見として述べるときに用いる。………〈那後生被楊志揮刀一斫、只見頚随刀落〉その若者は楊志によって一刀のもとに切られ、みれば首は刀にしたがって落ちています（『宣和遺事』）（『中国語大辞典』角川書店、一九九四年、下・頁四〇〇六左／引用に当たって字体・表記などを変更し、傍点を加えた）

「食後只見～」は、どうしたことかと思っていたら、「食後、なんと、～という展開になったではないか」。そうした、驚きと臨場感のある、講談調の語り口になっているわけです。では、どうなったかというと、「師、衆を領《ひ》きて山後の巌《いわお》の下《もと》に至り——師領衆至山後巌下」、老師は大衆を先導して裏山の巌の下までゆき、「杖を以て一の死野狐《やこ》を挑出《ちょうしゅつ》し——以杖挑出一死野狐」、その巌の下から杖のさきで野狐の死骸を取り出して、そして「乃ち依《よ》りて火葬せり。——乃依火葬」。亡僧を送る作法に「依りて」、しきたりどおり「火葬」してやったのでした。「挑」は棒のさきにひっかけてもちあげること。「出」は動詞の後につき、その動作がウチからソトに向かうものであることを示します（方向補語）。文は短いですが、「乃」でつないでいますので、相当の時間と種々の過程をへてようやく火葬に至った感じが伝わってきます。

～出

乃

　このあと晩の上堂の時になってはじめて、懐海禅師はみなに事の次第を語りました。門下には、のちに臨済《りんざい》の師となる、あの黄檗《おうばく》（黄蘗）希運《きうん》もいます。

〔3〕百丈は晩に至って上堂《じょうどう》し、昼間の出来事を語った。黄檗《おうばく》はすかさず質問した、「古人は誤って一転語を答え、五百生、野狐の身に堕ちました。もし一転語一転語すべて誤らずに答えるならば、いったい何になるのでしょうか」。

黄檗希運

百丈、「近う寄れ、お前の為に説いてやろう」

すると黄檗は進み出て、百丈にバシリと平手打ちを食らわした。

百丈は、手を打ちながら大笑いした。

「胡人の鬚《ひげ》が赤いのかと思うておったら、なんと、その上に赤鬚《あかひげ》の胡人がおったわい！」

師、晩に至りて上堂《じょうどう》し、前《さき》の因縁《いんねん》を挙《こ》す。黄蘗《おうばく》便ち問う、「古人錯《あやま》りて一転《いってん》語《ご》を祇対《こた》え、五百生《ごひゃくしょう》の野狐身《やこしん》に堕《だ》す。転転《てんてん》錯らずんば、合《は》た箇の甚麼《なに》にか

作《な》らん？」師云く、「近前来《きんぜんらい》、伊《なんじ》が与《ため》に道《い》わん」。黄蘗遂《かく》て近前するや、師に一掌《いっしょう》を与《あた》う。師、手《て》を拍《う》ちて笑いて云く、「胡《えびす》の鬚《ひげ》の赤《あか》きかと将謂《おも》いきや、更に赤鬚《あかひげ》の胡《えびす》有り」。

胡鬚赤
赤鬚胡

師至晩上堂、挙前因縁。黄蘗便問、「古人錯祇対一転語、堕五百生野狐身。転転不錯、合作箇甚麼？」師云、「近前来、与伊道」。黄蘗遂近前、与師一掌。師拍手笑云、「将謂胡鬚赤、更有赤鬚胡」。

「師、晩に至りて上堂《じょうどう》し、前《さき》の因縁《いんねん》を挙《こ》す――師至晩上堂、挙前因縁」。「挙《こ》す」挙は、すでにあった出来事や先人の問答・故事などをとりあげて語ること。懐海禅師は夜になって上堂し（法堂《はっとう》に上《のぼ》って説法し）、かの老人の一件を大衆に話して聞かせました。すると「黄蘗《おうばく》便ち問う――黄蘗便問」、黄蘗がすぐさま（便）問いました。「古人錯《あやま》りて一転語《いってんご》を祇対《こた》え、五百生《ごひゃくしょう》の野狐身《やこしん》に堕《だ》す――古人錯祇対一転語、堕五百生野狐身」。「祇対《したい》」は、こたえる（『禅語辞典』頁一七六・下）。古人は誤って一転語を答えたために、五百生の間、野狐身に堕ちてしまいました。しからば「転転《てんてん》錯らずんば、合《は》た箇の甚麼《なに》にか作《な》らん？――転転不錯、合作箇甚麼？」一転語一転語（転転）すべて誤らなかったら、いったい（合）、（箇《ひと》つの）ナニ（甚麼）になるのでしょうか？（「箇」は「一箇」の意）。

「転転」は、一転語一転語すべて。名詞や量詞（助数詞）が二つ重ねられると、ひとつひとつ、それぞれみな、という意味になります。「人人具足《にんにんぐそく》、箇箇円成《ここえんじょう》」、人人《ひとりひとり》すべての人の身に具わり、箇箇《ひとりひとり》すべての人の身のうえに成就している（『碧巌録』第九則・本則評唱／漢語では人間も「箇」で数えます）。「問う、狗子《くし》に還《は》た仏性有《あ》り也《や》無？師云く、家家《かか》の門前《もんぜん》長安に通ず——家家門前通長安」。一軒一軒どの家の前の道も、それぞれすべて長安に通じている（『趙州録』巻中）。「合」は前回も復習した、疑問副詞のひとつ。疑問詞疑問文の述語の前について疑問の語気を添えます。「這裏《ここ》に到りては、合《は》た作麼生《いかん》？——到這裏合作麼生？」（『碧巌録』第二四則・垂示）。

懐海老師は言いました、「近前来《きんぜんらい》、伊《なんじ》が与《ため》に道《い》わん——近前来、与伊道」。「近前」は、そば近くに進み出ること。「～来」は先ほどの「挑出」の「～出」と同じく、動詞に添えて動作の方向性を表す語（方向補語、後に第19課で勉強します）。「～来」はこちらに近づいてくる感じ、「～去」なら逆に、あちらへ遠ざかってゆく感じを表します。

「近前来」は、こちらへ近うよれ。「伊」は、ふつうは「かれ」。「他《かれ》」「渠《かれ》」などとともに三人称の人称代詞ですが、しかし、ここではそれが二人称に転用されています。大慧『正法眼蔵』や『聯灯会要』では、この一句を「与汝道」に、『禅林類聚』は「与你道」に作っています。三人称「伊」の二人称への転用については、つとに呂叔湘「三身代詞」に金元の戯曲にもとづく指摘があり（『近代漢語指代詞』学林出版

転転
人人
箇箇
家家
合
近前来
～来
伊

社、一九八五年、頁一八）、さらに董志翹「近代漢語指代詞札記」に、その用法が六朝～唐にまで遡る旨の補足があります（『中古文献語言論集』巴蜀書社、二〇〇〇年、頁三五〇）。

「黄蘗遂《かく》て近前するや、師に一掌《いっしょう》を与《あた》う――黄蘗遂近前、与師一掌」。そう言われたので、黄蘗はそれではと「近前」し、かと思うと、いきなり懐海禅師に平手打ちを浴びせました。すると「師、手《て》を拍《う》ちて笑い云く――師拍手笑云」、懐海禅師は手をたいて快哉をさけびました。「拍手」は「撫手《ぶしゅ》」「拊掌《ふしょう》」などと同じく、手をたいてよろこぶ仕種。愉快でたまらん、という気分を表します。そしていわく、「胡《えびす》の鬚《ひげ》の赤《あか》きかと将謂《おも》いきや、更に赤鬚《あかひげ》の胡《えびす》有り――将謂胡鬚赤、更有赤鬚胡」。胡人のヒゲが赤いのかと思うておったら、なんとその上に、赤ヒゲの胡人がおったとは！

拍手

「将謂」は「将為」とも。事実に反して～かと思う。～だとばかり思っていたら、実はそうでなかった、という文脈で使われます（現代漢語の「以為」にあたる／『禅語辞典』頁二二四・上。参照）。

将謂・将為

国師（南陽慧忠《なんようえちゅう》）三《み》たび侍者を喚《よ》ぶ。侍者三《み》たび応《こた》う。国師云く、「吾れ汝に辜負《そむ》くと将謂《おも》いきや、元《なん》来と却って是れ汝の吾に辜負《そむ》けるとは」。

国師三喚侍者。侍者三応。国師云、「将謂吾辜負汝、元来却是汝辜負吾」。（『無門関』第一七則「国師三喚」）

南陽慧忠

国師三喚侍者

「辜負《こふ》」は「孤負《こふ》」とも書き、相手の心や物事の価値などを無にする意（『禅語辞典』頁一一六・上「孤負」、頁一一九・下「辜負」）。汝が悟れずにおるのを、師である自分が汝の求道の志に「辜負」してきたものとばかり思うて（「将謂」）おった。それで、汝自身の活きた本分事に気づかせてやろうと三度も呼んでやった。だのに、汝は、それに三度もハイ（「諾」）と応えながら、自身のその「応諾」のはたらきにいっこう気づこうともせぬ。わしの思いに「辜負」していたのは、なんと（「元来」）汝のほうであったのか！ここには、呼ばれて思わず「応諾」する活きたはたらき、そこに自己の本分事がありありと全現している、それに自ら気づかねばならぬ、という思想がこめられています（小川『語録のことば―唐代の禅』禅文化研究所、頁七二・頁一三〇）。

では「将謂胡鬚赤、更有赤鬚胡」は、どういう意味でしょうか？語原や語義はよく解りませんが、類似の表現に「将謂侯白、更有侯黒」（『従容録』第四〇則）、「将為我胡伯、更有胡伯在」（『祖堂集』巻六・投子章）があります。自分のほうもそうとう狡猾・悪辣なつもりでいたが、なんと、相手のほうが更に一枚うわてだった、という意味です（小川『続・語録のことば―《碧巌録》と宋代の禅』禅文化研究所、頁三七）。これらの例から推せば、おそらくこの句も同様の意味と思われます。「胡人に赤いヒゲがついているだけでも大したものだと思うておったが、なんと、その上をいく、根っから赤いヒゲの胡人がおったとは」。

「近前」は、さきほどの「応諾」やあるいは「迴首」（呼ばれてハッとふりむく）など

辜負
孤負
応諾
将謂胡鬚赤、更有赤鬚胡
将謂侯白、更有侯黒
将為我胡伯、更有胡伯在
近前

とともに、自身に具わる仏性の活きたはたらきの代表として唐代の馬祖禅でよく取り上げられたものです。

泐潭法会《ろくたんほうえ》禅師、祖（馬祖）に問いて云く、「如何《いか》なるか是れ西来の祖師の意?」　泐潭法会
祖曰く、「低声、近前し来れ」。会（法会）便ち近前す。祖打つこと一掴《いっかく》して云く、　近前来
「六耳謀《はかりごと》を同《とも》にせず、来日《あす》来れ」……　六耳不同謀
泐潭法会禅師問祖云、「如何是西来祖師意?」　祖曰、「低声、近前来」。会便近前。祖打一掴云、「六耳不同謀、来日来」。……（『馬祖の語録』頁五七）

祖師西来意を問う法会に、馬祖は、「しーっ！　もっとこちらへ（近前来）」。そこで法会がつっと近づくと（近前）、馬祖はガツンと拳骨をくらわせました。「六つの耳で密談をするものではない」。三人でやれば必ず洩れる、秘密は二人だけで守らねばならぬ。「近前来」と聞けば、思わず体がスッと前に出る。そこには己れの本分事（祖師意）が活き活きと全現している。しかし、それは隠れもない事実でありながら、第三者とは共有不可能な、自ら知り自ら受用するほかないもの――いわば汝と祖師（達磨）ふたりだけの秘密――でもある。馬祖の強烈な拳骨は、己が身の痛痒をもって、そのことをしかと思い知れとの示唆でした（『語録のことば』頁八七）。

一転語一転語すべて誤らなかったら――すなわち、一瞬一瞬つねに因果の道理を

踏みはずすことがなかったら——自己はいったい、ナニになるのか？　懐海禅師も、「近前」してきた黄檗にガツンと一発くらわせ、身をもって覚らせるつもりだったのでしょう——こうしてすっと「近前」してくる活き身の汝、それがまさしくその答えだ、と。たとえば、首山省念《しゅざんしょうねん》の次の問答のように。

問う、「僧祇《そうぎ》〔時間の枠組み〕に落ちざらんには、如何《いか》にか修証《しゅしょう》せん？」師云く「近前来、你《なんじ》が与《ため》に道《い》わん」。僧近前するや、師便ち打つ。

問、「不落僧祇、如何修証？」師云、「近前來。与你道」。僧近前、師便打。（『古尊宿語録』巻八）

首山省念

近前来

しかし、そんなことは、黄檗のほうで先刻、百も承知でした。ツツッと「近前」するやいなや、逆に自分のほうから師にバシッと一掌をお見舞いします。それで懐海禅師は、手をたたいて賛嘆しました、「やれ、やれ、こちらから一発くらわせて思い知らせてやるつもりが、なんと、おぬしのほうが一枚うわてであったわい！」

第17課　黄檗と臨済「仏法無多子」

前回、百丈《ひゃくじょう》と黄檗《おうばく》の話を読みました。その黄檗の法が臨済《りんざい》義玄《ぎげん》に伝わり、その法系が、後世、「臨済宗」となったことは周知のとおりです。黄檗から臨済への伝法の因縁は、しばしばとりあげられる有名な場面のひとつですが、それについては、入矢義高訳『臨済録』（岩波文庫、頁一七九）で原文と訳・注を読むことができますし、小川『臨済録のことば―禅の語録を読む』第Ⅱ部・第五章（講談社学術文庫、二〇二四年）にも、かみくだいた解説があります。そこで、ここではもっぱら基本的な語法の学習を目的として『碧巌録《へきがんろく》』第十一則「黄檗酒糟漢《おうばくしゅそうかん》」の本則評唱から、関連の一段を読んでみることにします（岩波文庫では上・頁一七三）。長い物語の概略が、かいつまんでまとめられています。『碧巌録』は黄檗希運《おうばくきうん》禅師の修行と開悟の過程を紹介したのにつづけて、次のように語っています。

〔1〕黄檗山《おうばくさん》の住持となってからの機鋒は、厳しく険しいものだった。臨済もその門下にあった。首座《しゅそ》をつとめていた睦州《ぼくじゅう》が問うた。

「貴公も長くここにおるのに、どうして老師のもとに質問にまいらぬ？」

臨済、「何を問えばよいと仰せられます？」

「仏法の明確なる根本義とは如何なるものか、そう問えばよいではないか」

臨済はさっそく質問に行ったが、三度もたたき出されてしまった。

臨済は首座にいとまを乞うた。「首座どののご指教にあずかり、三度までも老師のもとに行かせていただきましたが、たたき出されてしまいました。どうや

黄檗希運
睦州道蹤
臨済義玄

ら、わが開悟の因縁は、ここにはないようです。とりあえず当山を下りようと存じます」

首座、「ほかへ行くなら、必ず老師のもとに、いとまごいのご挨拶に上がるように」

檗《ばく》〔黄檗〕住後、機鋒峭峻《きほうしょうしゅん》。臨済《りんざい》、会下《えか》に在り、睦州《ぼくじゅう》、首座《しゅそ》為《た》り。問うて云く、「上座《じょうざ》、此《ここ》に在ること多時《たじ》、何《なん》ぞ去《ゆ》きて問話《もんな》せざる？・」済〔臨済〕云く、「某《それ》甲《がし》をして什麼《なん》の話《わ》を問わしめば即ち得《よ》き？・」座〔首座〕云く、「何《なん》ぞ去《ゆ》きて問わざる、如何《いか》なるか是れ仏法的的《ぶっぽうてきてき》の大意《たいい》と？・」済便《すなわ》ち去きて問い、三度《みたび》打《た》出《しゅつ》さる。済、座に辞して曰く、「首座《しゅそ》の三番《みたび》去きて問わしむるを蒙《こうむ》るも、打出さる。恐《おそら》くは因縁《いんねん》、這裏《ここ》に在らず。暫且《しばら》く山を下《お》りん」。座云く、「子若《そなたも》し去《ゆ》かんには、須《すべから》く和尚に辞しに去きて方《はじ》めて可《よ》し」。

檗住後機鋒峭峻。臨済在会下、睦州為首座。問云、「上座在此多時、何不去問話？・」済云、「教某甲問什麼話即得？・」座云、「何不去問如何是仏法的的大意？・」済便去問、三度被打出。済辞座曰、「蒙首座令三番去問、被打出。恐因縁不在這裏。暫且下山」。座云、「子若去、須辞和尚去方可」。

仏法的的大意

臨済は首座の手引きで、三たび黄檗に質問に行き、三たび無言で打たれました。宋代になると、その首座が黄檗門下の陳尊宿《ちんそんしゅく》こと睦州道蹤《ぼくじゅうどうしょう》だったとする伝承が加わりました。右の一段もその例です。

上座
闍黎
大徳

ここで首座である睦州が、若き臨済に「上座《じょうざ》」とよびかけています。「上座」「闍《じゃ》黎《り》」「大徳《だいとく》」は、本来、高い位の僧をよぶ尊称でしたが、禅籍では目上の僧から若い修行僧をていねいによぶ際の呼称に使われるようになりました。「お前」でなく、「貴公」と呼ぶような感じでしょうか。

何不～

「何不～?」は「何《なん》ぞ～せざる?」どうして～しないのか、という反語。～してはどうか、～すればよいではないか、と、人に勧めたりたしなめたりする場面に用いられます。「何不下去?——何ぞ下《さが》り去《ゆ》かざる」、もう下がってはどうか（『碧巌録』第四則本則評唱）、「定上座、何不礼拝?——定《じょう》上座よ、何ぞ礼拝せざる」、定上座よ、はよう礼拝せぬか（同第三二則本則）。

ここに出て来る「教～」「令～」などの使役、「被～」「蒙～」などの受け身の文型については、この後の課でも勉強する機会が有りますので、今回は、最後の首座のことば「須《すべから》く和尚に辞しに去きて方《はじ》めて可《よ》し。——須辞和尚去方可」について重点的に勉強します。「～ねばならない」という言い方についてです。

～方可　～始得

日本語では当為や必要を言う場合、「～しなくてはならない」とか、「〜でなければ……できない」などと、よく否定形で言いますが、漢語では逆に「〜してこそよい」「〜してはじめて……できる」と肯定形で言うのがふつうです。その際に用いられるのが「乃」「方」「始」などの副詞です。いずれも「A乃B」「A方B」「A始B」で、AしてはじめてBする、AしてようやくBになる、という意味ですが、Bのところに、「よい」という意味の「可」や「得」が入ると「Aしてはじめてよい」、つまり「Aしなければならない」という意味になります。

①学道到此人田地方可。（『従容録』第五一則本則評唱）　〜方可

学道は此の人の田地に到りて方《はじ》めて可《よ》し。

道を学ぶなら、この人のような境地に到らねばダメだ。

②趙州縦饒悟去、更参三十年始得。（『無門関』第一九則）　〜始得

趙州縦饒《たと》い悟り去るも、更に参ずること三十年にして始《はじ》めて得《よ》し。

たとえ悟ったところで、趙州は、さらに三十年修行せねばならぬ。（「三十年」は、中国語では、しばしば実数でなく、一世代の意。禅僧の場合は、一生の修行の周期。したがって「更参三十年」は、一生分の修行をイチからやりなおせ、という含意）

この種の表現は、『禅語辞典』「…始得」の条（頁一七四・上）に「……してやっと合格。しばしば〝須……始得〟〝須是……始得〟〝須得……始得〟〝直須……始得〟の

形で用いられる」とあるように、多くの場合、「応（応《まさ》に〜すべし）」「当（当《まさ》に〜すべし）」「須（須《すべから》く〜すべし）」のような語と、上下呼応して用いられます。

③当筆忘手、手忘心、乃可也。（『五灯会元』巻十二・曇穎達観章）
当《まさ》に筆《ふで》手を忘れ、手《て》心を忘るべくして、乃《はじ》めて可《よ》し。
（書法のけいこのように）必ずや、筆は手を忘れ、手は心を忘る、というぐあいでなければならぬのだ。

当〜乃可

④直須死却無量劫来全心乃可耳。（『五灯会元』巻十七・死心悟新章）
直《じき》に須《すべから》く無量劫来の全心を死却して乃《はじ》めて可《よ》き耳《のみ》。
必ずや無量劫来のすべての心を滅し尽くさねばならぬのだ。

直須〜乃可

⑤到這裏、也莫軽忽。須是子細始得。（『碧巌録』第三則頌評唱）
這裏《ここ》に到っては、也《ま》た軽忽《きょうこつ》なる莫《なか》れ。須是《すべから》く子細《しさい》にして始《はじ》めて得《よ》し。
事ここに到っては、これまた軽率であってはならぬ。必ずや細心綿密であるべきだ。

⑥大凡言句、応須絶滲漏始得。（『五灯会元』巻十・天台徳韶章）
大凡《およ》そ言句《ごんく》は、応須《まさ》に滲漏《じんろ》を絶して始《はじ》めて得《よ》し。
言語というものはすべて必ず、煩悩を断ち切っていなければならぬ。

応須〜始得

『禅語辞典』の「直須……始得」（頁一八三・上）、「須……始得」「須……方可」「須索……始得」「須是……始得」「須得……始得」（頁一九七・上）などの条もあわせてご覧ください。Bの部分には「可」「得」だけでなく、Aによって達成される具体的な内容が入ることもあります。

⑦有殺人不眨眼底手脚、方可立地成仏。有立地成仏底人、自然殺人不眨眼、方有自由自在分。（『碧巌録』第4則頌評唱）　～方…

人を殺して眨眼《まばたき》もせざる底の手脚《てなみ》有りて、方《はじ》めて立地《たちどころ》に成仏す可《べ》し。立地《たちどころ》に成仏する底の人有らば、自然《おの》ずと人を殺して眨眼《まばたき》もせず、方《はじ》めて自由自在《じゆうじざい》の分《ぶん》有らん。

人を殺しても瞬《まばた》きひとつせぬほどの手腕があって、はじめてその場で成仏できる。逆にその場で　成仏できるような者があれば、おのずと、人を殺しても瞬きひとつしないだろう。そのようであってはじめて、自由自在の持ち前もあろうというものだ。

⑧夫学道人須識自家本心、将心相示、方可見道。（『五灯会元』巻五・大顛宝通章）　須～方…

夫《そ》れ学道の人は須《すべから》く自家《おの》が本心を識り、心を将《も》って相い示して、方《はじ》めて道を見る可《べ》し。

そもそも道を学ぶ者は、必ずや自己の本心を見きわめ、それを示さねばならぬ。そうであってはじめて道を見ることができるのだ（自己の本心を見てとらねば、道を見ることはできないのだ）。

首座は「須辞和尚去方可。――須《すべから》く和尚に辞しに去きて方《はじ》めて可《よ》し」、必ず老師にご挨拶に行かねばならぬ、そう臨済に言いふくめておいて、自分は黄檗のところに先まわりします。

〔2〕首座は前もって黄檗のもとに行き、こう申し上げた。
「あの質問の僧、たいそう得がたき人物にございます。老師がきびしく仕込んで一本の大樹にしあげ、後世の人のための木陰《こかげ》とされては如何でしょう」
「うむ、心得ておる」
かくして、暇乞《いとまご》いに来た臨済に、黄檗は告げた
「他のところへ行ってはならぬ。まっすぐ高安の沼地の、大愚《たいぐ》和尚に会いにまいれ」

首座《しゅそ》預《あらかじ》め去《ゆ》き檗〔黄檗〕に白《もう》して云く、「問話《もんな》の上座《じょうざ》、甚《はなは》だ得可《うべ》からず。和尚何《なん》ぞ穿鑿《せんさく》して一株の樹と成し去り、後人の与《ため》に陰涼《いんりょう》と為らしめざる？」檗云く、「吾《わ》れ已《すで》に知《し》れり」。済来《きた》りて辞す。檗云く、「汝、別処に向いて去《ゆ》く

不得《なか》れ。直《じき》に高安灘頭《こうあんだんとう》に向い大愚《たいぐ》に見《まみ》えに去《ゆ》け」。 大愚

首座預去白檗云、「問話上座甚不可得。和尚何不穿鑿教成一株樹去与後人為陰涼?」檗云、「吾已知」。済来辞。檗云、「汝不得向別処去。直向高安灘頭見大愚去」。

穿鑿

「穿鑿」は漢語では、①開鑿、掘削、②こじつけ、牽強付会、といった意味で使われます。「見んと要《ほっ》すれば便ち見よ。你《なんじ》の穿鑿する処無《な》し」（『碧巌録』第四七則・本則評唱）。「殊《こと》に知らず、古人の意の言外に在るを。所以《ゆえ》に〃此の事は言句中に在らず〃と道《い》いて、後人の去《ゆ》きて穿鑿するを免る」（同第六〇則・頌評唱）。これらは②の意味でしょう。しかし、首座がここでいう「穿鑿」は、前後の文脈から推して、鑿をふるって雕琢を加える、手を加えて見事にしあげる、という意味のようです。

不得〜

「不得〜」は文言では「〜するを得ず」。条件や機会がなくて〜できない、という意味を表しますが、禅籍では、不可能でなく禁止を表すほうがふつうです。その場合、伝統的には「〜するを得ざれ」と訓読されてきました。「吾れ去りし後（わしの死後）、吾が正法眼蔵《しょうぼうげんぞう》を滅する不得《なか》れ（滅するを得ざれ）。——吾去後不得滅吾正法眼蔵」（『碧巌録』第四九則・本則評唱／臨済の臨終の語）。「有仏《うぶつ》の処は住《とどま》る不得《なか》れ（住るを得ざれ）。無仏《むぶつ》の処は急ぎ走り過ぎよ。——有仏処不得住。無仏処急走過」（『請益録』第

二三則・本則／趙州の語）。

黄檗は臨済に「汝、別処に向いて去《ゆ》く不得《なか》れ。——汝不得向別処去」、他へ行ってはならぬ、まっすぐ「高安灘頭《こうあんだんとう》」の大愚《たいぐ》和尚に見《あ》いに行け、と命じました。「見大愚去」は、動詞句＋去（《見》―大愚＋去）。「洗鉢盂去《せんはつうこ》——鉢盂《はつう》を洗いに去《ゆ》く」（《洗》―鉢盂＋去）、「喫茶去《きっさこ》——茶《ちゃ》を喫《の》みに去《ゆ》く」（《喫》―茶＋去）などと同じく、～しに行く、～去という文型です（第14課「尋思去」）。

大愚は馬祖の弟子の帰宗智常《きすちじょう》の法嗣で、黄檗とは馬祖の孫弟子どうし。いわば法系のうえでのイトコにあたりますが、伝記は未詳。黄檗山も洪州の「高安」（現、江西省高安県）にありましたから、そこから遠からぬ水辺の沼地に、ひとり隠棲していたのでしょう。臨済は言いつけにしたがって、大愚のもとを訪れます。

〔3〕臨済は大愚のもとに行き、そこでこれまでの経緯《ゆくたて》を話した。

「いったい、それがしの誤りはどこにあったのでしょう？」

大愚、「黄檗はこれほどまでに老婆心を尽くし、お前のためにヘトヘトになっておる。だのに、そのうえ何を誤りが有ったの無かったのとぬかす！」

臨済はここで突如大悟した。

「黄檗の仏法には、何事も無かったのか！」

大愚は臨済の胸倉をつかむ。

「ついさきほどまで誤りがどうのとぬかしておったに、今度は仏法に何事も無いとほざくか！」
臨済は大愚のわき腹を拳で三度突き上げた。大愚は臨済を突き放した。
「おぬしの師は黄檗だ。わしの事には関わりない」。

済、大愚に到り遂《かく》て前話《ぜんな》を挙《こ》す、「不知《しら》ず、某甲《それがし》、過《とが》、什麼処《いずく》にか在る？」愚〔大愚〕云く、「檗〔黄檗〕与麼《かく》も老婆心切《ろうばしんせつ》にして你《なんじ》が為《ため》に徹困《てっこん》せるに、更に什麼《なん》の有過無過《うかむか》をか説《い》わん！」済忽然《こつねん》と大悟《たいご》し、云く、「黄檗の仏法多子《たす》無し」。大愚搊住《すうじゅう》して云く、「你《なんじ》、適来《さきほど》は又た有過《うか》かと道《い》えるに、而今《いま》は却って仏法多子《たす》無しと道う！」済、大愚の脇下に築《つ》くこと三拳。愚拓開《たくかい》して云く、「汝が師は黄檗なり。我が事に干《かかわ》るに非ず」。

済到大愚遂挙前話、「不知某甲過在什麽処？」愚云、「檗与麽老婆心切為你徹困、更説什麽有過無過！」済忽然大悟、云、「黄檗仏法無多子」。大愚搊住云、「你適来又道有過、而今却道仏法無多子！」済於大愚脇下築三拳。愚拓開云、「汝師黄檗。非干我事」。

「不知～」には、知らない、わからない、という文字どおりの意味のほかに、「未

老婆心切

無多子

不知～

審～」と同様、疑問文のうえにかぶせて疑問の語気を添える用法があります。第14課で「不知～」「不審～」「未審～」をまとめて勉強しましたが、ここで「不知～」の例をもう少し看ておきましょう。

①不知将法付何人？（『碧巌録』第一一則・本則評唱）
知らず、法を将《も》って何人《なにびと》にか付せん？
いったい、法を、どんな人にさずけるのか？

②透網金鱗尋常既不食他香餌、不知以什麼為食。（同第四九則・本則評唱）
透網《とうもう》の金鱗《きんりん》、尋常、既《すで》に他《か》の香餌《こうじ》を食わざれば、知らず、什麼《なに》を以ってか食《じき》と為す？

網にかからぬすばらしき魚は、ひごろ、よきエサを食わぬとなれば、はて、何を食物としておるのか？（本則の「透網金鱗未審以何為食？――透網の金鱗、未審《しら》ず何を以ってか食と為す？」を評唱で言い換えたもの。「不知」と「未審」が入れ替え可能な同義語であることが分かります）

「無多子《むたす》」はあれこれの余計な理屈が無く、端的であたりまえなこと。詳しくは、入矢義高「禅語つれづれ―多子無し」をご参照ください（『増補　求道と悦楽』岩波現代文庫、頁一五八）。

このあと臨済は黄檗のもとに帰り、殴打と喝の激しい応酬によってその法を嗣いだのでした。

第18課　百丈と潙山「汝喚作什麼?」

ここ数回、「馬祖《ばそ》—百丈《ひゃくじょう》—黄檗《おうばく》—臨済《りんざい》」という流れを見てきました。のちの「臨済宗」の源流です。百丈の下からはこれとは別に「百丈—潙山《いさん》—仰山《きょうざん》」という流れが出て、「潙仰《いぎょう》宗」という宗派も生まれています。今回は南宋の『五家正宗賛《ごけしょうしゅうさん》』百丈章から、百丈と潙山の物語を読んでみます。百丈のもとで典座《てんぞ》をつとめていた霊祐が、第一座《だいいちざ》すなわち首座《しゅそ》をとびこえて、一躍、「潙山」（湖南省）の住持に抜擢されるというお話です。三段に分けて少しずつ読んでみます。

〔1〕司馬頭陀《しばずだ》が湖南《こなん》からやって来た。

百丈〔懐海〕禅師にお目通りして言うことには、「潙山は卓越したすばらしき山にございます。ゆうに千五百人の修行僧を集めることができましょう」

百丈、「ならば、わしがそこに住持しようと思うが、よいか?」

頭陀、「いえ、和尚さまの住されるところではございませぬ」

「なぜだ?」

司馬頭陀
百丈懐海
潙山

「和尚さまは骨人《こつにん》、かの山は肉山《にくさん》だからでございます。和尚が住されたのでは、僧徒は千人にも届きますまい」
「では、わが門下に、誰ぞ住するに足る者がおるのではなかろうか？」
「されば、お一人ずつ、順に拝見してまいりましょう」。

司馬頭陀、湖南より来《きた》りて師〔百丈〕に見《まみ》え、云く、「潙山は奇絶《きぜつ》なり、千五百の衆《しゅ》を聚《あつ》む可《べ》し」。師曰く、「老僧《われ》住せんと欲す、可《か》なる乎《か》？」陀〔司馬頭陀〕云く、「和尚の住《じゅう》する所《ところ》に非ず」。師曰く、「何ぞや？」陀曰く、「和尚は是れ骨人、彼《かしこ》は是れ肉山なり。設《も》し之に居さば、徒《と》、千に盈《み》たざらん」。師曰く、「吾が衆《しゅ》中に人《ひと》の住《じゅう》し得《う》る有るに莫《あら》ず不《や》？」陀曰く、「待《ま》て歴《ことごと》く之を観《み》ん」。

司馬頭陀自湖南来見師、云、「潙山奇絶、可聚千五百衆」。師曰、「老僧欲住、可乎？」陀云、「非和尚所住」。師曰、「何也？」陀曰、「和尚是骨人、彼是肉山。設居之、徒不盈千」。師曰、「吾衆中莫有人住得不？」陀曰、「待歴観之」。

この話は『景徳伝灯録《けいとくでんとうろく》』巻九・潙山章に初出。そこには司馬頭陀に関する次のような原注が見えます。「司馬頭陀は禅に参ずるの外、人倫《ひと》の鑑《かがみ》〔人物鑑識の基準〕を蘊《あつ》め兼ねて地《ち》の理《すじ》〔風水〕を窮《きわ》む。諸方、院《てら》を剏《ひら》くに多《しばし》ば〔その〕決可《みたて》を取る」〈禅文化研究所訓注本第三冊、頁二四三参照〉。人相や風水を観るすぐれた術をもち、且つそれが怪しげでなく、ひろく信頼を寄せられていた人だったのでしょう。

その司馬頭陀が湖南からやって来て、百丈禅師に告げました。「潙山」という山は、ゆうに千五百の僧徒を集めるに足る、豊かな福をそなえた名山でございます、と。「司馬頭陀、湖南より来《きた》りて師〔百丈〕に見《まみ》え、云く、〝潙山は奇絶《きぜつ》なり、千五百の衆《しゅ》を聚《あつ》む可《べ》し〟。――司馬頭陀自湖南来見師、云、〝潙山奇絶、可聚千五百衆〟」。

百丈は、それほどの山ならば、ひとつ自分がそこの寺の住持となって大いに宗旨を挙揚しようかと考えました。「老僧《われ》住せんと欲す、可《か》なる乎《か》？――老僧欲住、可乎？」「可乎？」の「乎」は「か、や、かな《文末や句中に置き、疑問、反語、詠嘆などの語気を表す》」〈『漢辞海』「乎」［句法1］頁三八・中〉。ここは疑問の語気で、「可《よ》い乎《か》？」しかし、この考えは司馬頭陀に止められました。「和尚の住《じゅう》する所《ところ》に非ず。――非和尚所住」。かの山は「肉山」ですが、和尚のほうが「骨人」なので、ふさわしくございませぬ。和尚が住持したのでは、修行僧は千人にも届きますまい、と。「和尚は是れ骨人、彼《かしこ》は是れ肉山なり。設《も》し之に居さば、徒《と》、千に盈《み》たざらん。――和尚是骨人、彼是肉山。設居之、徒不盈千」。福のある山の住持は、それにつりあう福分をもった人でなければならない。でないと、せっかくの土地の福が充分に発揮されない、というわけでしょう。「骨人」は福徳のとぼしい貧相な人、「肉山」は福

～乎？

肉山

骨人

の豊かな山という風水の用語のようですが、それは悟境の高下や人格の優劣とは別問題のようです。

莫~否？　莫~麽？　百丈もそこを心得て、頭陀に問います、ならばうちの修行僧たちのなかに誰かふさわしい者がいるのではないか、と。「吾が衆中《しゅ》に人《ひと》の住《じゅう》し得《う》る有るに莫《あら》ず不《や》？——吾衆中莫有人住得不？」「莫（是）~不？」「莫（是）~否？」「莫（是）~麽？」は、そうだろうと思いながら、~ではなかろうか、~ではあるまいか、と推量したり、~ではないか、~だろう、と念押ししたりする反問の句型です（『禅語辞典』頁四三四~四三五参照）。

莫（是）~不？
莫（是）~否？
莫（是）~麽？

莫是和尚他後横出一枝仏法否？（『五灯会元』巻一・四祖道信章）

和尚他後《たご》、横に一枝の仏法出《いず》るに莫是《あら》ず否《や》？

和尚の下に、将来、もう一筋の仏法が分かれ出るということではありますまいか？（四祖の下から、五祖・六祖とつづく正系のほかに、牛頭宗の一系が傍出することを予見した弘忍のことば）

師尋独入五台、逢一老人、便問、「莫是文殊麽？」（『五灯会元』巻二・天台豊干章）

師、尋《つい》で独《ひと》り五台《ごだい》に入り、一老人に逢い、便ち問う、「文殊《もんじゅ》に莫是《あら》ず麽《や》？」

豊干《ぶかん》禅師はその後、ひとりで五台山に入り、一老人に出逢った。そこで問う、「文殊さまではございませぬか？」（五台山は文殊の聖地と信じられていた）

莫有要透関底麼？（『無門関』第一則・趙州狗子）
関を透《とお》らんと要《ほっ》する底《もの》有るに莫《あら》ず麼《や》？
この「無」字の関門を突破しようとする者があるのではないか？（きっと、あるだろう）

かくして司馬頭陀は「潙山」の住持の銓衡を引き受けました。「待《ま》て歴《ことごと》く之を観《み》ん。——待歴観之」。されば、お一人ずつ拝見してまいりましょう、と。「待（我）……」、「待（某甲）……」で「（自分が）……してやるから待っていろ」、「見ておれ、（自分が）……してやるから」。なにかをひきうける、かってでる、という言い方です。「待我去与爾勘過這婆子。——待て我れ去《ゆ》きて爾《なんじ》が与《ため》に這《こ》の婆子《ばす》を勘過《かんか》せん」。では、ひとつ、わしがその婆さんを見さだめに行ってやろう（『無門関』第三一則「趙州勘婆」）。

待〜

「歴」は、ここのように《述語》の前に置かれた場合は、逐一の意の副詞。「①次々とすべてにわたって。あまねく。……②逐一。ことごとく。……」（『漢辞海』「歴」三《副》、頁七七八・下）。全部いっぺんに、ではなく、一つ一つ順にすべて《述語》する、ということです。「年十三、蘇州通玄寺《そしゅうつうげんじ》に於て出家登戒し、歴《ことごと》く禅苑《ぜんえん》に参《さん》ず。

歴〜

——年十三於蘇州通玄寺出家登戒、歴参禅苑」。十三歳で出家受戒したのち、禅院に一つ一つ（のきなみに）参じて行った（『五灯会元』巻七・長慶慧稜章）。かくして司馬頭陀は、百丈山の僧たちを、一人ひとり鑑定していくことになりました。

〔2〕百丈禅師は侍者《じしゃ》に第一座《だいいちざ》〔首座の華林和尚〕を呼んで来させた。
「この者は、どうだ?」
頭陀は彼に、咳ばらいして何歩か歩いてみるように言った。
「このお人は、ダメです」。

第一座
華林善覚

次に典座《てんぞ》〔霊祐〕を呼んで来させた。
頭陀はいった、「これぞ正しく潙山の主たるべきお人です!」

典座
潙山霊祐

師、侍者をして第一座を喚《よ》び来《きた》らしむ。師曰く、「此《こ》の人《ひと》、如何《いかん》?」陀、謦《しわ》欬《ぶき》し行《あゆ》むこと数歩せしめ、曰く、「此の人、不可《ふか》なり」。又た典座《てんぞ》〔霊祐〕を喚び来らしむ。陀曰く、「此れぞ正しく是れ潙山の主なり!」

師令侍者喚第一座来。師曰、「此人如何?」陀令謦欬行数歩、曰、「此人不可」。又令喚典座来。陀曰、「此正是潙山主也!」

『景徳伝灯録』では「第一座」のところに「即ち華林和尚なり」、「典座」のところに「即ち祐師なり」という原注がついています。華林和尚は華林善覚《ぜんかく》（『景徳伝灯録』巻八、訓注本頁二〇一）、「祐師」はむろん霊祐のことです。

「師、侍者をして第一座を喚《よ》び来《きた》らしむ。——師令侍者喚第一座来」。「令」は使役。「A令B《述語》」で「A、Bをして《述語》せしむ」、AがBに《述語》させる（『漢辞海』「令」［句法1］頁七一・下／「漢文読解の基礎」11「兼語式の文〈1〉使役形」頁一七〇八・上）。次に出て来る「陀、謦欬《しわぶき》し行《あゆ》むこと数歩せしめ——陀令謦欬行数歩」「又た典座を喚び来らしむ——又令喚典座来」のように、Bに当たるものが無く、ただ「させる」という意味だけが表される場合もあります。

令〜

「此《こ》の人《ひと》、如何《いかん》？——此人如何？」そう問われた司馬頭陀は、咳ばらいをして数歩あるいて見せるよう「第一座」（華林）に命じました。「陀令謦欬行数歩」の「謦欬《けいがい》」は「謦咳《けいがい》」とも。「謦」は「軽い咳払い」、「咳」は「大きな咳払い」、二字合わせて「①せきばらいをする」（『漢辞海』「謦」「謦欬」頁一三五二・上）。「《行》数歩」は、数歩行《あゆ》む。漢語では動作の量（長さや回数、ドレダケ〜する）は《述語》の後に来ます（第5課末「面壁九年」、第8課末「踏碓八个余月」参照）。日本語と逆の語順ですが、訓読の際はひっくりかえさず、《述語》の部分を「〜スルコト」と名詞のように読みかえる習慣です（『漢辞海』「漢文読解の基礎」四①数量補語、頁一六九八・上）。たとえば「又行三両歩」なら「又《行》三両歩——又《ま》た行《あゆ》むこと三両歩《さんりょうほ》」、さらに二三歩あるいた（『碧

謦欬

動作量

巌録』第九八則・本則評唱）。「僧経旬日復来」なら「僧《経》旬日／復《来》——僧、経《ふ》ること旬日《じゅんじつ》にして復《ま》た来《き》たる」、僧は十日たってからまたやって来た（『五灯会元』巻十五・雲門文偃章）。

しかし、この試験の結果、「第一座」は落第でした。「此の人、不可《ふか》なり。——此人不可」。ついで百丈は「典座」の霊祐を呼んで来させました。司馬頭陀は、今度は何の試験もせず、その姿を一目見ただけで言いました。「此れぞ正しく是れ潙山の主なり！——此正是潙山主也！」

こうして霊祐が「潙山」の住持に選出されましたが、むろん首座の華林は不服です。

〔3〕百丈禅師は、その夜、霊祐を呼んで入室させ、将来を託した。
「わが教化《きょうけ》の縁はここ〔百丈山〕にある。潙山は勝れた地。なんじはそこに住してわが宗旨を継ぎ、ひろく後学の者たちを済度せよ」

その時、華林《かりん》〔第一座〕がそのことを耳にして、言った。

「わたくしがかたじけなくも首座の位にありますのに、なぜ〔私でなく〕霊祐どのが住持となれるのです」

百丈、「大衆の前で卓抜に一転語を言いえたならば、当然、住持させてやる」

言うなり、浄瓶《じょうびょう》を指さした。

「これを浄瓶と呼んではならぬ。では、これを何と呼ぶ？」

華林、「さりとて、木杭《きぐい》と呼ぶわけにもまいりますまい」

百丈禅師は、これを認めなかった。

そこで霊祐に問うと、霊祐は〔何も言わず、いきなり〕その浄瓶を蹴り倒してしまった。

百丈は笑った。

「はっはっはっ、第一座が山出しに負けよった！」

霊祐はかくして潙山におもむいたのであった。


師〔百丈〕是《こ》の夜、祐《ゆう》〔霊祐〕を召《よ》びて入室《にっしつ》せしめ、嘱《しょく》して曰く、「吾が化縁《けえん》は此《ここ》〔百丈山〕に在り。潙山は勝境、汝当《まさ》に之に居して、吾《わ》が宗《しゅう》を嗣続《しぞく》し、広く後学《こうがく》を度《ど》すべし」。時に華林〔第一座〕之を聞き、曰く、「某甲《それがし》、忝《かたじけな》くも上首《じょうしゅ》に居《お》るに、祐《ゆう》公、何《なん》ぞ住持するを得《う》？」師曰く、「若《も》し能《よ》く衆《しゅ》に対して一転語《いってんご》を下《くだ》し得《え》て出格ならば、当《まさ》に与《ため》に住持せしむべし」。即ち浄瓶《じょうびょう》を指《さ》して問うて曰く、「喚《よ》びて浄瓶と作《な》すを得《え》ず。汝《なんじ》喚びて什麼《なに》とか作す？」華〔華林〕曰く、「喚びて木揬《ぼくとつ》と作《な》す可《べ》からず」。師肯《うけが》わず、乃ち祐に問う。祐、浄瓶を踢倒《けたお》す。師咲《わら》いて云く、「第一座、山子《さんす》に輸却《まけ》たり」。祐遂て焉《ここ》に往《ゆ》けり。

浄瓶
木揬

師是夜召祐入室、嘱曰、「吾化縁在此。潙山勝境、汝当居之、嗣続吾宗、広度後学」。時華林聞之、曰、「某甲忝居上首、祐公何得住持？」師曰、「若能対衆下得一転語出格、当与住持」。即指浄瓶問曰、「不得喚作浄瓶。汝喚作什麽?」華曰、「不可喚作木揬」。師不肯、乃問祐。祐踢倒浄瓶。師咲云、「第一座輸却山子也」。祐遂往焉。

この一段は『無門関《むもんかん》』第四〇則に「趯倒浄瓶《てきとうじんびん》」という公案として採られています。

百丈禅師は、夜、ひそかに霊祐を室内によび、将来の事を託しました。「吾が化《け》縁《えん》〔教化の縁〕は此《ここ》〔百丈山〕に在り。潙山は勝境〔すぐれた風水を具えた土地〕、汝当《まさ》に之〔潙山〕に居して、吾《わ》が宗《しゅう》を嗣続《しぞく》し〔うけつぎ〕、広く後学《こうがく》〔後進の学人たち〕を度《ど》す〔教え導く〕べし。——吾化縁在此。潙山勝境、汝当居之、嗣続吾宗、広度後学」。「嘱す」は「①自分にこうしてほしいと望む。たの-む。〝委嘱〟②相手にこうせよといいつける。〝付嘱〟」（『漢辞海』「嘱」〔一〕《動》、頁二八二・中）。

嘱

ここで、納得いかないのが「第一座」の「華林」です。「某甲《それがし》、忝《かたじけな》くも上首《じょうしゅ》に居《お》るに、祐《ゆう》公、何《なん》ぞ住持するを得《う》?——某甲忝居上首、祐公何得住持?」「忝《テン》」は《述語》の前に副詞としてつけた場合は「もったいなくも。かたじけな-くも《相手から受けた待遇が分に過ぎることを感謝して謙遜することば》」（『漢辞海』「忝」〔二〕《副》①、頁五二二・上）。たとえば「吾忝受忍大師衣法」なら「吾れ忝《かたじけな》くも忍《にん》大師の衣法を受く」（吾忝《受》—忍大師衣法）、わたくしはもったいなくも、五祖弘忍大師の衣と法をいただいた（『五灯会元』巻一・六祖慧能章）。

忝〜

かたじけなくも首座を務めさせていただいている某甲《それがし》、それを差しおいて、どうして霊祐どのが住持となれるのか、そう食い下がる華林に、百丈禅師は追試の機会を与えます。「若《も》し能《よ》く衆《しゅ》に対して一転語《いってんご》を下《くだ》し得《え》て出格〔既成の規格を超え出ている。卓抜、出色、格別である〕ならば、当《まさ》に与《ため》に住持せしむべし。——若能対衆下得一転語出格、当与住持」。「一転語」は「聞く者をして心機一転せしめる言葉。また新しい局面を開示する言葉」（『禅語辞典』頁一六・下）。前に「百丈野狐（上）」にも見えました。「与～」はここでは「～のために」（『漢辞海』「与」〔句法4〕、頁一八・下）。ここはお前のために、～してやる、～させてやる、という意味を《述語》（《住持する》）に加えています。

一転語

様態補語　ここでむずかしいのは「下得一転語出格」のところです。「下得……出格」は、「下《くだ》」しかたが「出格」である、という口語の語法（様態補語）。「得」は《述語》（ここでは「下」）の後について、その動作の状態や程度を表すことば（ここでは「出格」）を《述語》に結びつけるはたらきをします。つまり「《述語》得＋～」で、《述語》する状態や程度が～だ。《述語》するしかたが～だ。「言い得て妙」という日本語はおそらくこの語法の訓読にちなむもので、言いかたが絶妙だ、ということでしょう。

様態補語
～得…

若向者裏対得親切、不妨慶快。（『無門関』第三六則）
若《も》し者裏《ここ》に向《おい》て対《こた》え得て親切《しんせつ》ならば、不妨《はなは》だ慶快ならん。

親切　「親切」は邦語の「しんせつ」と異なり、密接である、切実である、ということ。『漢辞海』に「①ぴったりしているさま。…②身近である。…③確実なさま。…④国思いやりのある態度で接するさま」と見えます（頁一三二一・中。国は日本語だけの用法ということ）。

不妨　「不妨」は、「なかなかの……だ」「大した……だ」（『禅語辞典』頁三九八・上）。「対得親切」（《対》得＋親切）で、対《こた》えようが「親切《ぴったり》」である、対える程度・状態が「親切」である、ということで、右の文全体の意味は「もしここでピタリと答えたならば、おおいに痛快だ」となります。

現代中国語では「《述語》得」と「～」の間に目的語「○○を」を挟むことはできませんが、宋代の口語ではそれがふつうで「《述語》得＋○○＋～」（○○を《述語》するしかたが～だ）という語順になります。

若也見得他分暁、譬如十字街頭撞見親爺相似、更不須問別人道是与不是。（『無門関』第四五則）
若《も》也し他《かれ》を見《み》得て分暁《あきらか》ならば、譬《たと》えば十字街頭《じゅうじがいとう》に親爺《おやじ》に撞見《でくわ》せるが如くに相似《あいに》て、更に別人に問うて是と不是と〔そうか、そうでないか〕を道《い》うを須《もち》いず。

「若也」は二字一語で「もし」（『禅語辞典』頁一九三・上）。「分暁」は②はっきりしているさま」（『漢辞海』頁一六四・下）。「譬如〜相似」、〜のように。「更」、否定の強め。「不須〜」、〜する必要がない。「見得他分暁」（《見》得＋他＋分暁）は、見えぐあいが「分暁《はっきり》」している。見える程度や状態が明瞭である。よって、一文の意味は、「もし、彼〔真の自己〕をハッキリと見て取ったなら、市街のまんなかで己《おの》が親父に出くわしたごとく、もはや他人《ひと》さまにそうか否かを問うまでもない」となります。

若也
分暁
譬如〜相似
更〜
不須〜

汝喚作什麼?　本文の「下得一転語出格」（《下》得＋一転語＋出格）もこれと同じで、「一転語」を「下」す程度が「出格」ならば、つまり、決定的一句をみごとに言いきったならば……。そう言うなり、百丈はいきなり「浄瓶《じょうびょう》」を指さして問いました。「喚《よ》びて浄瓶と作《な》すを得《え》ず。汝《なんじ》喚びて什麼《なに》とか作す？」――不得喚作浄瓶。汝喚作什麼？」

「浄瓶」は僧が手を洗うために手もとに置いておく水入れで、「ジンビン」とも読みます。しかし、百丈が求めたのは、これを「浄瓶」と呼ばずして一言いえ、ということでした。といっても、他の新たな名称を考案せよというのではありません。かつて南岳懐譲《なんがくえじょう》禅師は「説似一物即不中《せつじいちもつそくふちゅう》」、何かであると言えばたちまちそのものではなくなる、と言いました（第11課）。ナニものとも名づけずに――いかなる既成の記号の枠ぐみにも嵌め込まずに――このもの自体をまっさらに言い当ててみよ、そ

浄瓶

れが百丈の要求でした。趙州が「わしはこれを火と呼ぶが、お前は何と呼ぶか」と言っているのと同じ趣旨です（入矢義高「禅問答というもの」『増補　求道と悦楽』岩波現代文庫、頁九九、参照。出典は『景徳伝灯録』巻十・趙州章、禅文化訓注本、四―頁七六）。「竹《しっ》篦《ぺい》」（弓状をした竹製の笞）を手にもちながら、「これを〝竹篦〟と呼んでもいけないし、〝竹篦〟と呼ばなくてもいけない、さあ、どう言うか」と迫る「首山竹篦《しゅざんしっぺい》」の公案（『無門関』第四三則）も、これと同工の設問と言ってよいでしょう。

火
竹篦
首山省念
「首山竹篦」

首山《しゅざん》和尚（首山省念）竹篦《しっぺい》を拈《と》りて衆《しゅ》に示して云く、「汝等諸人《なんじらしょにん》、若《も》し喚《よ》びて〝竹篦《しっぺい》〟と作《な》さば則ち触《おか》す、喚《よ》びて〝竹篦《しっぺい》〟と作《な》さざれば則ち背《そむ》く。汝ら諸人、且《しば》らく道《い》え、喚《よ》びて甚麽《なに》とか作《な》す？」

首山和尚拈竹篦示衆云、「汝等諸人、若喚作竹篦則触、不喚作竹篦則背。汝諸人且道、喚作甚麼？」

「触」はふつう「ふれる」と訓まれていますが、意味は「犯す」こと（『漢辞海』「触」一《動》①㋓、頁一三一七・上。「触犯」、禁をおかす、という熟語も載っています）。ここでは、人の実名を口にすることです。第5課の「名《な》」と「字《あざな》」の説明で述べたように、昔の中国では、その人の「名」を直に口にすることは一種の禁忌であり、避けるべきことでした。「竹篦」と呼べば、その「名」を犯すことになり、呼ばなければその物

触

から背離することになる、さあ、そこでこれをどう呼ぶか、というわけです。
　百丈がいう「喚《よ》びて浄瓶と作《な》すを得《え》ず。汝《なんじ》喚びて什麼《なに》とか作す?」も同じです。どう答えてもいけない。しかし、答えずに黙っていることも許されない。そんな、出口のない難問ですが、しかし、そこはさすが、百丈の門下で首座を務めるほどの人。華林はいささかの躊躇も困惑もなく、さらりと答えました。さりとて木杭《きぐい》と呼ぶわけにもまいりますまい、「喚びて木揬《ぼくとつ》と作《な》す可《べ》からず。——不可喚作木揬」と。いかなる既成の名称もあてはめずに——一物も説似することなしに——その物を表現しえています。百丈の設けた矛盾の難関をするりとかわした首座の禅機に、大衆はさすが、と感心したかも知れません。しかし百丈はこの答を認めず、同じことを霊祐にも問いました。すると霊祐は、一言も口を開かず、いきなり、その浄瓶を蹴《け》倒《たお》してしまいました。「師肯《うけが》わず、乃ち祐に問う。祐、浄瓶を踢倒《けたお》す。——師不肯、乃問祐。祐踢倒浄瓶」。無言のまま、設問そのものを、文字どおり一蹴してしまったのです。「肯」は「承知する。許可する」(『漢辞海』「肯」[二]《動》①、頁一一七一・中)。一般の漢文訓読では「がえ-んずる・ガヘ-ンズ」「うべな-う・ウベナ-フ」と読まれまれるのがふつうですが、禅籍の訓読ではよく「うけがう」と訓まれます。

肯

　百丈は愉快げに笑いました。さすがのわが首座も、山出しに負けてしまうたわい!「師咲《わら》いて云く、〝第一座、山子《さんす》に輸却《しゅきゃく》せり〟。——師咲云〝第一座輸却山子也〟」。「咲《ショウ》」は「笑」の古字(『漢辞海』頁二六〇・中)。「山子」はおそらく、山の人という蔑称。「輸《シュ》」は「敗れる。ま・ける・マ・ク」（『漢辞海』「輸」頁一四一六・下）。「ユ」は慣用音で、本来の字音は漢音・呉音とも「シュ」。「～却」は《述語》の後について、すっかり～してしまう、という意を加えます（次回やる「結果補語」という語法）。「忘却とは忘れ去ることなり」という昔の有名なナレーションのとおり、邦語の「～し去る」にほぼあたります。

輸
～却

かくして霊祐は潙山に赴きました。「祐遂《かく》て焉《ここ》（潙山）に往《ゆ》けり。――祐遂往焉」。その門下からは仰山慧寂《きょうざんえじゃく》や香厳智閑《きょうげんちかん》などのすぐれた弟子が輩出し、その一派はやがて「潙仰《いぎょう》宗」と呼ばれるようになったのでした。

第19課　南泉と趙州「南泉斬猫」

馬祖《ばそ》の法嗣の百丈《ひゃくじょう》の下から「黄檗《おうばく》―臨済《りんざい》」「潙山《いさん》―仰山《きょうさん》」の二つの法系が出て、後世、それぞれ「臨済宗」「潙仰宗《いぎょうしゅう》」と呼ばれるようになりました。しかし馬祖の門下は、百丈だけではありません。「馬《ば》大師の下《もと》に八十八人有りて道場《どうじょう》に坐す」（『祖堂集』巻十六・黄檗章）とか、「馬祖より八十四人の善知識出《い》づ」（『景徳伝灯録』巻十七・雲居道膺章ほか）などと言われるように、馬祖の下からは、多数のすぐれた禅者が輩出していいます。そのひとりが南泉普願《なんせんふがん》で、南泉の下からは、かの趙州従諗《じょうしゅうじゅうしん》が出ています。今回はその二人に関する故事を読みながら、禅籍読解のカギとなる「補語」

について勉強してみます。

前回「様態補語」という語法を勉強しましたが、中国語を勉強すると、こうした「ナニナニ補語」と称する語法がいろいろ出てきます。主要なものは、すでにやった「様態補語」、それに「結果補語」「方向補語」「可能補語」を加えた計四種です。これらは英文法でいう「補語」とはまったく無関係で、中国語では、《述語》の後について《述語》の意味を補完するものを「補語」と呼びます。これはふつうの漢文（文言）には出てきませんが、口語（白話）ではきわめて重要かつ常用の語法で、口語の成分を大量に含む禅籍の読解においても、それら「補語」がしばしば決定的な意味をもちます。ここでは常見のものについて、初歩的な解説を試みます。

結果補語　《述語》の後について動作の結果を表します。

結果補語

①第一座輸却山子也。（『五家正宗賛』百丈章）

第一座、山子《さんす》に輸却《しゅきゃく》せり（山出しに完敗した）。

～却

「《輸《ま》ける》＋却《しま》う」。「～却」は動詞の後について、すっかり～してしまう、のこらず～してしまう。後出⑮にも例が見えます。

②祐踢倒浄瓶。（同前）　〜倒
祐〔霊祐〕浄瓶《じょうびょう》を踢倒《てきとう》す。
「《踢る》+倒れる」で、蹴《け》たおす。

③扇子踍跳、上三十三天、築著帝釈鼻孔。（『無門関』第四八則・乾峰一路）　〜著
扇子踍跳《ぼっちょう》して〔跳び上がって〕、三十三天に上り、帝釈《たいしゃく》の鼻孔《びくう》を築著《ちくじゃく》す。
「〜著」は、動作が目的の事物に達すること。「《築《つ》く》+著《あた》る」で、突きあたる。

④向裏向外逢著便殺。（『臨済録』示衆）　〜著
裏《うち》に向《おい》ても外《そと》に向《おい》ても、逢著《ほうじゃく》すれば便ち殺せ。
「《逢《あ》う》+著《あた》る」で、出くわす、行きあたる。

⑤趙州却被二庵主勘破。（『無門関』第一一則・州勘庵主）　〜破
趙州《じょうしゅう》却って二庵主《あんじゅ》に勘破《かんぱ》さる。

「《勘《しら》べる》+破《やぶ》れる」で、見やぶる、見ぬく。「〜破」は、その動作によって、それまで事実を覆い隠していたものが打ち破られること。「説破《せっぱ》」は「《説《と》く》+破《やぶ》れる」で、ずばりと言明する。

⑥山僧竟日与他説破、学者総不在意。（『臨済録』示衆）
山僧《さんぞう》、竟日《ひねもす》、他《かれ》らの与《ため》に説破《せっぱ》するも、学者総《すべ》て意に在《と》めず（朝から晩まで、ハッキリと隠れもなく説き明かしてやっているのに、修行僧たちはみな意にも介さぬ）。

方向補語
～来
～去

方向補語　「挑出一死野狐——一の死野狐《やこ》を挑出《ちょうしゅつ》し」（第16課、『無門関』第二則・百丈野狐）の「出」（内から外へ）のように、《述語》（《挑》）の後について動作の方向性を表すものです。最も簡単なのは「近前来——《近前し》＋来れ」（同前）のように、「～来」「～去」で、～してくる、～してゆく、という意を表すものですが、実際にはよく「～将来」「～将去」という形で出てきます。

～将来

⑦不是薬者採将来。（『碧巌録』第八七則・本則評唱）
薬《くすり》に不是《あらざ》る者をば、採《と》り将来《きた》れ。
「《採《と》る》＋将来《くる》」。採ってくる。

～将去

⑧只管喝将去。（『碧巌録』第一〇則・頌評唱）
只管《ひたす》ら喝《かっ》し将去《さ》れ。
「《喝《かっ》す》＋将去《ゆく》」。どこまでも喝しつづけてゆく。

方向補語は文字どおりの意味から、さらにいろいろな新しい意味やイメージを生み出してゆく傾向があります（方向補語の派生義といいます）。たとえば「～将来」には、いざ～してみると、実際に～してみたら、という用法があります。

⑨検点将来、二倶有過。（『無門関』第三一則・趙州勘婆）

検点《けんてん》し将来《きた》れば、二《ふた》り倶《とも》に過有《とが》り。

いざ「《検点《しら》べて》＋将来《みる》と」、どちらにも落ち度がある。

方向補語にはほかに次のようなものもあります。

⑩釈迦老子初生下来、一手指天、一手指地、目顧四方云、「天上天下、唯我独尊」。（『碧巌録』第一六則・頌評唱）　～下来

釈迦老子《しゃかろうし》、初《はじ》めて生《うま》れ下来《おっ》るや、一手は天を指《さ》し、一手は地を指《さ》し、目は四方を顧《みまわ》して云く、「天上天下、唯我独尊」と（「初～」は「～したばかり」）。

「《生れる》＋下《お》りて来《く》る」で、生れ落ちる。

⑪主亦竪起拳頭。（『無門関』第一一則・州勘庵主）　～起

主〔庵主〕亦《ま》た拳頭《こぶし》を竪起《じゅき》す。

「～起」は、起き上がる、起ち上がる。ヨコむきからタテむきに、あるいは地面から離れて上向きに、という方向性。「《竪《た》てる》＋起《おき》る」で、ぐいとまっすぐ立てる。「～起」は「～起来」とも言います。

⑫這箇雖是無得失底事、若拈起来、依旧有親疎有皂白。（『碧巌録』第四八則・本則）　～起来

評唱）
這箇《これ》は得失《とくしつ》無き底の事なりと雖是《いえど》も、若《も》し拈《と》り起来《あぐ》れば、依旧《やは》り親疎《しんそ》有り皂《そう》白《はく》有り（「依旧」は「あいかわらず、依然として」、「皂白」は「くろしろ」）。
「《拈《と》る》＋起《おこ》し来《きた》る」で、取りあげる、もちあげる。

次も同様の例ですが、「花を」という目的語が「起来」の中間に挿入されています。

⑬拈起花来、尾巴已露。（『無門関』第六則・世尊拈花）
花《はな》を拈《と》り起来《あぐ》れば、尾巴《びは》已《すで》に露《あらわ》る（拈花したところに、はや世尊の尾巴《シッポ》が露呈している。「《拈》＋起〈花を〉来」）。

拈起花来

可能補語　《述語》の後について可能・不可能の意を表します。最も簡単な形は「～得」で可能、「～不得」で不可能を表すものです。

可能補語
～得
～不得

⑭若透得無門関、早是鈍置無門。若透不得無門関、亦乃辜負自己。（『無門関』後序）
若《も》し無門関《むもんかん》を透《とお》り得《う》れば、早是《はやわれ》無門を鈍置《どんち》せん。若し無門関を透《とお》り得《え》ざれば、亦た乃《すなわ》ち自己に辜負《そむ》かん（「透」は「突破する、突き抜ける」。「無門関」は、無門慧開の設けた門無き関門。「鈍置」は「コケにする」。「辜負」は

せっかくの価値や好意を「無にする、アダにする」)。

不得〜

「《透》＋得」で突破できる、「《透》＋不得」で突破できない。「不得〜」と前につけばその動作自体を行うわけにいかない、行ってはいけない、ということですが、「〜不得」と後につくと、その動作を行うが（あるいは行おうとするが）、それが然るべき結果にまでは至り得ない、という意味になります。「透不得」は、突破しようにも突破できない。突き抜けようとするが、しかし向こう側にまでは突き抜けられない。「覓不得―覓《もと》め得《え》ず」（『趙州録』巻下、禅の語録11、頁四一七）なら、「覓《もと》める」という行為自体ができないのではなく、覓めるが覓め当たらない。探せないのではなく、探しても見つからない、ということです。趙州に次のような問答があります。

道不得
不得道

問、「到者裏道不得時如何？」師云、「不得道」。云、「如何道？」師云、「道不得処」。

（『趙州録』巻中、禅の語録11・頁三一七）

問う、「者裏《ここ》に到りて道《い》い得《え》ざる時、如何《いかん》？」師（趙州）云く、「道《い》うを得《え》ず（道《い》う不得《なか》れ）」。云く、「如何《いか》にか道《い》う？」師云く、「道い得ざる処なり」。

「者裏《しゃり》」は「這裏《しゃり》」と同じでココの意ですが、ここでは究極の一点を指しています。究極のところに至って「《道》不得―道《い》い得《え》ざる」時（言うに言われぬ時、言おうにも言葉にならぬ時）はどうでしょうか？ コレコレの場合はどうかという問い方は、往々、自分はそういう境涯を得たのだが、という含みをもっています。ここもおそらくそうでしょう。それがしは言詮不及の究極のところに至りました、さあ、如何でしょう？ すると趙州いわく、「不得《道》──道《い》うを得《え》ず」。ならば、このように言葉で云々してはなるまい。僧はくいさがります。「如何《いか》にか道う？」いえ、ですから、そこを敢えてどう言葉にするかとおききしております。趙州いわく「《道》不得──道《い》い得《え》ざる」処。ほれ、そこがそれ、言おうにも言われぬ処ではないか。なんだ、おぬし、そういう処に立って問答していたのではなかったのか？（『禅の語録11』では右の「《道》不得時」「不得《道》」「《道》不得処」が「言うことができないとき」「言うことはできない」「言うことのできないところ」と一律に訳されているために、この一段が、言詮不及一点張りのひどく硬直した話のようになってしまっています）

さて、この形に目的語が加わる場合は、《述語》と「不得」の間に挟まります（現代中国語と異なります）。たとえば『趙州録』巻上に「此事的的、没量大人、出這裏不得」という句が見えます（頁三五）。「此の事的的《てきてき》たり、没量《もつりょう》の大人《たいじん》も、這裏《ここ》を出《い》で得《え》ず」。コノ事（究極の一事）は明々白々、いかなる枠づけをも超えた大人とて、ココ（この究極のところ）を出ることはできぬ。最後の「出這裏不得」は「《出る》＋〈這《こ》裏《こ》を〉＋不得」で、ココを出ようにも出られない、ということです。南泉にも次のような問答があります。

出這裏不得

南泉普願

初問南泉曰、「古人瓶中養一鵝、鵝漸長大、出瓶不得。如今不得毀瓶、不得損鵝、和尚作麼生出得？」　南泉召曰、「大夫！」　陸応諾。南泉曰、「出也」。陸従此開解。

（『景徳伝灯録』巻十・陸亘大夫章、禅文化訓注本第四冊・頁一一五）

陸亘大夫
出瓶不得
出得
不得毀瓶
不得損鵝

初め南泉に問うて曰く、「古人、瓶《もたい》の中に一鵝《が》を養い、鵝漸《しだ》いに長大し、瓶を出《い》で得ず。如今《いま》、瓶を毀《こぼ》つを得ず、鵝を損うを得ざれば、和尚作麼生《いかに》か出《いだ》し得《え》ん？」　南泉召《よ》びて曰く、「大夫《たいふ》！」　陸応諾《おうだく》す。南泉曰く、「出也《いでたり》」。陸此《こ》れ従《よ》り開解《かいげ》す。

南泉に初めて会った時、陸亘大夫が問うた。「昔の人が瓶の中で、一羽の鵞鳥を飼っていた。鵞鳥はしだいに大きくなり、瓶を出られなくなった。さて、ここで、瓶を壊してもならず、鵞鳥を傷つけてもならず、となれば、和尚なら、これを如何にして外に出してやれますか？」すると南泉、「大夫どの！」陸亘、「ハイ」。南泉、「ほれ、出ましたぞ」。陸亘はここから、何かを悟るようになったという。

この話の趣旨については『語録のことば　唐代の禅』（禅文化研究所、二〇〇七年）の「八、呼時歴歴応」章をご参照ください。ここで「出瓶不得」は「《出る》＋〈瓶を〉＋不得」で、瓶を出ようにも出られない。「出得」は「《出す》＋得」で、出せる。いっぽう「不得《毀》―瓶」「不得《損》―鵝」は、「毀」「損」という行為自体をそもそもすることを得ない、つまり、瓶を壊してはいけない、ガチョウを傷つけるわけにはいかない、ということです。

可能補語には、ほかにもさまざまな形があります。いくつか例を挙げておきます。

〜得著
〜不著

⑮縦有懸河之辨、総用不著。説得一大蔵教、亦用不著。若向者裏対得著、活却従前死路頭、死却従前活路頭。（『無門関』第五則・香厳上樹）

縦《たと》い懸河《けんが》の辨《べん》有るも、総《すべ》て用《もち》い不著《えず》。一大蔵教《いちだいぞうきょう》を説《と》き得《う》るも、亦《ま》た用《もち》い不著《えず》。若《も》し者裏《ここ》に向《おい》て対《こた》え得著《うれ》ば、従前の死路頭《しろとう》を活《いか》し却《き》り、従前の活路頭《かつろとう》を死《し》なせ却《き》らん。

「〜得著」は動作の結果、目的の事物・状態に達しうること。「〜不著」は逆にそれがかなわないこと。『趙州録』巻上に「覓不著」（頁一三三）とありますが、これはさきほどの「覓不得」と同じく、探せないのではなく、探しても探し当たらない、探しても見つからない、ということです。右の例の「《用》不著」は、用いても目的の実現には至らない。つまり、役に立たない、使い物にならない。「《対》得著」は、答えるべき答えをしかと言い当てられる。「《説》得」の「〜得」は⑭で、「《活》却」「《死》却」の「〜却」は①で、すでに見たとおりです。

～不及

⑯学人信不及、便向名句上生解。（『臨済録』示衆）
学人《がくにん》、信不及《しんふぎゅう》にして（信じきれず）、便ち名句《みょうく》上に解《げ》を生ず（名辞の上に理屈を立てる）。

「～不及」は、～しきれない。「自信不及《じしんふぎゅう》」（『臨済録』示衆）なら、自らを信じきれぬ。「～不及」の反対は「～得及」で、～しきれる。『碧巌録』第二五則・本則評唱に「見得徹、信得及」という例があります。「～得徹」は、とことんまで～できる。

自救不了

⑰若有意、自救不了。（『臨済録』示衆）
若《も》し〝意〟有らば、自救不了《じぐふりょう》（もし「西来」に「意」などあったら、祖師は自身をすら救えまい）。

「～不了」は、～しおおせない。「自救不了」は、自らをも救《すく》い了《おお》せず。自分自身をも救いきれない。

南泉斬猫

南泉斬猫　では、最後に今回のまとめとして、南泉と趙州の「南泉斬猫《なんせんざんみょう》」（『無門関』第一四則）の話を読んでみます。三島由紀夫の『金閣寺』でも物語の核心となっている有名な話ですが、趣旨は正直よくわかりません。『景徳伝灯録』禅文化訓注本第三冊（頁一二〇）に詳しい注があり、そこに入矢義高先生の「南泉斬猫私解」（『空花集―入矢義高短編集』思文閣出版、一九九二年）など、先行の参考文献が紹介されています。詳しくは、そちらをご覧ください。ここでは前掲の例文と解説をふまえつつ、もっぱら「補語」の用法に注意して読んでみましょう。「《提》起」は方向補語（⇩⑪）、「《道》得」「《道》不得」「《救》得」は可能補語（⇩⑭）、「《斬》却」は結果補語（⇩①）です。

南泉和尚の話。　南泉普願

ある時、東堂と西堂の間で猫の取り合いになった。そこで南泉はその猫をとりあげて言った。

「みなの者、ここで然るべき一句を言えたら、この猫を助けよう。言えなければ、ただちに斬りすててくれよう！」

みなは一言も無かった。

そこで、南泉は、猫を斬った。

夜になって、趙州が外から帰ってきた。南泉は事の経緯《ゆくたて》を趙州に語った。すると趙州はおもむろに履き物を脱ぎ、頭の上にのせて出て行った。南泉は言った。　趙州従諗

「貴公がおってくれたら、あの猫を助けてやれたものを……」。

南泉《なんせん》和尚。因《ちな》みに東西の堂、猫児《みょうに》を争う。泉〔南泉〕乃ち提起《ていき》して云く、「大《だい》衆《しゅ》、道《い》い得《う》れば即ち救う。道《い》い得ざれば即ち斬却せん」。衆、無対《むたい》。泉、遂《かく》て之を斬《き》る。晩、趙州《じょうしゅう》外より帰る。泉、州〔趙州〕に挙似《こじ》す。州乃《すなわ》ち履《くつ》を脱ぎ、頭上に安《お》きて出づ。泉云く、「子《そなた》若し在《お》らば、即ち猫児を救い得しに」。

南泉和尚。因東西堂争猫児。泉乃提起云、「大衆、道得即救。道不得即斬却也」。衆無対。泉遂斬之。晩趙州外帰。泉挙似州。州乃脱履、安頭上而出。泉云、「子若在即救得猫児」。

〜起
〜得
〜不得
〜却

江戸時代の禅僧、仙厓《せんがい》和尚は、この公案をユーモラスな画に描き、そこに次のような賛を書きつけています（『仙厓と禅の世界』出光美術館、二〇一三年、頁三二）。「王老師」は、南泉がふだんから使っていた自称です。

仙厓

一斬一切斬　　一斬《いちざん》　一切斬《いっさいざん》
爰唯猫児　　爰《いずくん》ぞ唯《た》だ猫児《みょうに》のみならんや
両堂首座　　両堂《りょうどう》の首座《しゅそ》
及王老師　　及び王老師《おうろうし》
　一刀のもとに　すべてが斬られた

一斬一切斬
王老師

ただ猫だけのことではない
両堂の首座
そして　この南泉どの

この一件で真に斬られたのは、実は南泉自身なのだ、仙厓和尚はそう言っているようです。

V

青原・石頭下の系譜——曹洞宗　雲門宗　法眼宗

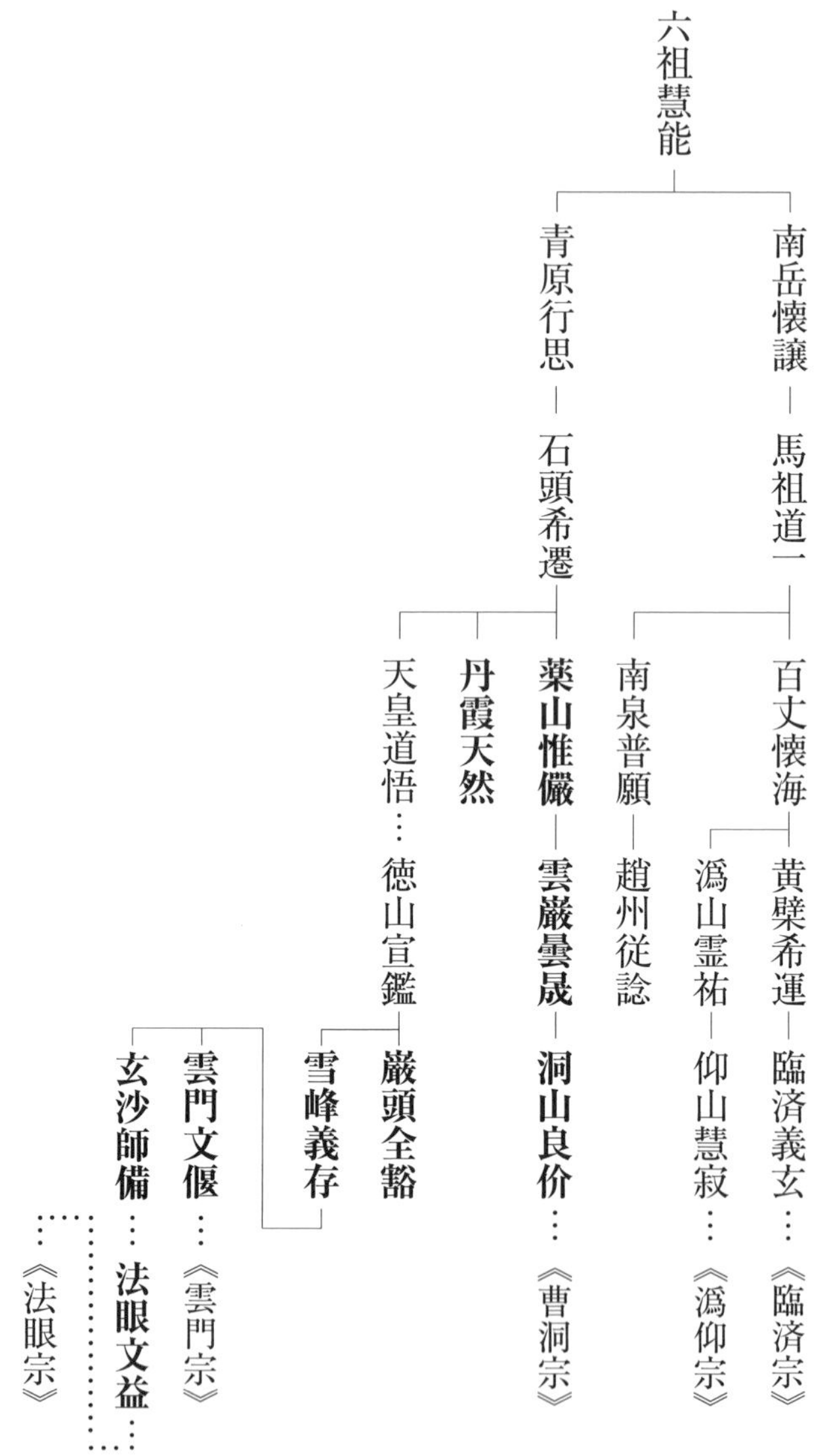
六祖慧能
南岳懐譲
馬祖道一
百丈懐海
黄檗希運
臨済義玄
《臨済宗》
潙山霊祐
仰山慧寂
《潙仰宗》
南泉普願
趙州従諗
青原行思
石頭希遷
薬山惟儼
雲巌曇晟
洞山良价
《曹洞宗》
丹霞天然
天皇道悟
徳山宣鑑
巌頭全豁
雪峰義存
雲門文偃
《雲門宗》
玄沙師備
法眼文益
《法眼宗》

第20課　馬祖・石頭と薬山　「揚眉瞬目」

これまで「南岳《なんがく》─馬祖《ばそ》」の系統の話を読んできました。ここからは、もう一方の「青原《せいげん》─石頭《せきとう》」の流れに沿って、漢文の勉強をつづけます。今回は石頭の法嗣のひとり、薬山惟儼《やくさんいげん》禅師の開悟の因縁を読んでみます。よく取り上げられる話ですが、実際には『宗門統要集《しゅうもんとうようしゅう》』以下、宋代以後の文献が伝えるのみで、古い記録には見られず、後世、馬祖系の正統性を強調するために創作された話と推測されています。ここでは『馬祖語録《ばそごろく》』（入矢義高編『馬祖の語録』筑摩書房・禅の語録5）の本文に従います。

石頭希遷
薬山惟儼

〔1〕薬山惟儼禅師は、初めに石頭に参じ、ただちに問うた。

「教理の学はあらまし心得ております。しかし、南方〔禅宗〕では〝人の心を直に指さし、見性《けんしょう》して成仏《じょうぶつ》させる〟とうかがっております。実はそこがよく解りませぬので、何卒、和尚さま、お慈悲をもってお示しを願います」。

石頭は言った。

「ありのままでもダメ、ありのままでなくともダメ。ありのままであるのも、ありのままでないのも、すべてダメ。さあ、貴公なら、どうか？」

薬山は途方にくれた。そこで石頭が言った。

「貴公の因縁は、わしのところには無い。さしあたり馬祖のもとへでも行ってみよ」。

薬山《やくさん》惟儼《いげん》禅師、初め石頭《せきとう》に参じ便ち問う、「三乗《さんじょう》十二分教《じゅうにぶんきょう》は、某甲《それがし》粗《ほ》ぼ知る。常に南方は直指人心《じきしにんしん》、見性成仏《けんしょうじょうぶつ》と聞くも、実に未《いま》だ明了ならず。伏《ふ》して望《のぞ》むらくは和尚の慈悲もて指示せられんことを」。頭〔石頭〕曰く、「恁麼《いんも》も也《ま》た不得《よからず》、恁麼《いんも》ならざるも也《ま》た不得《よからず》、恁麼《いんも》も恁麼《いんも》ならざるも総《すべ》て不得《よからず》、子《そなた》、作麼生《いかん》？」山〔薬山〕措《お》く罔《な》し。頭曰く、「子《そなた》の因縁、此《ここ》に在らず。且《まず》は馬大《ばだい》師《し》が処に往《ゆ》き去れ」。

三乗十二分教
直指人心
見性成仏
恁麼也不得
不恁麼也不得

薬山惟儼禅師、初参石頭便問、「三乗十二分教、某甲粗知。常聞南方直指人心、見性成仏、実未明了。伏望和尚慈悲指示」。頭曰、「恁麼也不得、不恁麼也不得、恁麼不恁麼総不得、子作麼生?」山罔措。頭曰、「子因縁不在此。且往馬大師処去」。

薬山はまず石頭に参じました。対面するやいなや、挨拶もそこそこに「便ち」（ただちに）問いました。あらゆる経典の教えについては、わたくしめ、おおむね了解しております。ところが、「南方」では「直指人心《じきしにんしん》」し、「見性成仏《けんしょうじょうぶつ》」させると「常に聞」いております。実はそこのところが解りませぬので、伏してご指教をお願い申し上げます、と。「三乗《さんじょう》十二分教《じゅうにぶんきょう》は、某甲《それがし》粗《ほ》ぼ知る。常に南方は直指人心《じきしにんしん》、見《けん》性成仏《しょうじょうぶつ》と聞くも、実に未《いま》だ明了ならず。伏《ふ》して望《のぞ》むらくは和尚の慈悲もて指示せられんことを。――三乗十二分教、某甲粗知。常聞南方直指人心、見性成仏、実未明了。伏望和尚慈悲指示」。

「三乗十二分教」は、すべての経典・教説。「三乗」は声聞《しょうもん》乗・縁覚《えんがく》乗・菩薩《ぼさつ》乗。「十二分教」は、一切経を内容・形式によって十二に分類したもの。「南方」は、禅宗と同義。徳山《とくさん》も『金剛経《こんごうきょう》』の学者から禅に転じた人ですが、当初は「南方禅宗《なんぽうぜんしゅう》の大いに興るを聞き」、立腹して南方に向かったと伝えられています（大慧『正法眼蔵』巻下）。そのさまを『碧巌録』は「他《か》の南方魔子《ます》、便ち〝即心是仏《そくしんぜぶつ》〟と説く！」と怒って「直《じき》に〔まっしぐらに〕南方に往き、這《こ》の魔子の輩《やから》を破」そうとした、と語っています（第四則・本則評唱）。

南方

また、同じく教理学者であった汾州《ふんしゅう》無業《むごう》が、初めて馬祖に参じた時の質問も次のようなものでした。「三乗の文学は、粗《ほ》ぼ其の旨《むね》を窺《きわ》む。常に禅門は〝即心是仏〟なりと聞くも、実に未だ了ずる能わざるなり」（『景徳伝灯録』巻八、禅文化研究所訓注本第三冊・頁九九／『馬祖の語録』頁七一、ほぼ同文）。以上から、「南方」＝「禅宗」＝「即心是仏」という等式が読みとれます。

「即心是仏」は、己れの心がそのまま仏にほかならぬ、ということで、たとえば黄《おう》檗《ばく》『伝心法要《でんしんほうよう》』に「祖師《そし》〔達摩〕西来《せいらい》して、一切人の全体是れ仏なるを直指《じきし》す。……

即心是仏

所以《ゆえ》に汝に向って道《い》う、〝即心是仏〟と」とあります（入矢義高『伝心法要・宛陵録』筑摩書房・禅の語録8、頁六七）。「直指人心、見性成仏」も趣旨は同じで、同じく『伝心法要』に「祖師西来して、〝直指人心、見性成仏〟し、言説に在らず」と見えます（頁八五）。

直指人心
見性成仏

ふつう「直指人心《じきしにんしん》、見性成仏《けんしょうじょうぶつ》」と一息に音読されていますが、「直指人心」するのは祖師、「見性成仏」するのは「直指」された衆生です。二句つづけて（祖師が）「人心を直指」して（人々に）「見性成仏」させる、という関係になっています。AがBになんらかの働きかけをし、それを受けてBがある行為をする、というのが使役ですので、そういう論理関係になっていれば、とくに使役の文型になっていなくても、文脈全体で使役の意味が生じます。本来「仏」にほかならぬ各人の心をズバリと「直指」し――「即心是仏」という事実を端的に指し示し――それによって人々に、本来「仏」である自己の本性を見て自ら「仏」と成らせる――本来「仏」であるという事実に立ち返らせる――というわけです。

むろん、教理学者であった薬山がその意が解らぬと訴えるのは、言葉の意味が解らないということではなく、そのことを事実として得心することができない、身をもって実感することができない、ということでしょう。それに対する石頭の答えは、こうでした。「恁麼《いんも》も也《ま》た不得《よからず》、恁麼《いんも》ならざるも也《ま》た不得《よからず》、恁麼《いんも》も恁麼《いんも》ならざるも総《すべ》て不得《よからず》、子《そなた》、作麼生《いかん》？――恁麼也不得、不恁麼也不得、恁麼不恁麼総不得、子作麼生？」

恁麼・与麼

「恁麼《いんも》」は「与麼《よも》」と同じく、このように、このような、の意の口語（第11課）。文語の「如是」「如此」に相当します。石頭は、この語を用いながら、ありのままの現実態を肯定（「恁麼」）しても否定（「不恁麼」）してもならぬと言います。自ら「仏」であるということは、いかなる一義的規定をも拒否し、肯定も否定も受けつけぬ、永遠・絶待の無限定のままにあることだ、そう言っているようです。

太高生

しかし、それでは、実際のところ、どうすればいいのか？ この答えを聞いて、薬山は「措《お》く罔《な》し」。なすすべもなく、途方にくれてしまいました。石頭はかつて若き日、南岳に「諸聖《しょしょう》を慕わず、己霊《これい》を重んぜざる時、如何？」と問いました。外なる聖者、内なる霊性、そのいずれにも依拠しない、というわけで、「恁麼」も「不恁麼」も認めないという右の語と通じます。それを聞いて南岳が示したのは、次のような危惧でした。「子《そなた》の問い、太高生《たいこうせい》。向後《のち》の人、闡提《せんだい》と成り去らん」。問題設定の次元があまりにも高すぎる、これでは後の者の成仏の可能性が封じられてしまう、と（『祖堂集』巻四・石頭章／「太〜」は、はなはだ。〜すぎる。「〜生」は状態や性質を表すことばにつく接尾辞。『禅語辞典』頁二八五・下「太……生」条）。いわば、石頭の「太高生」な答えに、薬山もあやうく「闡提」になってしまうところだったのでした。

そこで石頭は言いました、「子《そなた》の因縁、此《ここ》に在らず。且《まず》は馬大師《ばだいし》が処に往《ゆ》き去れ。——子因縁不在此。且往馬大師処去」と。「且」は「語気を少しゆるめる言葉。まあ、ともかく。とりあえず。文語の〝且つ《か》〟とは別」（『禅語辞典』頁一八七・下）。伝統的には「且《しば》らく」と訓読されています。石頭は、薬山に、まあ、さしあたり、馬祖のところにでも行ってみよと勧めたのでした。馬祖は、むろん、かの南岳の法嗣です。

馬祖道一

〔2〕薬山はその命によってねんごろに馬祖を礼拝し、前と同じ問いを問うた。

すると馬祖の答えは、こうだった。

「わしは、ある時は、その者に〝揚眉瞬目《ようびしゅんもく》〟させ、ある時は〝揚眉瞬目《ようびしゅんもく》〟させぬ。ある時は〝揚眉瞬目《ようびしゅんもく》〟する者が是《ぜ》とされ、ある時は〝揚眉瞬目《ようびしゅんもく》〟する者が不《ふ》是《ぜ》とされる。さあ、貴公なら、どうか？」

薬山はこの言下に大悟し、礼拝した。

馬祖が問うた。

「おまえは、如何なる道理を見て取って、このように礼拝するのか？」

薬山、「わたくしめ、石頭のもとでは、鉄の牛にとまった蚊のようでございました」

馬祖、「しからば、そこをよく守って行くがよい」……

山、命を稟《う》け恭《うやうや》しく祖〔馬祖〕を礼し、仍《な》お前問を伸ぶ。祖曰く、「我れ有る

時は伊《かれ》をして揚眉瞬目《ようびしゅんもく》せしめ、有る時は伊《かれ》をして揚眉瞬目《ようびしゅんもく》せしめず。有る時は揚眉瞬目《ようびしゅんもく》する者是《ただ》しく、有る時は揚眉瞬目《ようびしゅんもく》する者是《ただ》しからず。子《そなた》、作麼生《いかん》？」山、言下《ごんか》に於て契悟《けいご》し便ち礼拝す。祖曰く、「你《なんじ》、甚麼《なん》の道理を見てか便ち礼拝せる？」山曰く、「某甲《それがし》、石頭《せきとう》の処に在ては、蚊子《ぶんす》の鉄牛《てつぎゅう》に上《の》るが如し」。祖曰く、「汝既《すで》に如是《かくのごと》くなれば、善自《よろし》く護持せよ」。……

揚眉瞬目

蚊子上鉄牛

山稟命恭礼祖、仍伸前問。祖曰、「我有時教伊揚眉瞬目、有時不教伊揚眉瞬目。有時揚眉瞬目者是、有時揚眉瞬目者不是。子作麼生？」山於言下契悟便礼拝。祖曰、「你見甚麼道理便礼拝？」山曰、「某甲在石頭処、如蚊子上鉄牛」。祖曰、「汝既如是、善自護持」。……

馬祖に参じた薬山は、石頭の時と同じく「直指人心《じきしにんしん》、見性成仏《けんしょうじょうぶつ》」の意を問いました。それに対する馬祖の答えはこうでした。「我れ有る時は伊《かれ》をして揚眉瞬目《ようびしゅんもく》せしめ、有る時は伊《かれ》をして揚眉瞬目《ようびしゅんもく》せしめず。有る時は揚眉瞬目《ようびしゅんもく》する者是《ただ》しく、有る時は揚眉瞬目《ようびしゅんもく》する者是《ただ》しからず。子《そなた》、作麼生《いかん》？——我有時教伊揚眉瞬目、有時不教伊揚眉瞬目。有時揚眉瞬目者是、有時揚眉瞬目者不是。子作麼生？」

「伊」は三人称の人称代詞。かれ（『禅語辞典』頁九・上）。ただし、ここは特定の誰かを指しているのではなく、漠然と人一般を指しています。「A教B《述語》」は使

伊

教〜

役の文型。「A、Bをして《述語》せしむ」（『漢辞海』「教」［句法］頁六三九・中／「漢文読解の基礎」11「兼語式の文〈1〉使役形」頁一七〇八・上）。ここはA（「我」）がB（「伊」）に《述語》（「揚眉瞬目」）させる。

揚眉瞬目
揚眉動目

「揚眉瞬目」は「揚眉動目」ともいいます。『楞伽経《りょうがきょう》』（大正一六―四九三上）にもとづく語で、眉をあげたり目をまたたいたり、という意味から、日常的な身心の作用を表す語として常用されます。馬祖禅では、そうした身心の自然な営みがそのまままるごと仏性全体の表れだと考えられていました（小川『語録のことば―唐代の禅』「十六 揚眉動目」）。一般に「作用即性《さゆうそくしょう》」説などとよばれているその種の思想を、宗密《しゅうみつ》が批判的な観点から次のように要約しています。

洪州《こうしゅう》（馬祖禅）の意は、心を起し念を動かし、指を弾き目を動かすなど、所作所為《することなすこと》、皆な是れ仏性《ぶっしょう》全体の用《ゆう》にして、更に別の用無し。……若《も》し其の応《おう》用《ゆう》に就《つ》かば、即ち挙動運為《あらゆるいとなみ》は、一切皆な是れ仏性にして、更に別法として能《のう》証《しょう》・所証《しょしょう》と為る無し。彼の意は『楞伽経《りょうがきょう》』に准ず、云く、……又た云く、「或は仏刹《ぶっせつ》有り、揚眉動目し、笑い吹《あくび》（＝欠）し謦欬《けいがい》（せきばらい）し、或は動揺《どうよう》（身を動かすこと）する等、皆な是れ仏事なり」と。（石井修道「真福寺文庫所蔵の『裴休拾遺問』の翻刻」、花園大学『禅学研究』第六〇号、一九八一年、頁八四）

ただし、こうした無条件の現実肯定に対しては、馬祖禅内部からも懐疑や批判が提起されるようになり、やがて、馬祖が「即心是仏《そくしんぜぶつ》」のほかに「非心非仏《ひしんひぶつ》」「不是《ふぜ》心《しん》、不是仏《ふぜぶつ》、不是物《ふぜもつ》」とも説いたという伝承が追加されてゆきました（小川『語録の思想史―中国禅の研究』第一章・第一節、岩波書店）。今回の薬山の物語は、そうした伝承をひき継ぎつつ、肯定も否定も受けつけぬという石頭の「太高生」な姿勢に対し、自己の現実態（「揚眉瞬目」）に対する肯定と否定を自在かつ柔軟に使い分けてゆく、そんな形象を、馬祖に与えているようです。

　馬祖の一言で開悟した薬山は、すぐさま（「便」）礼拝しました。そこで馬祖は問いかけます。「你《なんじ》、甚麼《なん》の道理を見てか便ち礼拝せる？——你見甚麼道理便礼拝？」（「甚麼」は「什麼」に同じ。ナニ。第11課）。おまえは、何の道理を看て取ったというので、このように礼拝しておるのか？　この礼拝は、何を悟ったことを意味しているのか？

　ここより前では、石頭も馬祖も、薬山を「子」（そなた）と呼んでいました。「子」も目上から目下への二人称ですが、鄭重な語感。それに対して、ここから後は、薬山への二人称が遠慮のない「你」「汝」（なんじ、おまえ）に変わっています。薬山が弟子の礼をとったので、馬祖からの呼びかたが、いわば「君」から「おまえ」に、あるいは「貴公」から「おぬし」に、変わったわけです。馬祖のこの問いに、薬山は答えました。「某甲《それがし》、石頭の処に在ては、蚊子《ぶんす》の鉄牛《てつぎゅう》に上《の》るが如し。——某甲在石頭処、如蚊子上鉄牛」と。

子

「蚊子上鉄牛」は「無汝（爾）下嘴処――汝《なんじ》（爾）の嘴《くち》を下《くだ》す処《ところ》無し」という下の句と一対になることばです（「蚊子」の「子」は名詞の接尾辞）。鉄の牛にとまった蚊のように、クチバシをさしいれるわずかなスキも無い。つまり、コトバを挿し入れる余地も、意味を抽出する余地も一切無い、という喩えです。潙山《いさん》が師の百丈《ひゃくじょう》を評した語として知られていますが、『寒山詩《かんざんし》』にも類似の句が見え、もとは唐代の俗諺だったようです（『景徳伝灯録』巻九・潙山霊祐章、禅文化研究所訓注本第三冊・頁二六一注、および項楚『寒山詩』中華書局、頁一七七注参照）。

この比喩だけでは一見「甚麼《なん》の道理を見て」という問いに答えていないようですが、石頭のところではまったく歯がたちませんでした、ということは、つまり、おかげさまで今ようやく「直指人心《じきしにんしん》、見性成仏《けんしょうじょうぶつ》」の意が得心できました、ということでしょう。それを聞いて馬祖はうなづきました。「汝既《すで》に如是《かくのごと》くなれば、善自《よろし》く護持せよ。――汝既如是、善自護持」。「既〜」は、〜である以上、〜であるからには（『漢辞海』「既」「句法2」①、頁六六三・中）。「善自」の「自」は副詞の接尾辞です（『漢辞海』「自」七《接尾》①、頁一一九二・上）。「直指人心、見性成仏」、その意が得心できたのなら、そこのところを善く保ってゆくように。

既〜

〜自

その後、薬山が馬祖につかえて三年ばかりたった頃、馬祖と次のようなやりとりがあったと伝えられています。

〔3〕ある日、馬祖が薬山に問うた。
「貴公、近ごろの境地は、どうだ?」
薬山、「表皮がすべて落ち去って、今はただ一真実あるのみです」

一日、祖〔馬祖〕之《これ》〔薬山〕に問うて曰く、「子《そなた》、近日、見処《けんじょ》、作麼生《いかん》?」山〔薬山〕曰く、「皮膚《ひふ》脱落し尽《つく》して、唯《た》だ一真実《しんじつ》有るのみ在《なり》」。

一日祖問之曰、「子近日見処作麼生?」山曰、「皮膚脱落尽、唯有一真実在」。

皮膚脱落
唯有一真実在

「皮膚脱落尽、唯有一真実在」は、もと『涅槃経《ねはんぎょう》』巻三十九・憍陳如品《きょうじんにょ》のことば（大正一二―五九七上）。それを受けて『寒山詩』にも「咸《み》な外《そと》の凋《しお》零れるを笑い、内《うち》なる文彩《もんさい》を憐《いつく》しまず。皮膚《ひふ》脱落し尽《つく》して、唯《た》だ真実《しんじつ》有るのみ在《なり》。――咸笑外凋零　不憐内文彩　皮膚脱落尽　唯有真実在」と見えます（入矢義高『寒山』岩波書店・中国詩人選集五、頁一六一／項楚『寒山詩注』頁三八八）。句末の「在」は「強い断定の語気」を表します（『禅語辞典』頁一五六下。入矢「禅語つれづれ―在」『増補　求道と悦楽』岩波現代文庫、頁一五二）。

～在

馬祖はこの問答の後、薬山に、ここを去って然るべき寺に住持せよと命じました。薬山に対する二人称がここで再び「子」にもどっているのには、独り立ちの禅者として尊重し、と同時に、そなたはもうここの人間ではないと突き放す、そんな気持ちが表れているのかも知れません。

第21課　丹霞（上）「選官何如選仏？」

前回から「青原《せいげん》—石頭《せきとう》」系の禅者の話を読みはじめました。木仏を焼いた話で有名な丹霞天然《たんかてんねん》も、石頭の有名な弟子のひとりです。今回と次回の二回、その出家の因縁を『碧巌録《へきがんろく》』第七六則・本則評唱で読んでみます。圜悟《えんご》禅師の評唱は『景徳伝灯録《けいとくでんとうろく》』巻十四・丹霞天然章の記述に基づいているようですが、同章については『景徳伝灯録　五』（禅文化研究所、二〇一三年、頁二四八）によって周到な訓注が提供されています。一々は注記できませんが、今回の読解も多くの点でその注解に拠っています。

丹霞天然

〔1〕鄧州《とうしゅう》〔河南省鄧州市〕丹霞《たんか》の天然《てんねん》禅師は、どこの人か不詳。当初、儒学《じゅがく》を修め、都長安《ちょうあん》に行って科挙《かきょ》を受験しようと、ちょうど宿屋に泊まっていたところ、ふと、まばゆい光が室内に満ちる夢をみた。占い師は言った。

「空を悟る、めでたき予兆でござる」。

それから、たまたま、ある行脚僧からこう問われた。

「貴殿、どちらへおいでになる？」

「はい、選官《せんかん》〔官僚の選考、すなわち科挙の試験〕にまいります」
「選官は選仏《せんぶつ》に比べて、どうかな？」〔「選官」より「選仏」のほうが、良くはないかな？〕
「しからば、選仏のためには、いずこにまいれば？」
「いま、江西《こうぜい》の馬大師《ばだいし》が世に立っておられ、選仏の場となっておる。そこへ行かれるがよかろう」かくして、〔丹霞は〕馬祖のもとへと直行した。

馬祖道一

鄧州《とうしゅう》丹霞《たんか》天然《てんねん》禅師、何許《いずこ》の人なるかを知らず。初め儒学《じゅがく》を習い、将《まさ》に長安《ちょうあん》に入《い》りて挙《きょ》に応ぜんとし、方《まさ》しく逆旅《げきりょ》に宿れるに、忽《たちま》ち白光《びゃっこう》の室に満つるを夢《ゆめみ》たり。占者《せんじゃ》曰く、「解空《げくう》の祥《しるし》なり」。偶《たま》ま一禅客《ぜんかく》問うて曰く、「仁者《にんしゃ》、何《いずく》にか往《ゆ》く？」曰く、「選官《せんかん》し去《ゆ》く」。禅客曰く、「選官は選仏《せんぶつ》に何如《いずれ》ぞ？」霞〔丹霞〕云く、「選仏は当《は》た何所《いずく》にか往《ゆ》かん？」禅客曰く、「今、江西《こうぜい》の馬大師《ばだいし》出世せる、是れ選仏の場なり。仁者往《ゆ》く可《べ》し」。遂《かく》て直《じき》に江西に造《いた》る。

選官
選仏

鄧州丹霞天然禅師、不知何許人。初習儒学、将入長安応挙、方宿於逆旅、忽夢白光満室。占者曰、「解空之祥」。偶一禅客問曰、「仁者何往？」曰、「選官去」。禅客曰、「選官何如選仏？」霞云、「選仏当往何所？」禅客曰、「今江西馬大師出世、是選仏之場。仁者可往」。遂直造江西。

「鄧州《とうしゅう》丹霞《たんか》天然《てんねん》禅師、何許《いずこ》の人なるかを知らず。——鄧州丹霞天然禅師、不知何許人」。中国では伝記のはじめに、ドコソコの人、とその人の籍貫（一族の原籍地）を記すのがふつうです。「何許《いずこ》の人なるかを知らず」というのは、それが不明であるということで、出自が定かでないこと、少なくとも名家の出身ではないことを示しています。「何許」は「①いつ」または「②どこ」（『漢辞海』「何許」、頁八三・下）。ここはもちろん②の意味です。

何許

「初め儒学《じゅがく》を習い、将《まさ》に長安《ちょうあん》に入《い》りて挙《きょ》に応ぜんとし、方《まさ》しく逆旅《げきりょ》に宿れるに、忽《たちま》ち白光《びゃっこう》の室に満つるを夢《ゆめみ》たり。——初習儒学、将入長安応挙、方宿於逆旅、忽夢白光満室」。

彼は、当初、儒学を学び、科挙の試験を受けようと都《みやこ》長安に向かっていました。科挙は高等文官の選抜試験で、門閥に属さぬ者にとってはほぼ唯一の立身の道でした（厳密には「科挙」という呼称が一般化するのは宋代からと言われていますが、ここでは便宜的に通称に従います。詳しくは、宮崎市定『科挙』中公文庫、一九八四年、村上哲見『科挙の話』講談社学術文庫、二〇〇〇年、参照）。

「将～」は「将《まさ》に～せんとす」。～しようとしている、～なろうとしている（『漢辞海』「将」［句法1］頁四一五・中）。それが「長安に入って挙に応ず」という句全体にかかっています（将→《入》—長安　《応》—挙）。「方～」も「まさに」と訓みますが、こちらは、ちょうど～しているところ、あるいは、ちょうど～したところ（『漢辞海』

将～

方～

「方」［句法］頁六五六・下）。「宿」は「やど - る。やど - す」という動詞（『同』「宿」A　宿
一《動》①、頁四〇三・下）。「逆旅《げきりょ》」は「①旅館。やどや」（『同』「逆旅」、頁一四二九・　逆旅
下）。「方宿於逆旅」で「方《ちょう》ど逆旅《やどや》に宿《とま》っていたところ」となります（方↓《宿》於逆
旅）。「忽～」は「ふと、ひょいと、たまたま」（『禅語辞典』頁一四三・下）。「夢」は、　忽
ここでは「ゆめ」ではなく、「夢を見る。ゆめ - みる」という動詞（『漢辞海』「夢」A　夢
二《動》①、頁三三三・下）。「忽夢白光満室」で、「白光が室に満ちる」のを、ふと夢
に見た、となります（忽↓《夢》—白光満室）。「白」は「しろく光って明るい」こと
（『同』「白」三《形》③㋑、頁九八一・中）。単なる「しろ色」ではなく、まばゆい輝きを
表します。「白光満室」は『荘子《そうじ》』人間世《じんかんせい》の「虚室、白を生ず。吉祥は止《とど》まるに止
まる。——虚室生白、吉祥止止」（空虚なる心に智慧が生ずる、吉祥はそこに集まる）にも　虚室生白
とづいており、それゆえ占い師はその夢の意味を「空を解《さと》る」ことの「祥《よきしるし》」（吉祥）
だと説いたのでした。「占者《せんじゃ》曰く、〝解空《げくう》の祥《しるし》なり〟。——占者曰、〝解空之祥〟」。

そんな時、彼は一人の「禅客《ぜんかく》」に出逢いました。「偶《たま》ま一禅客《ぜんかく》問うて曰く——偶一
禅客問曰」。「禅客」は「一般的には雲水を云う。〝客〟とは、詩人を詩客といい、文　禅客
人を墨客といい、仙人や隠者を餐霞客という場合の客で、プロ（専門家）というニュ
アンスをもつ。……」（『禅語辞典』頁二六二・上）。経験と見識をそなえた練達の行脚
僧、といったところでしょうか。その「禅客」が丹霞に問いました、「仁者《にんしゃ》、何《いずく》にか　仁者
往《ゆ》く？——仁者何往？」

「仁者」は [一] ジンシャ 仁の徳を備えた人。あわれみ深い人」[二] ニンシャ 〔仏〕あなた。二人称の敬称」（『漢辞海』「仁者」、頁六五・下）。「あなた。丁寧な二人称」（『禅語辞典』頁二三二・下）。ここで「禅客」は、丹霞に対して、エラそうな説教調でなく、おだやかで鄭重な態度で接していることが分かります。

何

「何」はここではドコの意。「場所を問うときは〝いずクニ〟と訓読する」（『漢辞海』「何」［句法1］㋑、頁八二・上）。

疑問詞が目的語の場合

「何―《往》」は目的語が疑問詞であるために「《述語》―目的語」の語順が転倒したもの。以前、第9課で「庸流《ようる》、何をか知る？――庸流何知？」「木《き》頭に何か有らん？――木頭何有？」、第12課で「此《ここ》に在りて何をか為す？――在此何為？」「心識、安《いずく》にか在る？――心識安在？」などの例を勉強しました。

選官去

「仁者何往？」貴殿は何《どこ》に往《ゆ》かれるのか、そう問われて、丹霞は答えました。「選官《せんかん》し去《ゆ》く。――選官去」。「《選》―官」は、官僚を選ぶこと。受験者の側からいえば選ばれることですが、中国語では、甲から乙への動作か、乙から甲への動作か、区別のない表現が珍しくありません。たとえば、「かす」も「かりる」も「借」、先生が試験をするのも生徒が試験を受けるのも「考」、先生が授業をするのも生徒が授業を受けるのも「上課」、医師が診察するのも患者が診察を受けるのも「看病」、と言います。

～去

動詞句の後に「～去」がつくと「～しにゆく」という意味になることは、今まで何度かやりました。「洗鉢盂《せんはつうこ》去」は「鉢盂《はつう》を洗いに去《ゆ》く」（《洗》―鉢盂＋去）、「喫《きっ》茶去《さこ》」は「茶《ちゃ》を喫《の》みに去《ゆ》く」（《喫》―茶＋去）。したがって「選官去」（《選》―官＋去）

は「選官しに去く」、つまり、科挙を受けにゆく、ということです（第14課〔2〕「尋思去」、第17課〔2〕「見大愚去」、参照）。

すると「禅客」は言いました。「選官何如選仏？」「A何如B」は「A何似B」に同じ。「②二つのものを比較して前者は後者に比べてどうだと問うときに用いる（後者のほうがましではないか、という含みの場合が多い）。〝……にいずれぞ〟と読む」（『禅語辞典』頁四三・下「何似」条）。したがって「選官何如選仏？」は「選官《せんかん》は選仏《せんぶつ》に何如《いずれ》ぞ？」。「選官」（官僚を選ぶこと、官僚として選ばれること）は「選仏」（仏を選ぶこと、仏として選ばれること）に比べてどうか？「選官」よりも「選仏」のほうが上ではないか、という含みです。禅宗では、衆生はみなもともと仏である、というのが大前提で、選ばれた特別な者だけが仏になるとは考えられていませんが、ここは「選官」という語のモジリで「選仏」という語が用いられています。「選官」という語と対比するための、この場かぎりのレトリックとお考えください。

何如

そこで丹霞は問い返します。「選仏は当《は》た何所《いずく》にか往《ゆ》かん？——選仏当往何所？」ならば「選仏」のためには「何所《どこ》」へ行くべきか、と。「禅客」は言いました。「今、江西《こうぜい》の馬大師《ばだいし》出世せる、是れ選仏の場なり。仁者往《ゆ》く可《べ》し。——今江西馬大師出世、是選仏之場。仁者可往」。「出世」は、仏陀がこの世に現れ出ること。そこから禅者が禅匠として世に立ち、指導者として一門をかまえることをも言います。「可〜（〜す可《べ》し）」には、可能（〜できる）や許可（〜してよい）のほか、「評価の意。様子や行

出世

可〜

動に価値や意義があると評価することを示し、〝……に値する〟〝……に足る〟と訳す」という用法があります（『漢辞海』「可」〔句法1〕⑤、頁二三〇・下）。「可往」は、行く価値がある、行くに値する。だから、行ってみるがよい、ということです。

この言葉を聞いて、丹霞は「直《じき》に」――科挙の受験をなげうって、まっしぐらに――馬祖のもとへと向かいました。「遂《かく》て直《じき》に江西に造《いた》る。――遂直造江西」。

江西にたどりついた丹霞は、さっそく馬祖と面談します。

〔2〕馬《ば》大師に会うやいなや、〔丹霞は〕両手で頭巾《ずきん》のスソをもちあげた。
馬《ば》祖《そ》はその顔をじっと見て、言った。
「わしはお前の師ではない。南岳《なんがく》の石頭《せきとう》のもとへ参れ」
〔丹霞は〕ただちに南岳に行き、また同じ趣旨を示して、入門を請うた。
石頭は「米搗《こめつ》き小屋《ごや》へ行け」と言った。
丹霞《たんか》は礼拝して謝意を表し、行者《あんじゃ》の宿舎に入った。

馬祖道一

石頭希遷

才《わず》かに馬大師《ばだいし》に見《まみ》ゆるや、両手を以って幞頭《ほくとう》の脚を托す。馬師顧視《こし》して云く、「吾《われ》、汝《なんじ》が師に非《あら》ず。南岳石頭《なんがくせきとう》の処《ところ》に去《ゆ》け」。遽《にわ》かに南岳に抵《いた》り、還《ま》た前意を以って之《これ》に投ず。石頭云く、「槽廠《そうしょう》に著《つ》き去《ゆ》け」。師礼謝《らいしゃ》し、行者《あんじゃ》堂に入る。

著槽廠去

才見馬大師、以両手托幞頭脚。馬師顧視云、「吾非汝師。南岳石頭処去」。遽抵南岳、還以前意投之。石頭云、「著槽廠去」。師礼謝、入行者堂。

才～
纔～

「才《サイ》～」は「纔《サイ》～」と同じ。いずれも、～するや否や、～したとたん。その下に「便《すなわ》ち（ただちに）……」「早《つと》に（はや）……」といった句がよくつづきますが、「便」「早」などの副詞が無くとも、「～するやいなや、ただちに……」という緊密な呼応関係はかわりません。

纔開門便跳入。（『碧巌録』第六則・本則評唱）
纔《わず》かに門を開くや便《すなわ》ち跳《と》び入《い》る。
門を開けるやいなや、すかさず跳びこんだ。

僧纔回首、師便帰方丈。（同第二二則・本則評唱）
僧纔《わず》かに回首《ふりむ》くや、師便《すなわ》ち方丈《ほうじょう》に帰る。
僧がふりむいたとたん、師はさっさと方丈に帰ってしまうのであった。

纔道咨和尚、我早辨了也。（『臨済録』示衆）
纔《わず》かに和尚《おしょう》に咨《もう》すと道《い》わば、我れ早《つと》に辨《べん》じ了《おわれり》也。

「和尚に申す」といった刹那、わしは、はや、その者の正体を見究めておる。

纔開両片、露出肝腸。（『無門関』第一八則・洞山三斤）

纔《わず》かに両片《りょうへん》を開くや、肝腸《かんちょう》露出す。

上下の脣を開いたとたん、ハラワタが丸出しになる（一言発しただけで、その境涯があまさず全現する）。

幞頭

「才《わず》かに馬大師《ばだいし》に見《まみ》ゆるや、両手を以って幞頭《ほくとう》の脚を托す。——才見馬大師、以両手托幞頭脚」。馬大師に会うやいなや、両手で「幞頭《ほくとう》」の「脚《スソ》」を「托《もちあ》」げた。

「幞頭」は「ホクトウ・ボクトウ 昔、男子が頭を包んだ柔らかい布。頭巾《ズキン》。後世、官吏がかぶった黒い薄絹の冠（烏紗帽《ウサボウ》）を指す。〈遊仙窟〉」（『漢辞海』「幞頭」頁四六二・下、挿図あり）。さらに「烏紗帽（ウサボウ・ウシャボウ）」（『同』頁八八六・下）をひくと「紗帽《サボウ》」に導かれ、そこにも図とともに次のような語釈が見えます。「①うすぎぬに漆を塗って作った帽子。南朝宋《そう》のころから宮廷で流行し、隋《ズイ》代に官服となり、唐代以降には庶民も着用したが、それ以降も官服であることが多かった。烏紗帽《ウサボウ》。②夏の帽子」（『同』頁一一〇〇・上）。「脚《キャク》」は「ものの下部」（『同』「脚」㊀《名》③、頁一一八〇・上）。「托」は、左右両手で下から上にまっすぐささげもつこと。「托鉢」の「托」です。ここは、頭巾のスソを左右の手でもちあげて見せたということでしょう。それは世俗的身分の象徴である「幞頭《ほくとう》」を頭からはずしたいという意思表示であり、つまりは出塵の志を無言で示したものと想像されます。

顧視

馬祖はそのさまを「顧視《こし》」して言いました、「吾《われ》、汝《なんじ》が師に非《あら》ず。南岳石頭《なんがくせきとう》の処《ところ》に去《ゆ》け。――吾非汝師。南岳石頭処去」。汝の出家の師となるべき者は、わしではない。南岳にいる石頭希遷《せきとうきせん》禅師のもとへまいれ、と。

「顧視《こし》」は、ふつう「ふり返って見る」ことですが〈『漢辞海』「顧視」、頁一五九六・中〉、『景徳伝灯録』丹霞章はここを「顧視良久曰」に作り、それを禅文化訓注本は「顧視《みつめ》ること良《や》や久しくして曰く」と訓んでいます。確かに次の例などを見ると、それまでまともに顔を見ず、おざなりに話していたのが、ここでにわかに、これはただ者でない、と感じ、そこであらためて向き直って顔をじっと見た、そんな描写のように思われます。

仰山慧寂

師見仰山作沙弥時念経。師咄云、「這沙弥！　念経恰似哭声」。仰山云、「慧寂念経似哭、未審和尚如何？」師乃顧視而已。〈『景徳伝灯録』巻八・韶州乳源和尚章〉

師〈乳源和尚〉、仰山《きょうざん》〈仰山慧寂〉の沙弥《しゃみ》作《た》りし時に経《きょう》を念《よ》むを見る。師咄《しかりつ》けて云く、「這《こ》の沙弥《しゃみ》！　経《きょう》を念《よ》むに、恰《あたか》も哭声《こくしょう》〈弔いの泣き声〉の似《ごと》し」。仰山云く、「慧寂《それがし》経を念むに哭《こく》するが似《ごと》し、未審《しら》ず和尚は如何《いかん》？」師乃《すなわ》ち〈ここにいたってはじめて〉顧視《こし》する而已《のみ》。

この場合と同じく、馬祖も丹霞の志の深さとその表現の非凡さを感じ取り、ヨソの方に向いていた眼差しをそちらに向け直し、あらためてマジマジとその顔を見たのでしょう。

石頭のもとへ行くよう勧められた丹霞は「遽《にわ》かに南岳に抵《いた》り、還《ま》た前意を以って之《これ》に投」じました。「遽抵南岳、還以前意投之」。「遽《キョ》」は「にわか・ニハ-カ ㋐急いで。あわてて。…㋑すぐに…」（『漢辞海』「遽」四《副》①、頁一四五九・上）。「還《カン》」は副詞の場合は「①また㋐ふたたび。もう一度。《事情や動作がくり返される意》」（『同』「還」A三《副》、頁一四五八・中）。馬祖に示したのと同じ意思を再度示して、石頭の門下に身を投じたのでした。そこで石頭は言いました。「槽廠《そうしょう》に著《つ》き去《ゆ》け。」——著槽廠去」。

著槽廠去

「著槽廠去」はさきほどの「選官去」と同じく「《著》—槽廠＋去」という構造。「槽廠」に著《つ》きにゆく。「槽廠《そうしょう》」は「碓坊《たいぼう》」と同じで、穀物の脱穀・製粉などを行う作業場。『景徳伝灯録』巻三・五祖《ごそ》弘忍《こうにん》章に「〔五祖〕乃ち訶《か》して曰く、〝槽廠《そうしょう》に著《つ》き去《ゆ》け〟。能〔慧能〕足を礼して退き、便ち碓坊《たいぼう》に入り、労に杵臼《しょきゅう》の間に服す（キネとウスの間で労働した。つまり、穀物の脱穀・製粉の仕事に従事した）」とあります。したがって「著槽廠去」は「行者《あんじゃ》」となって米搗きの労働に従事せよという意であり、それゆえ丹霞も、この命にしたがって、礼拝ののち「行者堂」（『景徳伝灯録』では「行者房」）に入ったのでした。

行者

「行者《あんじゃ》」は第8課の六祖の物語で看たように、未だ得度の機会を得ず、有髪のまま寺内で下働きに従事しながら仏道修行の見習いをしている者のこと（『禅林象器箋』第七類・職位門「行者」条）。丹霞はまず在俗の身のまま石頭の門下にとどまり、いわば寺男のひとりとして下働きに励んだのでした。

第22課　丹霞（中）「我子天然」

『碧巌録《へきがんろく》』第七六則・本則評唱に見える、丹霞天然《たんかてんねん》の出家の因縁のつづきです。

官位を目ざして都に向かおうとしていた若き日の丹霞、彼は旅の途中で出逢った行脚僧のことばに心を打たれ、志を「選官《せんかん》」（科挙の受験）から「選仏《せんぶつ》」（仏道）に転じました。彼は、はじめ、その僧の勧めにしたがって馬祖《ばそ》のもとに行きましたが、機縁かなわず、馬祖の助言で、さらに石頭《せきとう》をたずねました。しかし、石頭は、すぐには出家を許さず、まずは「行者《あんじゃ》」となって米搗《こめつ》きの仕事をするよう、丹霞に命じたのでした。かくして、三年の月日が流れました。

〔3〕大衆《だいしゅ》とともに作務《さむ》して三年、ある日、石頭《せきとう》がみなに告げた。

「明日は、仏殿《ぶつでん》の前の草刈りだ」

明くる日、大衆は、めいめいスキを準備して草刈りにかかろうとした。ところが丹霞だけはひとりタライに水をくんで頭を清め、石頭禅師の前に跪《ひざまづ》いた。石頭はそれを見て笑い、その場で剃髪《ていはつ》してやった。さらに戒《かい》を説いてやると、丹霞は耳をふさいで出て行き、まっしぐらに江西《こうぜい》に行って、再度、馬祖《ばそ》にお目通りしたのであった。

来日剗仏殿前草

衆《しゅ》に随いて作務《さむ》すること凡《およ》そ三年、石頭《せきとう》、一日《いちじつ》、衆に告げて云く、「来日《あす》、仏殿《ぶつでん》前の草《くさ》を剗《か》る」。来日《あくるひ》に至りて、大衆各《だいしゅおのおの》鍬钁《しゅうじょ》を備えて草《くさ》を剗《か》らんとす。丹霞独《ひと》り盆《ぼん》を以って水《みず》を盛《も》り頭《こうべ》を浄《きよ》め、師の前に於て跪膝《ひざまづ》く。石頭《せきとう》見て之を笑い、便ち与《ため》に剃髪《ていはつ》す。又《ま》た為《ため》に戒《かい》を説《と》くに、丹霞耳《みみ》を掩《おお》いて出で、便ち江《こう》西《ぜい》に往き、再び馬祖《ばそ》に謁《えっ》す。

随衆作務凡三年、石頭一日告衆云、「来日剗仏殿前草」。至来日、大衆各備鍬钁剗草。丹霞独以盆盛水浄頭、於師前跪膝。石頭見而笑之、便与剃髪。又為説戒、丹霞掩耳而出、便往江西、再謁馬祖。

動作量

「衆《しゅ》に随いて作務《さむ》すること凡《およ》そ三年。――随衆作務凡三年」。これまでにも何回も出てきたように、動作の量を表すことば（ドレダケ～する／動作の長さや回数）は《述語》の後にきます。日本語と逆の語順になりますが、訓読ではひっくりかえらずに

「《述語》することードレダケ」と訓読する習わしです（第5課末「面壁九年」、第8課末「踏碓八个余月」、第15課「五百生」、第18課「行数歩」、参照）。

作務凡三年（《作務》凡三年）
《作務《さむ》》すること凡《およ》そ三年（「凡」はすべて）
まる三年間、《作務》した

平行三両歩（平一《行》三両歩）
平《ひょう》〔天平〕《行《ゆ》》くこと三両歩《さんりょうほ》
天平は二三歩あるいた。（『碧巌録』第九八則・本則）

更参三十年（更《参》三十年）
更《さら》に《参《さん》》ぜよ三十年（更に《参》ずること三十年せよ）
更に三十年間《修行》せよ。（『碧巌録』第四則・頌評唱）

「三十年」は必ずしも実数ではなく、よく、一生分の修行という意味で使われます。したがって「更に三十年参ぜよ」という言い方は、一生分の修行をもう一度イチからやりなおせ、という含意です（『禅語辞典』頁一六〇下「三十年後」、頁一三三「更参三十年」）。
なお、長さを表すことばが《述語》の前にくることもありますが、その際は、～もの間、という強調表現になります。第15課で「五百生堕野狐身」と「堕五百生野狐身」の違いを勉強したのを思い出してください。

動作量の提前

三十年弄馬騎、今日却被驢子撲。（三十年《弄》―馬騎）
三十年、馬騎《ばき》を弄《ろう》せしに、今日は却って驢子《ろす》に撲《たお》さる。
三十年もの間、達者に馬をのりこなしてきたのに、今日はなんと、ロバにふりおとされてしまった。（『碧巌録』第六六則・本則評唱）

いっぽう、動作の行われる時点・時期・期間を表すことば（イツイツ～する）は、日本語と同じく《述語》の前にきます。日本語と同じですから、頭からそのまま訓読します。

動作の行われる時点・時期・期間

一日告衆（一日《告》―衆）
一日《いちじつ》、衆《しゅ》に《告》げて……
ある日、大衆《だいしゅ》に《告》げて……

来日剗仏殿前草（来日《剗》―仏殿前草）
来日《あす》、仏殿《ぶつでん》前の草《くさ》を《剗《か》》る
明日、仏殿の前の草を《刈》ろう

大衆とともにまる三年、作務に従事した頃のこと、石頭禅師が、ある日、みなに告げました。明日は、仏殿の前の草刈りだ。「来日《あす》、仏殿《ぶつでん》前の草《くさ》を剗《か》る。――来日剗仏殿前草」。翌日、一同、それぞれ道具を手にもって、いざ、草刈りというところへ、丹霞だけが「盆」に水を「盛り」、頭を清め、石頭禅師の前に跪きました。「来日《あくるひ》に至りて、大衆《だいしゅ》各《おのお》の鍬鋤《しゅうじょ》を備えて草《くさ》を剗《か》らんとす。丹霞独《ひと》り盆《ぼん》を以って水《みず》を盛《も》り頭《こうべ》を浄《きよ》め、師の前に於て跪膝《ひざまづ》く――至来日、大衆各備鍬鋤剗草。丹霞独以盆盛水浄頭、於師前跪膝」。

盆　「盆」は「浅めで口は大きく底は小さい円形の容器。はち」（『漢辞海』「盆」[一]《名》①、頁九八九・下）。日本語でいう「おぼん」でなく、むしろ、洗面器やタライのようなものを思い浮かべる方が近いでしょう。

盛　「盛」も「器に物をもり入れる」（『漢辞海』「盛」B[一]《動》①㋐、頁九九一・上）ということですが、ものを容器に入れるということであって、日本語のように固体をもりあげることに限りません（『聖書』もとづく格言だそうですが、日本語でも「新しい酒は新しい革袋に盛れ」などと言うことがありますね）。

石頭はその姿を目にして笑い、そのまま彼の頭を剃ってやりました。「石頭《せきとう》見て之を笑い、便ち与《ため》に剃髪《ていはつ》す。——石頭見而笑之、便与剃髪」。そしてさらに彼のために戒を説いてやろうとしましたが、しかし、丹霞は、そんなものは大きなお世話とばかりに耳をふさいで飛び出し、まっしぐらに馬祖のもとへと向かいました。「又《ま》た為《ため》に戒《かい》を説《と》くに、丹霞耳《みみ》を掩《おお》いて出で、便ち江西《こうぜい》に往き、再び馬祖《ばそ》に謁《えっ》す。——又為説戒、丹霞掩耳而出、便往江西、再謁馬祖」。

「便ち与《ため》に剃髪《ていはつ》す——便与剃髪」の「与」、「又《ま》た為《ため》に戒《かい》を説《と》くに——又為説戒」の「為」、いずれも「[与]~《述語》」「[為]~《述語》」の形で、~のために《述語》して「やる」という意を表します（『漢辞海』「与」［句法4］、頁一八・下／「為」B[一]《前》①㋒、頁八八三・下）。ここでは~の部分が省かれていますが、むろん、石頭が丹霞の「ために」、剃髪して「やる」、戒を説いて「やる」、ということです。しかし、丹霞はそれに対して、文字どおり聞く耳を持たず、そのままただちに（便）江西の馬祖の下に赴きました。石頭・薬山ら、この系統の人たちには、戒律を神聖視・実体視しないという傾向が見られますが、ここにもその事が現れています（小川『禅僧たちの生涯—唐代の禅』第4章「受戒しなかった人」、春秋社）。

与~ 為~

〔4〕丹霞は、馬祖に参じて礼拝する前に僧堂に行き、聖僧《しょうそう》のくびに跨った。大衆は驚愕し、急いで馬祖に知らせた。

馬祖は自ら僧堂に入り、そのさまを視て言った。

「我が子、天然《てんねん》なり」

丹霞はすぐさま下りて礼拝した。

「法号《ほうごう》を賜わりまして、ありがとう存じます」

これにちなんで天然という名となった。

かの古人の天然なるさまは、かくも突き出たものだった。これが世にいう「選《せん》官《かん》は選仏《せんぶつ》に如《し》かず」の故事である。


未《いま》だ参礼《さんらい》せざるに、便ち僧堂《そうどう》内に去《ゆ》きて、聖僧《しょうそう》の頸《くび》に騎《また》りて坐す。時に大衆《だいしゅ》驚愕し、急ぎて馬祖に報ず。祖躬《みずか》ら堂《どう》に入《い》り、之《これ》を視《み》て曰く、「我が子、天《てん》然《ねん》なり」。霞《か》便ち下《お》りて礼拝《らいはい》して曰く、「師の法号《ほうごう》を賜《たま》うを謝す」。因《よ》りて天然と名《な》く。他《か》の古人《こじん》の天然なるは、如此《かくのごと》く穎脱《えいだつ》す。所謂《いわゆ》る「選官は選仏に如《し》かざる」なり。

我子天然

選官不如選仏

未参礼、便去僧堂内、騎聖僧頸而坐。時大衆驚愕、急報馬祖。祖躬入堂、視之曰、「我子天然」。霞便下礼拝曰、「謝師賜法号」。因名天然。他古人天然、如此穎脱。所謂選官不如選仏也。

ところが、馬祖の下に着いた丹霞は、馬祖に挨拶もせぬまま、勝手に僧堂のなかに踏みこみ、あろうことか「聖僧《しょうそう》」のくびに馬乗りになりました。「未《いま》だ参礼《さんらい》せざるに、便ち僧堂《そうどう》内に去《ゆ》きて、聖僧《しょうそう》の頸《くび》に騎《また》がりて坐す。――未参礼、便去僧堂内、騎聖僧頸而坐」。「聖僧」は僧堂内にまつられた像のこと。現在は文殊菩薩像であることがふつうだそうですが、もともとは特に何の像と決まっていたわけではないようです（無著道忠『禅林象器箋』第五類・霊像門「聖僧」）。

聖僧

　門下の僧たちがあわてて馬祖に知らせると、馬祖は自分で（躬）僧堂に赴き、そのようすをまじまじと見つめ（視）て言いました。――我が子、天然《てんねん》なり。「時に大衆《だいしゅ》驚愕し、急ぎて馬祖に報ず。祖躬《みずか》ら堂《どう》に入《い》り、之《これ》を視《み》て曰く、〝我が子、天然《てんねん》なり〟――時大衆驚愕、急報馬祖。祖躬入堂、視之曰、〝我子天然〟」。「躬」は副詞、「自分自身で、ミヅカ-ラ」（『漢辞海』「躬」三《副》①、頁一四〇四・下）。「視」は「㋐つまびらかに見る」「㋑まっすぐに見る」「㋒観察する」（『漢辞海』「視」一《動》①み-る、頁一三一〇・下）。

躬〜

視

　「我が子、天然《てんねん》なり」。丹霞を自分の弟子と認めつつ、後天的な付加物を一切必要としない――戒律も仏像も用のない――その天性の独脱自在ぶりを賛嘆した一句でしょう。この言葉を聞くと、丹霞はすぐさま下に降り、馬祖に礼拝して言いました。「法号を賜わりまして、ありがとう存じます」。その「天然」の一語、わが法号としてありがたく頂戴いたします。かくして彼は「天然」という僧名を名乗るようになったのでした。「霞《か》便ち下りて礼拝《らいはい》して曰く、〝師の法号《ほうごう》を賜《たま》うを謝す〟。因《よ》りて天然と

名《なづ》く。——霞便下礼拝曰、〝謝師賜法号〟。因名天然」。

以上の話を引いたうえで、圜悟克勤《えんごこくごん》禅師は評します。かの古人の「天然」ぶりは、かくも突き出たものだった。これが世にいう「選官《せんかん》は選仏《せんぶつ》に如《し》かず」の故事である、と。「他《か》の古人《こじん》の天然なるは、如此《かくのごと》く穎脱《えいだつ》す。所謂《いわゆる》〝選官は選仏に如《し》かざる〟なり。——他古人天然、如此穎脱。所謂〝選官不如選仏〟也」。

穎脱

「穎脱」は、抜き出ること、鋭く突出すること。すぐれた人物が頭角を現すことや、俗塵から超出することなどを表します。ここは、非凡と超俗、両方の意をあわせて含んでいるようです（「穎」は「頴」とも書かれます。稲の穂先という原義から、尖端の意を表します。『漢辞海』「穎」、頁一〇五二・上）。

不如～

「選官不如選仏」は「A不如B」という句型。「AはBに如《し》かず」。AはBに及ばない。BはAに勝る。AよりBのほうがマシ（『漢辞海』「如」［句法1］②、頁三五八・中）。

千聞不如一見。（『碧巌録』第三〇則・本則著語）
千聞は一見に如《し》かず。
千たび聞くより、一度自分の目で見たほうがよい。

汝千日学慧不如一日学道。（黄檗『伝心法要』）
汝《なんじ》、千日「慧」を学ぶは、一日「道」を学ぶに如《し》かず。

千日「智慧」を学ぶより、ただ一日でも「道」を学ぶほうがよい。

説得一丈不如行取一尺、説得一尺不如行取一寸。（『景徳伝灯録』巻九・大慈寰中章）

一丈を説得するは一尺を行取するに如《し》かず、一尺を説得するは一寸を行取するに如《し》かず。

一丈のことを言えるのは一尺のことを行えるのに及ばず、一尺のことを言えるのは一寸のことを行えるのに及ばない。

したがって、「選官は選仏に如《し》かず――選官不如選仏」は、「選官」は「選仏」に及ばない、「選仏」は「選官」に勝る、ということです。禅堂が「選仏堂」とも称されるのは、丹霞天然の以上の物語に由来しています。

この物語の最も古い記録は『祖堂集』巻四・丹霞天然章に見えます。「天然」の名を与えたのが馬祖でなく石頭となっているなど、今回の『碧巌録』とは異なる記述がいろいろあります。それについては、小川『禅僧たちの生涯―唐代の禅』第2章「出家（続）」をご覧ください。

第23課　丹霞（下）「丹霞焼仏」

丹霞焼仏

木頭何有　前々回と前回で、丹霞の出家の物語を読みました。丹霞といえば、木仏を焼いて暖をとった故事が、あまりにも有名です。岡倉天心《おかくらてんしん》の『茶の本』第三章（一九〇六年）以来、禅の「偶像破壊的（iconoclastic）」精神を示す典型として禅に関する英文著作にもしばしば引かれてきたおなじみの話ですが、実はこの話には、微妙に重点を異にする二系統の伝承があります。一つは『景徳伝灯録』に代表される次のような記述です。『宋高僧伝』巻十一・丹霞天然伝もこれとほぼ同文です。

　のち、慧林寺《えりんじ》で、たまたまひどく寒い日にめぐりあわせた。

　そこで丹霞は、木の仏像を焚《や》いた。

　ある人がそれを非難すると、丹霞は言った。

　「いや、茶毘にふして、仏舎利をいただこうと思うてな」

　その人は言いかえす。

　「木に何が有るというのだ！」

　そこで、丹霞はひとこと。

　「それなら、何で私を責めるのだ？」

後、慧林寺に於て天の大いに寒きに遇う。師（丹霞）木仏を取りて之を焚《や》く。人《ひと》或いは之を譏《そし》る。師曰く、「吾れ焼きて舎利《しゃり》を取らんとす」。人曰く、「木《き》頭に何か有らん？」師曰く、「若《も》し爾《しか》らば、何《なん》ぞ我れを責めん？」

後於慧林寺遇天大寒。師取木仏焚之。人或譏之。師曰、「吾焼取舎利」。人曰、「木頭何有？」師曰、「若爾者、何責我乎？」（『景徳伝灯録 五』巻十四・丹霞天然章、禅文化研究所、二〇一三、頁二五三）

木頭何有

「木頭何有？」の「木頭」は、口語で「木」のこと。「～頭」は名詞の接尾辞で、実義はありません。「拳頭《こぶし》」「舌頭《した》」など（『禅語辞典』頁三四三・上）。「饅頭」の「頭」もこれです。

疑問詞が目的語の場合

「何有」は、前々回（第21課）の「仁者《にんしゃ》、何《いずく》にか往《ゆ》く？――仁者何往？」と同じく、目的語が疑問詞であるために「《述語》―目的語」の語順が転倒したもの。そこでも「庸流《ようる》、何をか知る？――庸流何知？」（第9課）、「此《ここ》に在りて何をか為す？――在此何為？」「心識安在？――心識、安《いずく》にか在る？」（第12課）などの例を復習しました。一方、あとの「何責我乎？」の「何」は「動詞や助動詞などの前に置き、反語の語気を表す。〝なんゾ…（ナランヤ）〟あるいは〝いずクンゾ…（ナランヤ）〟と訓読し、〝どうして…であろうか（いや…ではない）〟〝どうして…しようか（いや…しない）〟と訳す」（『漢辞海』「何」［句法7］頁八三・中）。

眉鬚堕落　この話には、もう一種、次のような形の伝承もあります。今、『宗門統要集』巻七・鄧州丹霞天然禅師章の本文で引いてみます。

丹霞禅師がある寺院に寄宿した際、たまたま厳寒にめぐりあわせた。

彼は、仏殿に木の仏像があるのを目にすると、やおらそれを取ってきて焚火をし、火に当たった。

寺の「院主《いんじゅ》」〔事務局長〕がたまたまそれを見つけて、叱責した。

「なんでうちの仏さまを焼いたりできるのだ！」

丹霞は杖で灰を掻き立てながら言った。

「うむ、茶毘にふして、仏舎利をいただこうと思うてな」

院主、「木の仏に何で舎利などあるものか！」

丹霞、「なんだ、舎利も無いのなら、もう二体ばかり焼くか」

その後、院主は、眉《まゆ》と鬚《ひげ》が抜け落ちてしまった。


師〔丹霞〕因《ちな》みに一院に過《たちよ》り、凝寒《ぎょうかん》に値《あ》う。遂《かく》て殿中に於て木仏を見、乃ち取りて火《ひ》を焼《おこ》して向《あた》る。院主遇《たまた》ま見て、訶責《かせき》して曰く、「何ぞ我が木仏を焼くを得ん？」師、杖子《つえ》を以て灰を撥《かきた》てて云く、「吾れ焼きて舎利を取らんとす」。主〔院主〕云く、「木仏に何ぞ舎利有らん？」師云く、「既に舎利無ければ、

木仏何有舎利

更に両尊を請じて再び取りて之を焼かん」。院主、自後《そのご》、眉鬚《びしゅ》墮落す。

眉鬚墮落

師因過一院値凝寒、遂於殿中見木仏、乃取焼火向。院主遇見、訶責曰、「何得焼我木仏?」師以杖子撥灰云、「吾焼取舎利」。主云、「木仏何有舎利?」師云、「既無舎利、更請両尊再取焼之」。院主自後眉鬚墮落。(『禅学典籍叢刊』第一巻、臨川書店、頁一四五・上)

ここの「何ぞ我が木仏を焼くを得ん――何得焼我木仏?」の「何」、「木仏に何ぞ舎利有らん――木仏何有舎利?」の「何」、いずれもつい先ほど看たばかりの反語の用法です。「既に舎利無ければ――既無舎利」の「既~」は、~である以上、~であるからには(『漢辞海』「既」〔句法2〕①、頁六六三・中)。前に第20課〔2〕の「汝既如是、善自護持」でやりました。

既~

この一段では寺院の名が記されていませんし、丹霞の焼仏を責めたのがその寺の「院主」だったという伝承になっています。「院主《いんじゅ》」は禅院の行政部門・管理部門の総責任者。唐代には「院主」といい、宋代には「監寺《かんす》」とか「監院《かんにん》」などと称するようになりました。しかし、それらの違いは大した問題ではありません。さきの『景徳伝灯録』の記述との最も重要な相違点は、それを咎めた僧のほうの眉《まゆ》と鬚《ひげ》が抜け落ちてしまった――「院主、自後《そのご》、眉鬚《びしゅ》墮落す」――という記述が加わっていること

院主

とです。偽りの法を説く者は法罰によって眉毛が抜け落ちるという信仰にもとづく記述で、木仏を焚いた丹霞でなく、それを咎めた僧のほうが真実に背いていた、というわけです。こうなると、話の主眼は、咎めた僧の何がいけなかったのか、というところにあることになります。

却是他好手　この形の記述は古く『祖堂集』巻四・丹霞和尚章に見えますので、唐代にはすでにこういう伝承があったのでしょう。かの趙州禅師にも、かかる伝承を前提とした次のような問答があります。

ある役人が問うた。

「木仏を焼いたのは丹霞なのに、なぜ寺の院主のほうの眉やヒゲが落ちてしまったのでしょうか？」

趙州、「お宅で煮炊きをしているのは、どういうお人ですか？」

「使用人ですが……」

「ふむ、むしろ、そのお人のほうがウワテですな」

趙州従諗

官人《かんじん》有りて問う、「丹霞、木仏《もくぶつ》を焼くに、院主《いんじゅ》、為什麼《なにゆえ》にか眉鬚《びしゅ》堕落せる？」

師云く、「官人の宅中、生《しょう》を変じて熟《じゅく》と作《な》すは是れ什麼人《なんぴと》ぞ？」云く、「所使《しょし》

なり」。師云く、「却って是れ他《かれ》こそ好手《こうしゅ》なり」。

却是他好手

有官人問、「丹霞焼木仏、院主為什麽眉鬚堕落?」師云、「官人宅中変生作熟是什麽人?」云、「所使」。師云、「却是他好手」。(『趙州録』巻上)

趙州を訪ねてきた「官人」は、禅に対してそれなりの知識をもっていることが自慢であり、そこで自分も通ぶって修行僧のような問いを発してみたのでしょう。「丹霞、木仏《もくぶつ》を焼くに、院主《いんじゅ》、為什麽《なにゆえ》にか眉鬚《びしゅ》堕落せる?」仏像を焼いたのは丹霞なのに、なにゆえ、それを咎めた院主のほうが、正法に背いた罰を受けねばならなかったのでしょうか?

すると趙州は、まるでその質問を意に介さなかったかのように、こう問い返しました。「官人の宅中、生《しょう》を変じて熟《じゅく》と作《な》すは是れ什麽人《なんぴと》ぞ?」

変生作熟

「生を変じて熟と作す」は、ナマの食材を火の通ったものに変える、ということから、炊事・調理の意。時代はくだりますが、宋の五祖法演《ごそほうえん》禅師の「典座《てんぞ》に謝する上堂」に次のように見えます。「生を変じて熟と作すは易《やす》しと雖然《いえど》も、衆《みな》の口《くち》に調和するは転《うた》た難《かた》きを見る。——変生作熟雖然易、衆口調和転見難」(『法演禅師語録』巻上、大正四七—六五三下)。典座の行う「変生作熟」、すなわち調理の仕事の労苦をねぎらったことばです。

したがって「官人の宅中、生《しょう》を変じて熟《じゅく》と作《な》すは是れ什麼人《なんぴと》ぞ?」という趙州の問い返しは、「お宅で日々の煮炊きをしておられるのは、どなたですか?」という意味になります。自分がきいた丹霞焼仏の話はドコへいってしまったのか?「官人」は首をかしげながらも、とりあえず趙州の問いに答えます。「所使《しょし》——使う所なり」。自分が使っている所の者、つまり、うちの使用人ですが……。

唐の時代のことですから、たぶん薪を燃やしての炊事でしょう。そこで趙州は言いました、「却是他好手。——却って是れ他《かれ》こそ好手《こうしゅ》なり」。むしろそのお人のほうがウワテですな、と。

難解な一句ですが、『趙州録』（筑摩書房・禅の語録11、頁五四）では、ここに次のような注がついています。

○却是他好手＝却は、なかなかどうして、という感嘆詞。次の「他」の用法ははなはだ異例で、疑わしい。衍字と見たほうが楽であり、あるいはこの句を「他却是好手」と訂正すれば問題はなくなる。ここでは無理に「他《か》の」と読んで訳しておいた。丹霞が木仏を焼いて暖を取ったのも、召使いが生を熟に変じたのも、「平常心是道」の禅にかわりはない。それを悟らずに、ただできた料理ばかり食っておられると、院主のように、貴官も眉毛が抜けますぞ、の意に解しておく。

残念ながら、「却」や「是」に対する語学的な誤解のために、まったく意味不明の注記になっています。「却」は、むしろ逆に、かえって、反対に、という意の副詞（『漢辞海』「却」［句法］①、頁二一四・上）。ここではそれが述語「《是》」にかかっています。「是」については以前、第8課〔7〕の「弟子是嶺南人」のところで勉強しました。そこで見たように、「是」は単語Aと単語Bを「＝」でつなぐものではなく、Aという主題に対してB「である」、B「なのだ」という判断や説明を加えるものです。しかし、中国語では、日本語と同様、主題Aは必要に応じて立てられるものであって、必要がなければ無くてもかまいません。またBは名詞でなくて動詞や形容詞でもよく、単語でなくて文でもかまいません。六祖慧能の有名な次の問答が、そのことをよく示しています（この話も『茶の本』第三章に引かれています）。

却是～

是～

六祖因《ちな》みに風に刹幡《せっぱん》颺《あが》る、二僧有《あ》りて対論す。一は幡《はた》動くと云い、一は風《かぜ》動くと云う。往復して曽《かつ》て未《いま》だ理に契《かな》わず。祖〔六祖〕云く、「風《かぜ》の動くに不是《あら》ず、幡《はた》の動くに不是《あら》ず、仁者《にんしゃ》の心《こころ》動くなり」。二僧悚然《しょうぜん》たり。

六祖因風颺刹幡、有二僧対論。一云幡動、一云風動。往復曾未契理。祖云、「不是風動、不是幡動。仁者心動」。二僧悚然。（『無門関』第二九則「非風非幡」）

六祖慧能

幡動・風動

仁者心動

幡が風にはためいているのを見て、二人の僧が言い争っています。「幡が動いているのだ」。「いや、いや、風が動いておるのだ」。話はどうどうめぐりで決着がつきません。そこで慧能が言いました、「風《かぜ》の動くに不是《あら》ず、幡《はた》の動くに不是《あら》ず、仁者《にんしゃ》の心《こころ》動くなり」。風が動いているのでもございませぬ、幡が動いているのでもございませぬ。あなたさまがたご自身の〝心〟が動いているのです。これを聞いて「二僧悚然《しょうぜん》たり」、二人の僧はゾッとしました。

「仁者《にんしゃ》」も、前々回の「仁者《にんしゃ》、何《いずく》にか往《ゆ》く？——仁者何往？」のところで勉強しました。「あなた。丁寧な二人称」（『禅語辞典』頁三三二・下）。慧能は五祖の法を嗣ぎはしたものの、この時点ではまだ受戒もせぬまま市井に隠れて暮らしています。「お前さんたちの心が動いとるのじゃ」と訳している本もありますが、ここは、あくまでも貧しく無学な俗人が、おそれながらと、尊き出家のお方に申し上げているというもの言いです。そして、そのように、身分の上下と真理の上下が逆転しているからこそ、話のなかの二僧も、それを読む後世の我々も、虚をつかれてハッとさせられるのでしょう。悟った者が迷える者に上からエラそうに説教を垂れたという話では、面白くもなんともありません。

さて問題は「不是風動、不是幡動」のところですが、「風動」「幡動」はそれぞれ「風が動く」（風—《動》）、「幡が動く」（幡—《動》）という、「主語—《述語》」構造の独立の句になっています。それがそれぞれさらに「不是～」の目的語になって「風が動く」ということではない（不是—〔風—《動》〕）、「幡が動く」というわけではない

仁者

不是風動

不是幡動

〔不是―〔幡―《動》〕〕、という否定の判断を加えられているわけです。

趙州の言う「却是他好手」も、文法的にはこれと同じ構造です。「他好手」は「他《かれ》は（が）好手」〔他―《好手》〕という「主語―《述語》」構造の句で、それがまるごと「是～」の目的語となっています。「他《かれ》が好手」ということである〔是―〔他―《好手》〕〕、という判断です。そしてそこに「却」という副詞がかぶせられることによって、「むしろ彼こそが」「逆に彼のほうが」という意味が加わっています。つまり「却是他好手」で、あなたなどより、「むしろ、日々の煮炊きをしておられるその使用人のお方のほうが、よほど優れておられるということですな」という意味になります。

しかし、それが丹霞焼仏の話と、いったいどういう関係があるのでしょう？　官人の質問ははぐらかされているのでしょうか？

丹霞焼木頭　『祖堂集』では丹霞焼仏の話のあとに、後世の真覚大師《しんかくだいし》、すなわち斉《せい》雲霊照《うんれいしょう》の次のような論評が付記されています。

ある人が真覚《しんかく》大師に問うた。

「木仏を焼いたのは丹霞《たんか》のほうなのに、院主《いんじゅ》に何の罪があったというのでしょう？」

大師、「上座には〝仏〟しか見えていなかった」
「では、丹霞はどうだったのでしょう?」
「丹霞は、木を焼いたのだ」

人有り、真覚大師《しんかくだいし》〔斉雲霊照〕に問う、「丹霞《たんか》、木仏《もくぶつ》を焼きしに、上座に何の過《とが》か有る?」大師云く、「上座は只だ〝仏〟を見しのみ」。進みて曰く、「丹霞は又た如何《いかん》?」大師云く、「丹霞は木《き》頭を焼けり」。

上座只見仏

丹霞焼木頭

有人問真覚大師、「丹霞焼木仏、上座有何過?」大師云、「上座只見仏」。進曰、「丹霞又如何?」大師云、「丹霞焼木頭」。

丹霞を咎めた僧には「仏」しか見えていなかった。いっぽう丹霞は、ただ「木」を焼いただけだった。つまり燃やされた「木仏」は、僧にとっては聖なる「仏」であり、丹霞にとってはただの「木」だった。だから、仏身を損なった罪は僧のほうが蒙らねばならなかった、というわけでしょう。

これと突きあわせてみると、さきの趙州の意図も明らかになってくるようです。右の真覚大師の語を借りていえば、官人は「只だ〝仏〟を見しのみ」であり、煮炊きをしている使用人は、ただ「〝木頭〟を焼けり」なのでした。聖なる「仏」という観念を抱きつつ禅問答の真似事などしている貴殿の心は、眉毛の抜け落ちたかの院主とかわらない。それよりも、むしろ（「却」）、使用人のお方のほうが、よほど丹霞の意にかなっているのではありませぬか。なんといっても「他《かれ》」は、日々黙々と、ただ「木」を燃やしているだけなのですから。

賊不打貧児家　時代はくだって、宋の大寧道寛《だいねいどうかん》という禅師にも、丹霞焼仏をめぐる次のような問答が伝わっています。趙州の語に対する恰好の注脚となるでしょう。

大寧道寛

問う、「丹霞、木仏を焼けるに、院主《いんじゅ》、為甚麼《なにゆえ》にか眉鬚《びしゅ》堕落せる？」
師曰く、「賊《ぞく》は貧児《ひんじ》の家《いえ》を打《う》たず」。
問、「丹霞焼木仏、院主為甚麼眉鬚堕落？」
師曰、「賊不打貧児家」。（『五灯会元』巻十二）

賊不打貧児家

「木仏を焼いたのは丹霞なのに、どうして、院主の眉鬚が抜け落ちてしまったのでしょう？」師いわく、「賊は貧児の家を打たず」。ドロボウは貧乏人の家には入らない。

盗人に入られたほうは、家のなかに盗られるだけのモノを抱えこんでいたのだ。それをもたぬ者には、盗人のほうでも手の出しようがない。

「仏」という聖なる観念を実体化・物神化している者には、仏身を損なうことの罪と罰が存在する。だが、尊んだり損なったりするべき「仏」という観念をハナから持たぬ者には罰も当たりようがない、というわけです。禅に「偶像破壊」の精神があるとすれば、それは、すでにある偶像を勇ましく粉砕するということではなく、ものごとを神聖視し偶像化する意識が初めから無い、という意味でなければならないでしょう。この問題は、小川『中国禅宗史―「禅の語録」導読』（ちくま学芸文庫）の第一章ですでに詳論していますので、併せてご覧いただけましたら幸いです。

しかし、このような否定精神は禅の重要な一面ではありますが、そのすべてではありません。ここでは鈴木大拙の次の言葉を読んで、丹霞焼仏の話のむすびとしたいと思います。『禅学への道』「禅堂と雲水の生活」章の一節です。

謙譲の杯

純粋に禅的な立場から見た丹霞の真価はともかくとして、このやうな行為が甚だ冒涜的であり、敬虔な仏教徒として避けるべきであると見做されることは疑を容れない。未だ禅の理解に徹しない者はどんな行き過ぎを、さらにどんな悪事を仕出かさないとも限らない――しかも禅の名に於て。斯うした理由から、心の驕りが影をひそめ、謙譲の杯が最後の一雫まで飲み乾されるやうに、禅堂の規律は厳重を極めてゐるのである。（坂本弘訳、鈴木大拙全集14―頁三二二／*An Introduction to Zen Buddhism.* 一九三四年）

第24課　雲巌と洞山（上）　潙山の「無情説法」

薬山出曹洞一宗

青原《せいげん》—石頭《せきとう》系の禅者の話を読んでいます。これまで石頭の弟子として、薬山《やくさん》と丹霞《たんか》をとりあげました。今回はつづいて、薬山の弟子の雲巌曇晟《うんがんどんじょう》とその弟子の洞山良价《とうざんりょうかい》の故事を読んでみます。この系統がのちの曹洞《そうとう》宗の源流となることについて、『碧巌録《へきがんろく》』第八九則・本則評唱に次のような一文が見えます。

薬山惟儼
雲巌曇晟

雲巌《うんがん》と道吾《どうご》は同《とも》に薬山《やくさん》に参じ、四十年、脇《わき》、席《せき》に著《つ》けず。薬山より曹洞《そうとう》の一宗出《い》づ。三人有りて法道《ほうどう》盛んに行わる。雲巌の下に洞山《とうざん》、道吾の下に石霜《せきそう》、船子《せんす》の下に夾山《かっさん》なり。

薬山出曹洞一宗

雲巌与道吾同参薬山、四十年脇不著席。薬山出曹洞一宗。有三人法道盛行。雲巌下洞山、道吾下石霜、船子下夾山。

「脇《わき》、席《せき》に著《つ》けず——脇不著席」は「脇《わき》、席《せき》に至《いた》らず——脇不至席」ともいいます。「席」は「しきもの。アシや竹などで編んだ敷物。むしろ」（『漢辞海』「席」㊀《名》①、頁四五八・中）。男女、七歳にして「席」を同じくせず、などという時の「席」のことです（出典は『礼記』内則「七年男女不同席、不共食」）。そこに脇が着くことがないというのは、まったく横になることなく、ひたすら坐禅に励みつづけるということです。「脇席に至らず」という訓読文を引用して、「脇席」とは……、と、まことしやかに解説している本を見たことがありますが、ちょっとひどいですね。「間髪を容れず」という句を「間髪《かんぱつ》」云々と読む若者とかわりません（原文は「間不容髪――間、髪を容れず」。間に髪ひとすじ容れるスキもない）。原文を確かめないでできあいの書き下し文をマゴびきしたりすると、こういうことになってしまいます。

存現文　「薬山一《出》―曹洞一宗」は、薬山が曹洞一宗を出した、ではなく、薬山から曹洞一宗が出た。主体的・能動的に～スルという言い方でなく、ひとりでにそのようにアル、自ずからにそのようにナル、という言い方では、「ナニナニが」にあたるものが《述語》の後にきます（「存現文」といいます。第1課で一度やりました）。「開花―花が開く」「落雷―雷が落ちる」「漏水―水が漏る」など、日本語でも漢字熟語はそうなっています。

存現文

　この種の文に主語がある場合、それは、そのような状態・現象がおこる、ひろい意味での「場」（場所、時、範囲、人など）が提示されたものです。たとえば李白の詩に、次のような句が見えます。

　玉階生白露　夜久侵羅襪（李白「玉階怨」詩）

　玉階《ぎょくかい》に白露《はくろ》生じ　夜《よる》久しくして羅襪《らべつ》を侵《おか》す

玉階生白露

玉《ぎょく》の階《きざはし》に露が生じ、夜がふけるとともに、それが冷たく絹の靴下に沁みてくる。
「玉階一《生》—白露」は、玉階が白露を生ずるのではなく、玉階に白露が生じる。
「玉階」は、宮中にある白玉でできた階段のこと。

大慧禅師の省察のきっかけとなった次の句（もとは唐の文人、柳公権の句）もこの句法によっています。

薫風自南来　殿閣生微涼（『旧唐書』一一五・柳公権伝）
薫風《くんぷう》南より来《きた》り　殿閣《でんかく》に微涼《びりょう》生ず。

殿閣生微涼

これも「殿閣一《生》—微涼」で、殿閣に微涼が生じた。
趙州《じょうしゅう》禅師の有名な問答にも、この種の句法が見られます。

僧問趙州、「承聞和尚親見南泉、是否？」
州云、「鎮州出大蘿蔔頭」。（『碧巌録』第三〇則・本則）
僧、趙州《じょうしゅう》に問う、「承聞《きくなら》く、和尚親《した》しく南泉《なんせん》に見《まみ》ゆと、是《しか》る否《や》？」
州云く、「鎮州《ちんしゅう》に大蘿蔔頭《だいらふとう》出づ」。

鎮州出大蘿蔔頭

僧、「和尚はじかに南泉禅師にお会いになったとうかがっておりますが、さようですか?」趙州、「鎮州ではデッカイ大根がとれる」。「承聞〜」は、〜とお聞きしている、〜だそうだ。「鎮州—《出》—大蘿蔔頭」は、鎮州が大蘿蔔頭を産出する、ではなく、鎮州に大蘿蔔頭が産出する。つまり、鎮州では大蘿蔔頭がとれる、という意味です。

それで「薬山—《出》—曹洞一宗」も「薬山から曹洞一宗が出た」となるのですが、それにつづく一文、「三人有りて法道《ほうどう》盛んに行わる。雲巌の下に洞山《とうざん》、道吾の下に石霜《せきそう》、船子《せんす》の下に夾山《かっさん》なり」、これの言うところを簡単に図示してみると、次のようになります。

六祖—青原—石頭—薬山—┬—雲巌—洞山……《曹洞宗》
　　　　　　　　　　　├—道吾—石霜……
　　　　　　　　　　　└—船子—夾山……

「薬山より曹洞の一宗出づ」とは、右の雲巌—洞山の下にさらに曹山本寂《そうざんほんじゃく》や雲居道膺《うんごどうよう》が出て、のちの曹洞宗となってゆくことを言ったものです。

では、その雲巌と洞山の因縁を、宋の大慧《だいえ》禅師の『正法眼蔵《しょうぼうげんぞう》』巻中の記述で読んでみましょう（柳田聖山・椎名宏雄編・禅学典籍叢刊、第四冊、頁六五上）。ほぼ同じ文が『景徳伝灯録《けいとくでんとうろく》』巻十五・洞山章にあり、禅文化訓注本第五冊の頁五七三以下にその詳

雲巌—洞山
道吾—石霜
船子—夾山

細な注釈が具わっていますので、それとあわせてご覧いただけたら幸いです。

潙山と「無情説法」　『景徳伝灯録』洞山章によれば、洞山良价《とうざんりょうかい》は馬祖《ばそ》の弟子の五洩霊黙《ごせつれいもく》のもとで出家したのち、同じく馬祖の法嗣《はっす》である南泉普願《なんせんふがん》に参じ、ついで潙山霊祐《いさんれいゆう》に参じました。『正法眼蔵』の記述は、洞山が潙山に参じたところから始まっています。

洞山良价
潙山霊祐
南陽慧忠

〔1〕洞山は潙山に行き、こう問うた。

「慧忠《えちゅう》国師に〝無情説法《むじょうせっぽう》〟のご説があると、近ごろお聞きいたしました。しかし、わたくしめには、いまだその深意がのみこめませぬ」

潙山、「それは、わしのところにもある。ただ、それにふさわしい人物が得がたいのだ」

「ならば、和尚、仰せください」

「いや、親から生んでもろうたこの口では、断じて貴公に説いてやるわけにまいらぬ」

「しからば、師と同じ時代に道を求められたお方はおいでてでしょうか？」

「このさきに石窟が並んでいて、そこに雲巌道人というお人がある。草をかき分け風をたよりに訪ねあてることができたなら、必ずや貴公の師と仰ぐお方となるであろう」。

洞山《とうざん》、潙山《いさん》に到り、問うて曰く、「頃《このご》ろ聞く忠《ちゅう》国師に〝無情説法《むじょうせっぽう》〟有りと、良价《それがし》未だ其の微《び》を究めず」。山曰く、「我《わ》が遮裏《ところ》にも亦《ま》た有り。只《た》だ是れ其《こ》の人を得《え》難し」。曰く、「便ち請う和尚道《い》え」。山曰く、「父母所生《ぶぼしょしょう》の口《くち》、終《つい》に子《そなた》の為に説かず」。曰く、「還《は》た師と時を同じくして道を慕う者有《あ》り否《や》？」山曰く、「此《ここ》より去《ゆ》くに石室《せきしつ》相い連なりて雲巌道人《うんがんどうにん》なる有り。若《も》し能《よ》く撥草瞻風《はっそうせんぷう》せば、必ず子《そなた》の重《おも》んずる所《ところ》と為らん」。

無情説法

父母所生口、終不為子説

洞山到潙山、問曰、「頃聞忠国師有無情説法、良价未究其微」。山曰、「我遮裏亦有。只是難得其人」。曰、「便請和尚道」。山曰、「父母所生口、終不為子説」。曰、「還有与師同時慕道者否？」山曰、「此去石室相連有雲巌道人。若能撥草瞻風、必為子之所重」。

洞山は潙山に会うと、「忠《ちゅう》国師」の「無情説法《むじょうせっぽう》」の説について問いました。「忠国師」は、六祖慧能《ろくそえのう》の法嗣の南陽慧忠《なんようえちゅう》のこと。唐の代宗《だいそう》・粛宗《しゅくそう》両皇帝の帰依を受けて「国師」と仰がれた高名な禅僧です。「無情説法」は「無情」、すなわち木石《ぼくせき》や瓦礫《がりゃく》など、心をもたない無生物が如実に仏法を説いている、という説です。そのことを

「頃《このご》ろ」、お聞きしましたが、「良价《わたくしめ》」は未だその「微《び》」を究められずにおりますので、なにとぞご教示を、と、洞山は問いました。「頃《このご》ろ聞く忠《ちゅう》国師に〝無情説法《むじょうせっぽう》〟有りと、良价《それがし》未だ其の微《び》を究めず。」――頃聞忠国師有無情説法、良价未究其微」。「頃」は「近ごろ。このごろ」（『漢辞海』「頃」A[二]《副》①、頁一五八四・中）、「微」は「あらわになっていない事柄。目立たないこと。ささいなこと」（『同』「微」[三]《名》①、頁五一一・上）。ここでは、形もなく言葉にもできない、深遠玄妙なところ、ということでしょう（『漢語大詞典』の「微」②「精深、奥妙」の条、参照）。「良价」はむろん本人の名ですが、名で自分自身を指すとへりくだった一人称になることは、これまで何度も見てきたとおりです。

頃〜

微

すると、潙山はいいました。「我《わ》が遮裏《ところ》にも亦《ま》た有り。只《た》だ是《こ》れ其の人を得《え》難し。」――我遮裏亦有。只是難得其人」。「遮裏《しゃり》」は「這裏《しゃり》」「者裏《しゃり》」と同じで「ここ」（第11課）。これらが人を指すことばの後につくと、ダレダレのところ、という意味になります。

我這裏禅似箇什麽？（大慧『宗門武庫』一〇七、五祖法演の語）

我《わ》が這裏《しゃり》の禅は、箇《こ》の什麽《なに》にか似たる？

わしのところの禅は、何みたいなものか？

我這裏

老僧這裏

老僧這裏不曽見恁麼人。（『景徳伝灯録』巻十・趙州章、同安顕別語、禅文化訓注本四―頁七五）

老僧《ろうそう》が這裏《しゃり》には、曽《かつ》て恁麼《かくのごと》き人を見ず。

わしのところでは、これまで、さような人を見たことがない。

貧道這裏

貧道這裏、無此閑家具。（『景徳伝灯録』巻十四・薬山章、禅文化訓注本五―頁三〇七）

貧道《ひんどう》が這裏《しゃり》には、此の閑家具《かんかぐ》無し。

拙僧のところには、（「戒定慧」などという）そんなムダな家財道具はござらぬ。（「貧道」は僧のへりくだった一人称）

只是

「只是〜」は「ただ〜のみ」ですが、日本語の「ただ」「ただし」と同じく、「しかし、ただ〜」「けど、ただ〜」という転折の文脈をよく作ります。

此頌極好。只是太拙。（『碧巌録』第七則・頌評唱）

此《こ》の頌《じゅ》極めて好《よ》し。只だ是れ太《はなは》だ拙なるのみ。

この頌はきわめてよい。ただ、あまりにも稚拙だ。

人人尽有這箇。只是用不得。（同第三六則・本則評唱）

人人《にんにん》尽《ことごと》く這箇《これ》有り。只だ是れ用《もち》い不得《えざる》のみ。

一人ひとりの人にみなコレ（月のような円満な法性）がそなわっている。ただ、自ら使いこなせずにいるだけだ。

奇則甚奇。只是不出教意。（同第四〇則・本則評唱）
奇《き》なることは則ち甚《はなは》だ奇《き》なり。只だ是れ教意《きょうい》を出《い》でざるのみ。
すばらしいことは確かにたいそうすばらしい。ただ、教学の次元を超えていない。

其人

「其の人」は、それにふさわしい、然るべき人。『易《えき》』繫辞《けいじ》伝・下、「苟《いや》しくも其《そ》の人《ひと》に非ざれば、道虚《むな》しくは行われず。——苟非其人、道不虚行」。『史記《しき》』仲尼弟子《ちゅうじていし》列伝、「宰我《さいが》〔宰予〕、五帝《ごてい》の徳《とく》を問う、子曰く、予《よ》、其《そ》の人《ひと》に非ざるなり。——宰我問五帝之徳、子曰、予非其人也」。

したがって「我《わ》が遮裏《ところ》にも亦《ま》た有り。只《た》だ是《こ》れ其の人を得《え》難し。——我遮裏亦有。只是難得其人」は、「無情説法」の説はわしのところにも有るが、ただ、それを語るべき相応の人物が得難いのだ、ということです。

それを聞いて洞山は「便ち請《こ》う和尚道《い》え」と言いました。「便」は、「それならば、すなわち」ということですから、「ならば、それがしが〝其の人〟となりますので、ぜひご開示を」と潙山に迫っているのです。しかし、潙山はその請いを斥けました、

「父母《ふぼ》所生《しょしょう》の口《くち》、終《つい》に子《そなた》の為に説かず。――父母所生口、終不為子説」。父母が生みつけてくれた所の口、それによっては、決して君に説いてやることはない、と。禅籍では、「子《し》」は上から下に向けて呼ぶ二人称ですが、「汝《なんじ》」や「你《なんじ》」に比べると鄭重な語感があります。「終」は、はじめからしまいまで（『漢辞海』「終」三《副》①イ、頁一一〇七・中）。「終不～」は、しまいまで～しない、というところから否定の強め。たえて～しない、断じて～しない。「父母所生の口」は、人間のコトバ。今ふうにいえば、既成の記号による分節。そのようなものでは「無情説法」は到底示しえない、「無情説法」とはそのようなものを拒絶したところにこそ成り立つものだ、ということです。

子

終不～

そこで洞山はくいさがりました。「還《は》た師と時を同じくして道を慕う者有《あ》り否《や》？――還有与師同時慕道者否？」「還～否？」「還～也無？」「還～麼？」は、これまで何度も出てきたハイ・イイエの疑問の句型（第10課、第11課）。「師と時を同じくして道を慕う者」が「有りますか」ということですが、それは、師がお示しくださらぬなら、かわりに、師と同時代・同世代の――したがって師に比して遜色のない――達道の老師をご紹介願いたい、という含みです。

還…否？

潙山は言いました、「此《ここ》より去《ゆ》くに石室《せきしつ》相い連なりて雲巌道人《うんがんどうにん》なる有り。若《も》し能《よ》く撥草瞻風《はっそうせんぷう》せば、必ず子《そなた》の重《おも》んずる所《ところ》と為らん。――此去石室相連有雲巌道人。若能撥草瞻風、必為子之所重」。ここからさきに行ったところに洞窟がつづいているところがあり、そこに雲巌道人というお人がある。もしも「撥草瞻風」できたなら、必ずや貴公の重んずる所となるに相違ない、と。

撥草瞻風

「撥草瞻風《はっそうせんぷう》」は、草をはらって道なき道を進み、世から隠れている達道者を風をたよりにさがしあてる、ということ。『碧巌録』第一七則・本則評唱に、「古人《こじん》の行脚《あんぎゃ》せるは、交《まじ》わりを結《むす》び友《とも》を択《えら》び、同行道伴《どうぎょうどうはん》と為りて、撥草瞻風す。――古人行脚、結交択友、為同行道伴、撥草瞻風」と見えます。

第25課　雲巌と洞山（中）　雲巌の「無情説法」

宋の大慧《だいえ》禅師の『正法眼蔵《しょうぼうげんぞう》』巻中で、雲巌《うんがん》と洞山《とうざん》の因縁を読んでいます。前回あげた『景徳伝灯録《けいとくでんとうろく》』禅文化訓注本第五冊（頁五七三〜）に詳細な注解が具わるほか、今回の〔2〕に対応する話は、単独の話頭として道元《どうげん》の真字《しんじ》『正法眼蔵《しょうぼうげんぞう》』巻中の第四八則にも採られており、小川・池上・林・小早川「金沢文庫本『正法眼蔵』の訳注研究（五）」にその訳注があります（『駒澤大学禅研究所年報』第17号、二〇〇六年）。思想的な解釈についてはその両注解にゆだね、ここではもっぱら語学的な読解の教材として物語を読んでゆくことにします。

雲巌と「無情説法」　前回は、洞山がまず潙山《いさん》に参じ、「無情説法《むじょうせっぽう》」の話でゆきづまったところまで読みました。「無情説法」について語ることを拒む潙山に、洞山は、ならば「師と時を同じくして道を慕う者」、すなわち、師に比して遜色のない、師と同時代・同世代の達道の師をご紹介願いたい、そうくいさがりました。そこで潙山は「雲巌道人《うんがんどうにん》」を訪ねてゆけと指示し、かくして洞山は「撥草瞻風《はっそうせんぷう》」、草をはらい風をたよりに、雲巌の居処を捜し求めていったのでした。

雲巌曇晟
無情説法

〔2〕雲巌のもとにたどりつくと、洞山は、こうたずねた。
「〝無情説法〟を聞くことのできる者は、いかなる者にございましょう？」

雲巌、「無情にはそれが聞こえる」

「和尚さまには、それが聞こえますか？」

「もし、わしがそれを聞いたら、貴公にはわしの説法が聞こえぬこととなろう」

「では、それがしには、なぜ、それが聞こえぬのでしょう？」

そこで雲巌は、すっと払子《ほっす》を竪《た》てて、問い返した。

「ほれ聞こえたか？」

洞山、「いえ、聞こえませせぬ」

「わが説法すら聞こえぬものに、どうして無情の説法が聞こえよう？」

「〝無情説法〟には、いかなる典拠がございましょう？」

「『弥陀経《みだきょう》』にあるではないか、〝水鳥樹林《すいちょうじゅりん》、悉《ことごと》く皆《み》な仏を念じ法を念ず。無《む》情草木《じょうそうもく》、互いに笙歌《しょうか》を奏《かな》ず〟と」

洞山はここでハッと感ずるところがあり、そこで次のような偈《げ》をよんだ。

すばらしや　すばらしや
無情の説法は　思議を容れぬ
耳で聴けば　いつまでも解るまい
眼《まなこ》のところに　声が聞こえて　はじめて　それが解るのだ

既《すで》に雲巌《うんがん》に到りて、問う、「無情説法《むじょうせっぽう》は甚麼人《なにびと》か聞くを得《う》?」巌〔雲巌〕云く、「無情《むじょう》聞くを得《う》」。曰く、「和尚還《はた》聞《きこ》ゆ否《や》?」巌云く、「我れに若《も》し聞ゆれば、子《そなた》には則ち吾《わ》が説法《せっぽう》聞えざらん」。曰く、「某甲《それがし》、為甚麼《なにゆえ》にか聞えざる?」巌、払子を竪《たて》起て、云く、「還《は》た聞ゆ麼《や》?」曰く、「聞えず」。巌云く、「我れの説法するすら、汝《な》尚お聞えず、豈《あ》に況《いわ》んや無情説法をや?」曰く、「無情説法、何の典教をか該《そな》う?」巌云く、「豈《あ》に不見《みず》や、『弥陀経《みだきょう》』に云く、〝水《すい》鳥樹林《ちょうじゅりん》、悉《ことごと》く皆《み》な仏を念じ法を念ず。無情草木《むじょうそうもく》、互いに笙歌《しょうか》を奏《かな》ず〟と」。洞山、此《ここ》に於《お》いて省《せい》有り、乃ち頌《じゅ》を述べて曰く、

也大奇《やたいき》　也大奇《やたいき》

無情説法は不思議
若《も》し耳を将《も》って聴かば終《つい》に会《え》し難《がた》し
眼《げん》処に声を聞きて方《はじ》めて知るを得ん

既到雲巌、問、「無情説法甚麼人得聞？」巌云、「無情得聞」。曰、「和尚還聞否？」巌云、「我若聞、子則不聞吾説法也」。曰、「某甲為甚麼不聞？」巌竪起払子、云、「還聞麼？」曰、「不聞」。巌云、「我説法汝尚不聞、豈況無情説法？」曰、「無情説法、該何典教？」巌云、「豈不見『弥陀経』云、水鳥樹林悉皆念仏念法、無情草木互奏笙歌」。洞山於此有省、乃述頌曰、

也大奇　也大奇
無情説法不思議
若将耳聴終難会
眼処聞声方得知

既

「既《すで》に雲巌《うんがん》に到りて、問う――既到雲巌、問」。「既」はここでは、「①後の句の動作行為や状態が出現する前に、前の句の別の動作行為や状態の出現が終了していることを表す。〝(すでに)…し終って〟〝…し終えて〟などと訳す」(『漢辞海』「既」

〔句法1〕①、頁六六三・上）。雲巌のもとにたどり着いて、そして問うた。

「無情《むじょう》説法《せっぽう》は甚麼人《なにびと》か聞くを得《う》？——無情説法甚麼人得聞？」「甚麼人《なにびと》」は、「誰」ではなく、どういう人、どんな人。「無情説法」は、どのような人に「聞こえる」のか？

「聴」と「聞」

「視」「看」と「見」

日本語ではあまり区別されていませんが、漢語では、こちらから耳をはたらかせて能動的に「きく」ことを「聴」といい、むこうから耳にはいってきて自ずからに「きこえる」ことを「聞」といいます（『漢辞海』「聞」《類義語【聞・聴】》、頁一一六四・下）。眼についても同様に、こちらから視覚を発動して能動的に「みる」ことを「視」「看」等といい、むこうから眼《まなこ》に映じて自ずからに「みえる」ことを「見」といいます。『臨済録』に普化の臨終の場面が描かれていますが、その一段は「祇聞空中鈴響、隠隠而去」と結ばれています（岩波文庫、頁一七六）。「祇《た》だ空中に鈴の響の隠隠《いんいん》として去るを聞くのみ」と訓読はされますが、意味は「空中にリンリンと鳴りながら遠ざかってゆく鈴の音が聞こえただけだった」ということです。「無情説法」もこちらから聴こうとして能動的に聴き取るものではなく、あちらから受動的に「聞こえて」くるものなのでしょう（宗教の受動性については、鈴木大拙「仏教生活と受動性」参照、『東洋的一』、全集七）。

雲巌は答えます。「無情《むじょう》聞くを得《う》。——無情得聞」。「無情説法」は「無情」自身に聞こえる（無情ならざる者には聞こえない）。洞山、「和尚還《は》た聞《きこ》ゆ否《や》？——和尚還聞否？」「還……否？」は、これまで何度も出てきた、ハイ・イイエの疑問の句型。すぐ後に出てくる「還……麼？」も同じ。ほかに「還……也無？」という言い方もありました（第10課、第11課）。しからば和尚さまには「無情説法」が聞こえるのですか？

雲巌、「我れに若《も》し聞ゆれば、子《そなた》には則ち吾《わ》が説法《せっぽう》聞えざらん。――我若聞、子則不聞吾説法也」。「子」は上から下にいう二人称ですが、「汝《なんじ》」「你《なんじ》」に比して、鄭重な感じ。「お前」ではなく「そなた」「貴公」。句末の「～也」は、文語の「～ナリ」ではなく、口語の用法で「～にナル、ナッタ」（太田辰夫「『祖堂集』語法概説」、『中国語史通考』頁二一六）。ここは「若A則B也」と呼応して「もし（若）Aならば、つまり（則）Bということになる（也）」。もし、わしに「無情説法」が聞こえたら――わしが「無情」の次元に身を置いてしまったら――「有情」たるそなたとの対話は、とうてい成り立たぬことになってしまう。

子　～也

洞山、「某甲《それがし》、為甚麼《なにゆえ》にか聞えざる？――某甲為甚麼不聞？」「某甲」はへりくだった一人称（『禅語辞典』頁四二七・上）。「為什麼」は、什麼《なに》の為《ため》に、ということから、ナゼ、ドウシテ（『同』頁一二・上）。では、わたくしめには、ドウシテ「無情説法」が聞こえぬのでしょう？

某甲　為什麼

そこで雲巌は「払子《ほっす》を竪起《たて》て――竪起払子」言った、「還《は》た聞《きこ》ゆ麼《や》？――還聞麼？」「竪起」の「～起」は、動詞の後について、ヨコむきからタテむきに、あるいは地面

～起

から離れて上向きに、起き上がる、起ち上がる、という方向性を示します（第19課、方向補語）。しかし洞山はいいました、「聞《きこ》えず。――不聞」。それがしには、やはり聞こえませぬ。

雲巌、「我れの説法するすら、汝尚《な》お聞えず、豈《あ》に況《いわ》んや無情説法をや？――我説法汝尚不聞、豈況無情説法？」

～尚…

「A尚～」は、Aすら尚お～。Aさえも～（第13課）。ただし、ここのAは「汝」ではなく、その前の「我説法」です。つまり「尚」は「汝」を承けているのではなく、それをとびこえて、その前の「我説法」の句を承けています。

況～

「況B」、況《いわ》んやBをや、は、ましてBはなおさらだ、ましてBは言うまでもない。さきほどの「尚」と呼応して、よく「A尚～、況B」という句型を構成します。「Aすら尚お～、況んやBをや」、Aさえ～なのだ、ましてBはなおさらだ（第13課）。「豈～」、「豈《あ》に～ならんや」は、どうして～だろうか（いや、～ではありえない）という反語ですが（『漢辞海』「豈」［句法］、頁一三六〇・上）、ここは「豈況～」と結合して一語になっています。論理は変わりませんが、「豈」によって反問の語気が加わっています。まして～について言う必要があろうか（いや、むろん言うまでもない）。「何況」、何ぞ況んや、ともいいます。

何況～

八十一品尚自断尽、何況三毒？（『碧巌録』第九五則・本則評唱）

八十一品《ほん》すら尚自《なお》断尽す、何《なん》ぞ況《いわ》んや三毒をや？

阿羅漢は「九九八十一品」の諸煩悩さえ断じ尽くしている、まして「三毒」（「貪瞋癡」の根本煩悩）のことなど言う必要があろうか（いや、むろん言うまでもない）。「尚自」の「自」は、一字の副詞の接尾辞（『漢辞海』「自」七《接尾》①、頁一一九二・上／『禅語辞典』頁一七九・上）。「尚自」の二字で「なお」の意の一語になっています（『禅語辞典』頁二二一・下）。

～自

雲巌のいうこころは、わしが「払子」という「無情」物に示させた方便説法、それすら解しえぬのに、まして真の「無情説法」そのものを聞き得るはずがあるであろうか（いや、断じて、ありえない）ということでしょう。

そこで洞山はたずねました、「無情説法、何の典教をか該《そな》う？——無情説法、該何典教？」この「無情説法」の説には、どのような典拠・経証が備わっておりますでしょうか？ そこで雲巌は答えました、「豈《あ》に不見《みず》や、『弥陀経《みだきょう》』に云く、〝水鳥樹《すいちょうじゅ》林《りん》、悉《ことごと》く皆《み》な仏を念じ法を念ず。無情草木《むじょうそうもく》、互いに笙歌《しょうか》を奏《かな》ず〟と。——豈不見『弥陀経』云、水鳥樹林悉皆念仏念法、無情草木互奏笙歌」。

「豈《あ》に不見《みず》や——豈不見」は引用文をひきだす表現で、単に「不見《みず》や——不見」とも言います。～ということばがあるではないか。だから～というではないか。

豈不見

その次に引かれる経文は、直接にはおそらく、南陽慧忠《なんようえちゅう》国師が無情仏性説の典故を問われて、「『弥陀経《みだきょう》』に云く、水鳥樹林《すいちょうじゅりん》皆な是れ仏を念じ、法を念じ、僧を念ず」と説いたのに基づいていると思われます（『祖堂集』巻三・慧忠国師章）。そのままの句は経典類に見えませんが、羅什《らじゅう》訳『仏説阿弥陀経《ぶっせつあみだきょう》』に次のようにあるの等を要約したものでしょう。「復《ま》た次に舎利弗《しゃりほつ》よ、彼《か》の国には常に種種の奇妙なる雑色《ざっしき》の鳥《とり》有り。白鵠《びゃっこう》・孔雀《くじゃく》・鸚鵡《おうむ》・舎利《しゃり》・迦陵頻伽《かりょうびんが》・共命《ぐみょう》の鳥なり。是《こ》の諸《もろもろ》の衆鳥《しゅちょう》、昼夜六時、和雅《わげ》の音《こえ》を出す。其《そ》の音《ね》、五根《ごこん》、五力《ごりき》、七菩提分《しちぼだいぶん》、八聖道分《はっしょうどうぶん》、如是《かくのごと》き等の法を演暢《えんちょう》す。其《そ》の土《ど》の衆生《しゅじょう》、是《こ》の音《ね》を聞《き》き已《おわ》るや、皆《み》な悉《ことごと》く仏を念じ、法を念じ、僧を念ず」（岩波文庫『浄土三部経』下、頁一三七）。また畺良耶舎《きょうりょうやしゃ》訳『仏説観無量寿経《ぶっせつかんむりょうじゅきょう》』に「水鳥樹林《すいちょうじゅりん》および諸仏の、出《いだ》す所の音声《おんじょう》、皆な妙法を演ず」とあるのなども、あわせてふまえられているかも知れません（『同』頁六七）。

かくして「洞山、此《ここ》に於《お》いて省《せい》有り、乃ち頌《じゅ》を述べて曰く――洞山於此有省、乃述頌曰」。洞山は、ここでハッと気づくところがあり、その上でおもむろに、次のような頌《じゅ》（偈）を詠みました。

「有省」は大悟徹底とまではいかないが、何かにハッと気づいた、ハタと感ずる所があった、ということ。「乃」は、ある条件を満たした上で、ある経緯を経た上で、ようやく、やっと、はじめて。同じく「すなわち」と訓読はされますが、「即」や「便」が、ある条件のもとで、ただちに、すぐ、そのまま、という意味になるのとは対照的です（第4課）。『碧巌録《へきがんろく》』第七五則・頌評唱が「劫石《こうせき》」を説明して次のよ

乃

うに言っています。

凡《およ》そ百年にして乃ち天人《てんにん》有りて下《くだ》り来り、六銖《しゅ》の衣袖《えしゅう》を以て払うこと一下《いちげ》し、又た去りて百年に至り、又た来りて如此《かくのごと》く払い、此の石を払い尽くして乃ち一劫と為す。

凡百年乃有天人下来、以六銖衣袖払一下。又去至百年、又来如此払、払尽此石乃為一劫。

まるまる百年たったところでやっと（乃）一人の天人が下りて来て、ごく軽い衣の袖でそれをサッとひと払いする。去ってまた百年がたつと、また下りて来て同じように払う。かくしてこの石がすっかり払い尽くされたところで、ようやく（乃）「一劫」となるのである。

「一劫」という時間の気の遠くなるような長さが、二つの「乃」で実感をもって表現されています。

洞山はここでハッと何かに気づき、その上で、おもむろに（乃）次の頌を詠んだのでした。

「也大奇《やたいき》　也大奇《やたいき》——也大奇　也大奇」。やれ、すばらしや！すばらしや！「也大〜」は、はなはだ〜。なんと〜。『雲門広録』巻中に「也大難」「也大無端」などと

也大〜

見えます。

「無情説法は不思議――無情説法不思議」。無情説法は、言語による分節的な思考を絶している。

「若《も》し耳を将《も》って聴かば終《つい》に会《え》し難《がた》し――若将耳聴終難会」。それゆえ、こちらから「聴」きとろうとすれば――言語によって理解しようとすれば――それは永遠に解るまい。

「眼《げん》処に声を聞きて方《はじ》めて知るを得ん――眼処聞声方得知」。眼《まなこ》のところに声が「聞」こえて、はじめて（方）それが解るのだ。「方」はさきほどの「乃」に相当する口語の副詞。～してはじめて、ようやく、やっと。「潙山云、養子方知父慈。――潙山云く、子を養いて方《はじ》めて父の慈を知る」（『臨済録』岩波文庫、頁一五〇）。眼のところに声が「聞こえる」のであってはじめて（方）無情説法が知られる（そうでなければ、知り得ない）。無情説法とは有意味な分節的理解（聴）を離れ、ただ如実にありありと眼に映し出されるものなのだ、というのでしょう。

第26課　雲巌と洞山（下）　洞山の「過水の偈」

雲巌の下、「無情説法」について悟るところのあった洞山良价でしたが、やがて旅立ちの時がやって来ました。これが永遠の別れになるであろうことを、師弟はひそかに予感しています。

〔3〕その後、雲巌の下を辞去するにあたって、洞山はこう問うた。

「和尚さまお隠れののち、師の肖像を描きうるか、と人から問われたら、どう答えたものでしょう?」

雲巌はしばしの沈黙を示し、そして、答えた。

「ただこのとおり、とだけ言うがよい」

洞山は考え込んでしまった。そこで雲巌いわく。

「良价君、この一事をわがものとしたければ、必ずや細密でなければならぬ」

洞山は何も言わず、そのまま雲巌の下を去った。

のち、川を渡る際、水面に映った己が影を見、そこでようやく頓悟した。そして、おもむろに一首、偈《うた》を詠《よ》んだ。

他者につき随って覓《もと》めてはならぬ
それは〝我《われ》〟とははるかに疎遠なものだから
よって〝我《われ》〟は今ひとり行く
すると　こんどは到る処で〝渠《かれ》〟と出逢う
〝渠《かれ》〟は今まさしく〝我《われ》〟である

しかし〝我《われ》〟は今〝渠《かれ》〟ではない
このように会得して
はじめて如如《にょにょ》に契うことができるのだ

後《のち》、雲巌《うんがん》に辞す。問う、「和尚百年後《ひゃくねんご》、或《も》し人《ひと》有りて還《は》た師の〝真〟を邈得《うつしう》るやと問わば、如何《いか》にか祇対《こた》えん?」巌〔雲巌〕良久《りょうきゅう》して云く、「但《た》だ道《い》え〝只《た》だ遮《こ》れ是れなり〟と」。洞山沈吟《とうざんちんぎん》す。巌云く、「价《かい》〔洞山良价〕闍梨《じゃり》、遮箇《こ》の事を承当《じょうとう》せんには、大いに須《すべか》らく審細《しんさい》なるべし」。洞山言《ものい》わずして便ち行く。後、水を過《わた》りて影を観《み》るに因《よ》りて、方《はじ》めて頓悟《とんご》す。乃《すなわ》ち頌《じゅ》を述べて云く、「切《せつ》に忌《い》む佗に従いて覓《もと》むるを、迢迢《ちょうちょう》として〝我《われ》〟と疎なり。〝我《われ》〟今独自《ひと》り往けば、処処《しょしょ》に〝渠《かれ》〟に逢うを得《う》。〝渠《かれ》〟は今《いま》正に是れ〝我《われ》〟、〝我《われ》〟は今〝渠《かれ》〟に不是《あら》ず。応《まさ》に須《すべか》らく恁麼《かくのごと》く会《え》して、方《はじ》めて如如《にょにょ》に契《かな》うを得ん」。

只遮是

渠今正是我
我今不是渠

後辞雲巌。問、「和尚百年後、或有人問還邈得師真、如何祇対?」巌良久云、「但道只遮是」。洞山沈吟。巌云、「价闍梨、承当遮箇事、大須審細」。洞山不言便行。後因過水観影、方始頓悟。乃述頌云、「切忌従佗覓、迢迢与我疎。我今独自往、処処得逢渠。渠今正是我、我今不是渠。応須恁麼会、方得契如如」。

いつものように、少しずつ小分けにして読んでいきます。「後《のち》、雲巌《うんがん》に辞す。――後辞雲巌」。「辞す」は「別れを告げる」（『漢辞海』「辞」三《動》②、頁一四二〇・中）。　辞

洞山は雲巌に別れの挨拶を述べ、こうたずねました。「和尚百年後《ひゃくねんご》、或《も》し人《ひと》有りて還《は》た師の真を邈得《うつしう》るやと問わば、如何《いか》にか祇対《こた》えん？」

「百年後」は、現代中国語でも用いられる、死後の意の婉曲表現（『禅語辞典』頁三九三・下）。禅籍では、師の死期を予感した弟子が最後の教えを乞うという場面によく出てきます。「和尚百年後、希遷《それがし》、未審《しら》ず、当《まさ》に何人《なにびと》にか依附《えふ》すべき？――和尚百年後、希遷未審当依附何人？」和尚さま亡き後、わたくしは、いったいどのようなお方につけばよろしゅうございましょう？（第14課、『五灯会元』巻五・青原章）。「百年後、人《ひと》有りて極則《ごくそく》の事《じ》を問わば如何《いかん》？――百年後、有人問極則事如何？」老師亡き後、究極の一事を問う者がございましたら、如何《いかが》いたしましょう？（『同』巻二・耽源章）。　百年後

「或」は「もし」。仮定の条件を表します（『漢辞海』「或」三《接》②、頁五六九・上）。「如《も》し中下の根器来《きた》らば、我便ち其の境《きょう》を奪いて其の法《ほう》を除かず。或《も》し中上の根器来《きた》らば、我便ち境と法と倶に奪う。――如中下根器来、我便奪其境而不除其法。或中上根器来、我便境法倶奪」（『臨済録』岩波文庫、頁一一二）。　或

「師の真を邈得《うつしう》る」とは、師の肖像が描ける、ということ。「真」は肖像画、頂相《ちんそう》。「邈《バク》」は「貌《バク》」に同じ。「邈得」の「得」は可能を表します（第19課、可能補語）。師の「真」を描けるか、という　真　邈得

のは、師の真面目を如実に我がものとなしえているか、という譬えで、同種の表現を用いた話に、よく知られた次の一段があります。馬祖《ばそ》の弟子の盤山《ばんざん》とその弟子の普化《ふけ》の問答です。

師〔盤山〕将《まさ》に順世《みまから》らんとして衆《しゅ》に告げて曰く、「人の吾が〝真〟を貌得《うつしう》る有り否《や》?」衆、皆な写《うつ》し得たる〝真〟を将《も》って師に呈す。師、皆な之を打つ。弟子普化《ふけ》出て曰く、「某甲《それがし》、貌得《うつしえ》ん」。師曰く、「何ぞ老僧《わし》に呈せざる?」普化、乃ち筋斗《きんと》を打《た》して出《い》づ。師曰く、「這漢《こやつ》、向後《こののち》、風狂の如くに人を接《みちび》き去《さ》らん在《ぞ》」。

師将順世告衆曰、「有人貌得吾真否?」衆皆将写得真呈師。師皆打之。弟子普化出曰、「某甲貌得」。師曰、「何不呈似老僧?」普化乃打筋斗而出。師曰、「這漢向後如風狂接人去在」。(『景徳伝灯録』巻七・盤山章、禅文化研究所訓注本第三冊・頁三九)

盤山《ばんざん》禅師は遷化《せんげ》にあたって門下の衆僧に告げた、「わしの〝真〟を描きうる者はあるか?」そこで僧たちはみな師の似姿を絵に画いて提出したが、ことごとく師から打ちすえられてしまった。そこで弟子のひとり、普化が出てきて申し上げる、「それがしには描けます」。「なら、出して見せぬか」。そこで普化は、ひょいとトンボがえりを打ち、さっさと出ていってしまった。盤山いわく、「この男、いずれ、風狂のごとくに人を教化してゆくに相違ない」。（「真」を提示した僧に趙州はこう言っています、「若《も》し老僧《われ》に似《に》ば即ち我を打殺《たさつ》す、若し似ざれば即ち焼却せよ」。盤山の意図に対する恰好の著語となるでしょう。『趙州録』筑摩書房・禅の語録11、頁四〇一）

したがって洞山のことばも、和尚さまが身まかられた後、和尚さまの「真」を描き得るか――和尚さまの真面目を自ら体現できるか――そう問う者があったら、どう答えたらよろしいでしょうか、ということ。「和尚百年後《ひゃくねんご》、或《も》し人《ひと》有りて還《は》た師の〝真〟を邈《うつし》得るやと問わば、如何《いか》にか祇対《こた》えん？――和尚百年後、或有人問還邈得師真、如何祇対？」

その問いを聞くと、雲巌は「良久《りょうきゅう》」し、こう答えました、「但《た》だ道《い》え〝只《た》だ遮《こ》れ是れなり〟と」。「良久」は、しばしの沈黙（『禅語辞典』頁四七七・上）。禅籍ではふつう、応答に窮してやむなく黙り込んでしまうことを「無語《むご》」「無対《むたい》」、沈黙によって言語以前の何物かを暗示することを「良久」といいます。「只《た》だ遮《こ》れ是れなり――只遮是」、まさしくコレがそうです、これコノとおりにほかなりませぬ。「遮」は「這」に同じ。「者」の字をあてることもありますが、意味はいずれも、コレ、コノ（第11課）。「但《た》だ道《い》え～――但道～」は、但だ～とのみ言え、ただ一言～とだけ言うがよい。「但《た》だ道《い》え〝只《た》だ遮《こ》れ是れなり〟と――但道〝只遮是〟」。これコノとおりにほかなりませぬ、ただ一言、そう申すがよい。

良久
無語
無対
只遮是

只這是

「只這是」は「只這箇漢」ともいいます。本来は馬祖系の禅者が、ありのままの自己がそのまま真実だという考え方を表明するために愛用した表現でした（小川『語録のことば』十八「只這箇漢」参照、禅文化研究所）。しかし、馬祖の門下たちも、決してありのままに終始していたわけではありません。南泉《なんせん》が同じく馬祖の法嗣である東寺《とうじ》如会《にょえ》を訪ねて行った際の問答として、次のような一段が伝えられています（『語録のことば』頁一八七）。

南泉普願
東寺如会

師（東寺如会）南泉に問う、「近ごろ什麼処《いずく》をか離れ来る？」云く、「江西《こうぜい》」。師云く、「馬師の〝真〟を将得来《もちきた》れる否《や》？」泉云く、「只《た》だ這《こ》れ是《なる》のみ」。師云く、「背後底你《は》？」無対。

背後底

師問南泉、「近離什麼処来？」云、「江西」。師云、「将得馬師真来否？」泉云、「只這是」。師云、「背後底你？」無対。（『景徳伝灯録』巻七・東寺如会章、禅文化訓注本第三冊・頁七八）

近離什麼処？

如会、「近ごろ什麼処《いずく》をか離れ来る？——近離什麼処来？」最近ドコを離れて来たか、というのはドコの老師のところからここへ来たか、うちへ来る前はドコの老師のところで修行していたのか、ということです（第13課「（2）「亦～」「也～」による強調」のところで一度看ました）。初相見の際に老師が行脚僧に問う定型的な文句ですが、その裏に、そこでの修行で如何に自己を捉えて来たか、という点検の意が含まれているのがふつうです。そこで南泉いわく、「江西です」。

唐代の禅門で「江西」といえば馬祖のことにほかなりません。そこで如会は問います、「馬師の〝真〟を将得来《もちきた》れる否《や》？——将得馬師真来否？」江西の馬祖の下より来たのなら、馬祖の「真」をちゃんと携えて来たか？「真」を描けるか、というのと同じく、師の真面目をわがものとして体得して来たか、馬祖の面目をここに出して見せられるか、という含みです（ここの「〜得」は、可能でなく、その動作が現になされていることを表す用法。『禅語辞典』頁三五〇・下「得」②。第14課〔3〕「将得甚麼来？」参照）。

真

そこで南泉、「只《た》だ這《こ》れ是《なる》のみ——只這是」。これこのとおり、私がありのままの私であるということ、それがそのまま馬祖の禅の体現にほかなりませぬ。しかし、如会はそれだけでよしとはしません、「背後底你《は》？」では、後ろ姿の「真」はどうか？「〜底」は「〜の」（『禅語辞典』頁三一七・下）。「〜你」は「〜聻」に同じで、「〜は？」という省略型の疑問文。現代漢語の「〜呢」に当たります（『同』頁三五八・上「聻」およびその前に出ている「…尼」「…你」「…𠯆」、参照）。「これこのとおり」はよいとして、ただそれだけか、更にそれを反転したところをも示せるか？南泉は「無対」、何も答えることができませんでした……。

この話から、馬祖門下の内部にも「只這是」のみに止まっていてはダメだという問題意識があったことが解ります。そうした動向を受けて、やがて馬祖系とは思想を異にする石頭系の禅という意識が形成されていったようです。「石頭―薬山―雲巌―洞山」という法系にはその傾向がとりわけ濃く現れており、今回の一段は、それを最もよく示す話の一つです。雲巌が「只遮是」と言うのにさきだって「良久」したのは、ただのありのままではない「只遮是」、それを暗示したものだったのでしょう。しかし、「洞山沈吟《とうざんちんぎん》す」、この時点で洞山はまだその真意を悟ることができず、黙ったまま考え込んでしまいました。「沈吟」は「①思いに沈む」〔『漢辞海』「沈吟」、頁八〇六・上〕。

　そこで雲巌は言います。「价《かい》〔洞山良价〕闍梨《じゃり》、遮箇《こ》の事を承当《じょうとう》せんには、大いに須《すべか》らく審細《しんさい》なるべし。――承当遮箇事、大須審細」。

「闍梨」は「闍黎」。「闍黎《じゃり》」「上座《じょうざ》」「大徳《だいとく》」は、もともと位の高い僧に対する呼称ですが、禅籍では、老師が修行僧に対する――つまり、上から下への――ていねいな呼びかけの語として用いられます。「承当」は「うけがう、引き受ける、己れの事とする。〝じょうとう〟と読みならわす」〔『禅語辞典』頁二二三・上〕。「審細」は「めんみつ」〔『同』頁二三一・上〕。良价君、「遮箇〔＝這箇〕の事」、すなわち究極の一事を我が事として引き受けようとするならば、必ずや綿密・仔細でなければならぬ。ここで特に「審細」に、と念を押しているのは、馬祖禅で行われているような大ざっぱで粗雑な「只這是」でなく、という含みでしょう。雲巌のこのことばを聞くと、「洞山言《ものい》わずして便ち行く。――洞山不言便行」、何も言わず、そのまますぐに〔便

沈吟
闍梨
承当
審細

ち）雲巌の下を後にしたのでした。

そして旅の途中、洞山は歩いて川を渡っていて、ふと水面に映った自分の影を見、そこではじめて雲巌の意を「頓悟」しました。「後、水を過《わた》りて影を観《み》るに因《よ》りて、方始《はじ》めて頓悟《とんご》す。――後因過水観影、方始頓悟。」。「頓悟」といっても、一撃の下に痛快に悟ったというのではありません。ここまでずいぶん長いいきさつがあり、その間に「審細」な思索や省察の過程があって、そのうえでようやく、やっと（方始《はじ》めて）、この「頓悟」に至ったという書き方です。そして「乃《すなわ》ち頌《じゅ》を述べて云く――乃述頌云」、その「頓悟」をふまえたうえで、おもむろに（乃ち）詠んだのが「過水の偈」と呼ばれるくだんの一首でした。その意味は前掲の訳文のとおりですのでくり返しませんが、ここで最も重要なのは「〝渠《かれ》〟は今《いま》正に是れ〝我《われ》〟、〝我《われ》〟は今〝渠《かれ》〟に不是《あら》ず」のところです。「我」は形而下の活き身の自己、いっぽう「渠」は形而上の本来の自己を指します。雲巌が「良久」と「只遮是」の一句で示したのは、馬祖禅のような単純明快なありのままの自己ではなく、現実の自己と本来の自己とが、二にして一、一にして二であるような玄妙深遠なる自己の姿だったのであり、洞山は川をわたる自分と水面に映ったもう一人の自分の影を通して、そのことをようやくにして悟ったのでした。このような「我」と「渠」との玄妙な不即不離の関係には、痛快で劇的な大悟よりも、深く長い「審細」なる参究の過程をへた、じんわりと沁み出してくるような悟り方が似つかわしいのでしょう。今回の一段に「乃」「方」

方始

乃

「方始」など、～してはじめて、～してようやく、という意の副詞が多用されているところに、そうした静かでゆっくりとした石頭系の禅の「審細」の気分が表現されているように思われます。（この頌の解釈およびそこに込められた石頭系の禅の思想については『語録のことば』十九「渠と我」をご参照ください）

なお旧作では第一句に見える「他」も「渠」に合わせて「かれ」の意に解していましたが、あとがすべて「渠」なのにここだけ語が違う点が不自然でした。今回は『景徳伝灯録』禅文化訓注本にしたがって、これを「ほか」（他者・外物）の意にとりました。

第27課　巌頭と雪峰（上）「只管打睡」

ここまで「石頭《せきとう》―薬山《やくさん》―雲巌《うんがん》―洞山《とうざん》」という系譜をたどってみました。のちに「曹《そう》洞《とう》宗」となる法系です。石頭の系統からは、他にも「雲門《うんもん》宗」と「法眼《ほうげん》宗」という二つの宗派が生まれています。その両者の共通の祖となるのが雪峰《せっぽう》義《ぎ》存《そん》という人でした。「石頭―天皇《てんのう》―龍潭《りゅうたん》―徳山《とくさん》―雪峰」という系譜に連なる人ですが、今回はその雪峰があに弟子の巌頭《がんとう》の助けで悟った時の物語を『五家正宗賛《ごけしょうしゅうさん》』巻一・雪峰真覚禅師章から読んでみます（『碧巌録』第二二則・本則評唱にもうすこし詳しい記述が見えます。岩波文庫、上、頁二九一）。一連の文脈ですが、説明の便宜のためにかりに三段に分け、

第27課　巌頭と雪峰（上）「只管打睡」

今回は〔1〕を、次回〔2〕〔3〕を読むことにします。

雪峰は若き日、巌頭全豁《がんとうぜんかつ》・欽山文邃《きんざんぶんすい》の三人組で行脚の旅をつづけていました。やがて欽山と別れ、巌頭と二人、澧州《れいしゅう》の鰲山《ごうざん》（湖南省朗州）に着いたところで大雪に遭い、何日も宿で足止めを食ってしまいました。

〔1〕雪峰は巌頭とともに澧州鰲山の旅籠に着き、そこで雪に降り込められた。　　雪峰義存
巌頭はただ寝てばかりおり、雪峰はひたすら坐禅していた。　　巌頭全豁

ある日、雪峰が呼びかけた。

「あに弟子、起きてくだされ!」

巌頭、「なんでだ?」

雪峰、「今生はまったく間《ま》が悪い。文邃のヤツといっしょに行脚してあちこちで足をひっぱられ、おまけに今度はあに弟子が寝てばかりおられる」。

それを聞いて、巌頭は一喝した。

「お前こそ、寝てしまえ! ド田舎の辺鄙な村の土地神さまじゃあるまいし、そう毎日、納まりかえっておっては、いつの日か、良家の子女を惑わさずにはすむまいぞ!」

雪峰は指先で己の胸を突きながら、訴えた。

「しかし、わたくしはまだ、ココが穏やかでないのです」
そこで、巌頭はいった。
「お前はいずれ孤高の地に庵を結び、仏も祖も罵り倒すに相違なきものとばかり思うておった。だのに、まだ、かような言い草をしておろうとは！」

師〔雪峰〕、巌頭《がんとう》と同《とも》に澧州《れいしゅう》鰲山《ごうざん》の店《やど》に到る。雪に阻《はば》まる。頭〔巌頭〕は唯《た》だ打睡《たすい》す。師は一向《いっこう》に坐禅す。一日、巌〔巌頭〕を喚《よ》びて曰く、「師兄《すひん》、起《お》き来《きた》れ！」巌曰く、「作麼《なんとし》てぞ?」師曰く、「今生《こんじょう》、便《たより》を著《つ》けず、文邃《ぶんすい》〔欽山〕の箇《こ》の漢《かん》と共に行脚して、到る処佗《かれ》に帯累《たいるい》さる。師兄、如今《いま》、又た只管《た》だ打睡《たすい》す」。巌喝《かっ》して云く、「噇眠《とうみん》し去れ！毎日恰《あた》かも七村裏《しちそんり》の土地《とち》の似《ごと》くにして、他時後日《たじごじつ》、人家《にんけ》の男女《なんにょ》を魔魅《まみ》し去らん在《ぞ》」。師胸《むね》を点《つ》きて云く、「某甲《それがし》、這裏《ここ》未だ穏やかならざる在《なり》」。巌曰く、「你《なんじ》他後、孤峯頂上《こほうちょうじょう》に向《お》いて草庵《そうあん》を盤結《ばんけつ》し、呵仏罵祖《かぶつばそ》し去在《さらん》と将謂《おも》いしに、猶《な》お者箇《かか》る語話《ごわ》を作《な》せるとは！」

師同巌頭到澧州鰲山店。阻雪。頭唯打睡。師一向坐禅。一日、喚巌曰、「師兄、起来！」巌曰、「作麽?」師曰、「今生不著便、共文邃箇漢行脚、到処被佗帯累。師兄如今又只管打睡」。巌喝云、「噇眠去！毎日恰似七村裏土地、他時後日魔魅人家男女去在」。師点胸云、「某甲這裏未穏在」。巌曰、「将謂

一　你他後向孤峯頂上盤結草庵、呵仏罵祖去在、猶作者箇語話！」

店

「師、巌頭《がんとう》と同《とも》に澧州《れいしゅう》鰲山《ごうざん》の店《やど》に到る。雪に阻《はば》まる。――師同巌頭到澧州鰲山店。阻雪」。「店」はここでは「①商家、みせ」ではなく「②旅館、やど〝旅店〟」のこと（『漢辞海』「店」□一《名》、頁四七三・上）。第7課〔2〕で看た「忽《たちま》ち一客《いっかく》有りて柴《まき》を買い、遂《かく》て恵能《それがし》を領《ひき》いて、官店に至る。――忽有一客買柴、遂領恵能、至於官店」の「店」と同じです。

只管

「澧州鰲山《れいしゅうごうざん》の店《やど》」で雪に閉じこめられた二人でしたが、「頭は唯《た》だ打睡《たすい》す。師は一《いっ》向《こう》に坐禅す。――頭唯打睡。師一向坐禅」。巌頭はただ寝てばかりおり、雪峰はひたすら坐禅していました。この一文は『碧巌録』でも「巌頭毎日只是打睡。雪峰一向坐禅」と書かれていますが、この話の最も古い記録である『祖堂集《そどうしゅう》』巻七・巌頭章では「師〔巌頭〕毎日只管睡、雪峰只管坐禅」となっています。「只管《しかん》」ということばはすぐ後にも出てきますが、この語が「一向」のように「ひたすら、いちずに〜」という意味にもなれば、「只是」や「唯」と同じように「ただ〜してばかりいる」という意味にもなることがわかります。「只管」という言葉はよく「ひたすら」と訳されますが、それはこの言葉の一面に過ぎません。「只管」の意味は単に「ただ」ということで、それが文脈によって、良い事を「ただ」ひたすらやる意味にもなれば、そうでない事を「ただ」してばかりいるという意味にもなるのです（小川

「只管」ということ」参照。『春秋』第五五二号、春秋社、二〇一三年一〇月）。

打

「打睡《たすい》」の「打」は、ここでは「③〔近〕ある種の動詞の前に用いて複合語とし、その動作がいきいきと具体的に進行する意を表す。〝打坐《たざ》（＝すわる）〟〝打睡《たすい》（＝ねる）〟」（『漢辞海』「打」A㊀《動》③、頁五七九・下）。禅籍ではほかに次のような用法もよく出てきます。「②……する。《習慣的な用法で、具体的な動作を示す動詞の代わりに用いる。宋《そう》の欧陽脩《おうようしゅう》の『帰田録』巻二に〝打〟を用いることを世俗の用法として多くの用例を挙げる》〝打飯（＝飯を届ける）〟〝打傘（＝かさをさしかける）〟〝打水（＝水を汲《く》む）〟〝打船（＝船を造る）〟」（同前／『禅語辞典』頁二八一・上もあわせてご参照ください）。

　寝てばかりいる巌頭の姿にたまりかね、雪峰は大きな声で巌頭に呼びかけます。「師兄《すひん》、起《お》き来《きた》れ！――師兄、起来！」「師兄」は師承関係における兄、すなわち、あに弟子。おとうと弟子は「師弟《すてい》」。「起来」の「来」は方向補語（第19課）。動作が話し手のほうに近づいてくる感じを表します。あに弟子、寝てばかりおらんで、起きて来てくだされ！

作麼

　そこで巌頭はいかにも大儀そうに応じます、「作麼《そも》？」「作麼」は「作麼～」と動詞句の上にくれば、どのように、いかに。「～作麼」と動詞句の下にくれば、～してどうする、～して何になる（第11課、（3）⑥）。ここは後者の用法で「～」の部分が省かれたもの。起きろというが、起きてどうする。何で起きなきゃならんのだ。

そこで雪峰は苛立たしげに述べ立てます。「今生《こんじょう》、便《たより》を著《つ》けず。――今生不著便」。「不著便」は「ツイてない」（『禅語辞典』頁三九九・上）。「文邃《ぶんすい》〔欽山〕の箇《こ》の漢《かん》と共に行脚して、到る処佗《かれ》に帯累《たいるい》さる。――共文邃箇漢行脚、到処被佗帯累」。「箇漢」は、こやつ、あやつ、ですが、ここのように人名の下につくと、だれだれのヤツ、なんとかのヤロウ。「帯累」は「人を巻きぞえにする。めいわくをかける」（『禅語辞典』頁二八八・下）。今生はまったくツイていない、欽山のヤツにあちこちで邪魔され、こんどは、さらに、あに弟子どのが、ただ寝てばかりおられる。「師兄《すひん》、如今《いま》、又《た》只管だ打睡《たすい》す。――師兄如今又只管打睡」。「只管」と「打睡」については、ついさきほど勉強しました。「又」は「㋑そのうえ。ほかに。《意味をさらに加えたり、二つの事情が重ねて存在する意》」（『漢辞海』「又」□一《副》①、頁二二二・上）。「また」と訓読はしますが、「亦《また》」や「也《また》」がヨコ並びな感じなのに対し、「又」はその上さらにまたと上乗せする感じです（第8課〔8〕「又是獦獠」）。欽山のヤツにさんざ迷惑をかけられたあげく、今度はおまけに（又）あに弟子どのがぐうぐう寝てばかりおられる。もう、やっていられない！という感じがこの「又」にこもっています。

不著便

箇漢

又

それを聞いた巌頭は激しく一喝しました。「噇眠《とうみん》し去れ！　毎日恰《あた》かも七村裏《しちそんり》の土地《とち》の似《ごと》くにして、他時後日《たじごじつ》、人家《にんけ》の男女《なんにょ》を魔魅《まみ》し去らん在《ぞ》。――噇眠去！、他時後日魔魅人家男女去在」。

「噇眠」は眠る。『大慧語録《だいえごろく》』巻一にこんな例が見えます。「心を息《や》めて妄想《もうぞう》を除く

噇眠

を用いず。大家《みな》飯を喫《くら》い了らば噇眠《ねむ》れ。噇眠ることは則ち無きに有らざるも〔噇眠則不無〕、或若《も》し夢中に人《ひと》有りて飯銭《はんせん》〔めし代〕を索《もと》めなば又た作麼生《いかん》?」。「～去」は、いろいろな用法がありますが、ここは「～しにゆく」「～しにゆけ」（第14課〔1〕「尋思去」、第17課〔2〕「見大愚去」、第21課〔1〕「選官去」参照）。「噇眠去」は、あっち行って寝とれ（現代中国語では「睡去吧！」「睡你的去吧！」）。

「毎日、恰《あた》かも七村裏《しちそんり》の土地《とち》の似《ごと》くにして――毎日恰似七村裏土地」。「恰似～」は「そっくりそのまま。まるで……みたい」（『禅語辞典』頁一二三四・下）。「土地」は「土《と》地神《ちしん》」（禅門での読み習わしは「どぢしん」）。「土地爺」「土地公」などとも称されるその土地の守り神（窪徳忠『道教の神々』講談社学術文庫、一九九六年、頁二五七）。中国の民間諸神の体系のなかでは、最も位の低い、最も卑近な神さまです。「七村裏」については、よく解かりません。無著道忠『五家正宗賛助桀』は、七つの村が共同で祀っている土地神、という「旧解」を憶説として斥け、「三家村裏」（家が三軒しかないような辺鄙な田舎の村）と同じような意味、つまり、家が七軒しかないようなヘンピな田舎の村の意と推定しています（禅文化研究所・基本典籍叢刊本、頁二〇六。ちなみに『碧巌録不二抄』には、七つの村の泥を合わせて作った塑像のように坐ったままで倒れない、という解が見えます。禅文化研究所・『禅語辞書類聚3』頁一二五）。道忠和尚の論拠は、ここの文を『雪峰年譜』が「恰似三家村裏土地相似」に作っていることですが（『雪峰語録』巻下・附録）、ほかに、同じ文を大慧の「黄氏道恩請普説」が「恰似七家村裏土地相似」に

～去

恰似～

七村裏土地

作っていることも傍証に加えてよいでしょう（四巻本『大慧普説』巻二）。今は道忠和尚のこの説にしたがいます。「七」という数字に特に意味が有るのかどうか解かりませんが、いずれにしても、黙々と坐りつづけている雪峰の姿を、いなかのホコラに祀られた貧相な土地神になぞらえて揶揄したものでしょう。そんなありがたいお姿でむっつり鎮座ましましておると、「他時後日《たじごじつ》、人家《にんけ》の男女《なんにょ》を魔魅《まみ》し去らん在《ぞ》。——他時後日魔魅人家男女去在」。このさきいつの日か、ちゃんとした家の子らを惑わすことになってしまうぞ。

「他時後日」は「のちのち、いつか」（『禅語辞典』頁二七八・下）。「人家男女《にんけなんにょ》」の「人家」は「ひとさま、ひとさまの。〝家〟は意味のない接尾語」（『禅語辞典』頁三六二・下）。「男女」は「子供、子女」（『禅語辞典』頁三〇〇・下）。『臨済録』にも「好人家《こうにんけ》の男女《なんにょ》、這《こ》の一般の野狐《やこ》の精魅《せいみ》の所著《しょじゃく》を被《こうむ》って、便即《すわな》ち捏怪《ねっかい》す」という例が見えます（岩波文庫、頁四三）。まっとうな家の子がキツネの精のようなインチキな輩に魅入られて、妄想を弄しているしまつだ、というわけです。「（好）人家男女」は、禅籍では、何の過不足も無く、もともと仏である衆生、の喩えです。「魔魅」は『漢語大詞典』には「魔鬼」という名詞の意味が出ていますが、ここは「魔魅する」という動詞。魅惑的な教えで、人のこころをたぶらかす、魅入る。句末の「～去在」は「〝結果＋精警〟の語気」（太田辰夫「『祖堂集』語法概説」、『中国語史通考』白帝社、頁二一九）。細かくいうと「去」は「結果・実現の語気」（同頁二一八）、「在」は「ある事態が存

他時後日

人家男女

魔魅

～去在

在していること、あるいは精警（ある事態の存在を指摘して聴者の注意を促す語気）をあらわす」（同頁二一五）。つまり「去在」で、〜ということになるゾ、〜になってしまうゾ。「『祖堂集』語法概説」には次のような例文とその訳が挙げられています。いずれも『祖堂集』の例で、一つ目はちょうど今読んでいるのと同じ文です（引用にあたって体裁を変更しています）。

他時後日、魔魅人家男女去在。（巻七・巌頭章）
ゆくゆくは、人の子をまどわすことになるんだぞ（気をつけろ）。

汝向後也会去在。（巻十八・仰山慧寂章）
おまえもこれからさき、できるようになるよ。

寂子此語、迷却天下人去在。（同前）
寂くんのこのことばは、天下の人を迷わすことになるぞ。（〝寂〟は仰山和尚）

「他時後日《たじごじつ》、人家《にんけ》の男女《なんにょ》を魔魅《まみ》し去らん在《ぞ》。——他時後日魔魅人家男女去在」。このさきいつの日か、まっとうな家の子らを惑わすことになってしまうぞ！ つまり、聖なる「仏法」という幻想によって、本来過不足なきありのままの自己を人々に見

点胸

～在

失わせることになってしまうぞ！　巌頭からそう叱責された雪峰は、「点胸」、指先で自分の胸を指しながら言いました。「某甲《それがし》、這裏《ここ》未だ穏やかならざる在《なり》。──某甲這裏未穏在」。「点胸」はふつう「自分の胸を指でトンと突く。自信たっぷりのしぐさ」ですが（『禅語辞典』頁三二七・上）、ここは逆に、不安でたまらぬ胸の内──「這《コ》裏《コ》」──を指さす動作です。「在」はついさきほどの「ある事態が存在していること、あるいは精警」ですが「『祖堂集』語法概説」はそこにさらに「〝有～在〟〝猶～在〟〝未～在〟などと呼応するのが特徴」という説明を加えています（頁二一五）。そこに挙げられた『祖堂集』の例文とその訳です（ここも、引用に当たって体裁を変更しています）。

更有庵在。（巻三・牛頭法融章）
ほかに庵があるんですよ。

這个人未出家在。（巻六・神山僧密章）
この人はまだ出家していませんな。

雖然如此、猶慮恐人笑在。（巻十・長慶慧稜章）
そうはいっても、なお人が笑うのが心配です。

若与麼汝智眼猶濁在。（巻十八・仰山章）

もしそうならおまえの智の眼はまだ濁っているぞ。

「某甲這裏未穏在」、それがしはココがまだ穏やかでないのです——思いつめた表情で己が胸を指で突きながら訴える雪峰に、巌頭は言いました、「你《なんじ》、他後、孤峯《こほう》頂上《ちょうじょう》に向《お》いて草庵《そうあん》を盤結《ばんけつ》し、呵仏罵祖《かぶつばそ》し去在《さらん》と将謂《おも》いしに、猶《な》お者箇《かか》る語話《ごわ》を作《な》せるとは！——将謂你他後向孤峯頂上盤結草庵、呵仏罵祖去在、猶作者箇語話！」

他後

「他後」はさきほどの「他時後日」に同じ。「いずれのち、いつか」（『禅語辞典』頁二七八・下）。「孤峯頂上《こほうちょうじょう》に向《お》いて草庵《そうあん》を盤結《ばんけつ》し、呵仏罵祖《かぶつばそ》し去在《さらん》」は、何者も寄せつけぬ嶮峻なる孤高の山頂で草庵を結び、仏祖を罵倒し呵責することになるに違いない（去在）。もとは潙山が徳山を評した語で、『碧巌録』第四則・本則などに見えます（岩波文庫、上、頁七八）。

将謂

てっきり、そうだとばかり「将謂《おも》」うておったのに、にもかかわらず、お前は「猶《な》お」まだそんな「語話《ごわ》」を「作《な》」しておるのか！「将謂」は第16課〔3〕「将謂胡鬚赤、更有赤鬚胡」のところでもやりました。「六朝以来の俗語。いつも〝思い違いする〟〝誤解する〟という意味。〝将為〟とも書く（入矢義高『伝心法要・宛陵録』二四頁）。〝……とばかり思っていた〟。また〝……とばかり思っていたら、実はそうでないことが分かった〟という意の句が下に続くことが多い」（『禅語辞典』頁二一四・上）。『臨済録』にもこんな例が見えます。「我将謂是箇人、元来是揞黒豆老和尚。――我れ是れ箇《コ》の人かと将謂《おも》いきや、元来《なん》と是れ揞黒豆《あんこくず》の老和尚なるのみ」。てっきり、ひとかどのお人（「箇」は「一箇」の意）とばかり思うておりましたのに、なんと黒豆食いの（経文の文字を一つ一つたどりながら読むだけの）老いぼれ和尚でしかなかったとは！（岩波文庫、頁一九六。「元来」は「なんと。期待はずれ。以外さの気分を表す」『禅語辞典』頁七二・下）。

ここも同様で、おまえは「他後」いずれの日にか「孤峯頂上《こほうちょうじょう》に向《お》いて草庵《そうあん》を盤《ばん》結《けつ》し、呵仏罵祖《かぶつばそ》」することになるに相違ない（去在）、てっきり、そう「将謂《おも》」うておったのに、にもかかわらず「猶《な》お」まだ、そんな「語話《ごわ》」を「作《な》」しておろうとは！「語話」は「ものを言う、しゃべる。また、言辞、言葉」（『禅語辞典』頁一二三・上）。「作～語話」で、～な言いぐさをする。問答はさらにつづきます。

第28課　巌頭と雪峰（下）「鰲山成道」

旅の途中、雪に降り込められて足止めをくらった「澧州《れいしゅう》鰲山《ごうざん》の店《やど》」。そこで雪峰は自分の胸を指で突きながら、思いつめた表情で巌頭に訴えました。「それがしはココがまだ穏やかでないのです」。

それを聞いた巌頭は、激しい口調で叱咤します。「お前はいずれ孤高の地に庵を結び、仏も祖も罵り倒すに違いないとばかり思うておった。それが、なおも、かかる言い草をしておろうとは！」
しかし、どう咎められても、雪峰の胸のつかえは解けません。

〔2〕雪峰、「いや、わたしはほんとうに、まだ穏やかでないのです」
巌頭、「ほんとうにそうなら、お前の見処《けんじょ》にもとづいて、一つ一つこちらに述べてこい。正しいところは証明し、正しくないところは削り取ってやろう」
雪峰、「初めに塩官《えんかん》禅師のところに行って色《しき》と空《くう》の相即の教えを聞き、道への入り口を察知しました」　塩官斉安
巌頭、「このさき死ぬまで、断じてそのことを口にしてはならぬ」
雪峰、「その後、洞山の《過水の偈》でハッと悟るところがありました」　洞山良价
巌頭、「そんなことでは、己れ自身を救うことすら、ままなるまい」。

師〔雪峰〕曰く、「我れ実に未《いま》だ穏やかならざる在《なり》」。巌〔巌頭〕曰く、「若《も》し実に如此《かくのごと》くならば、汝が見処《けんじょ》に拠《よ》りて一一通《の》べ来《きた》れ。是《ただ》しき処《ところ》は、你《なんじ》が与《ため》に証明せん。是《ただ》しからざる処《ところ》は、你《なんじ》が与《ため》に剗《けず》り却《さ》らん」。師曰く、「我れ初め塩官《えんかん》に到りて、色空《しきくう》の義《ぎ》を挙《こ》するを聞き、箇《こ》の入処《にっしょ》を得たり」。巌〔巌頭〕曰く、「此《こ》れより去《さき》三十年、切に挙著《こじゃく》するを忌《い》む」。師曰く、「又た洞山《とうざん》の《過《か》

水悟道《すいごどう》の頌《じゅ》》に因《よ》りて、箇の省処《せいしょ》有り」。岩〔巌頭〕曰く、「若《も》し恁麼《かくのごと》くならば、自《みずか》らを救うすら也《な》お了《りょう》ぜざらん」。

師曰、「我実未穏在」。巌曰、「若実如此、拠汝見処一一通来。是処、与你証明。不是処、与你剗却」。師曰、「我初到塩官、聞挙色空義、得箇入処」。巌曰、「此去三十年、切忌挙著」。師曰、「又因洞山過水悟道頌、有箇省処」。岩曰、「若恁麼、自救也不了」。

「我れ実に未《いま》だ穏やかならざる在《なり》。——我実未穏在」、そう訴える雪峰に、巌頭は言いました（「未～在」については前回参照）。「若《も》し実に如此《かくのごと》くならば、汝が見処《けんじょ》に拠《よ》りて一一通《の》べ来《きた》れ。——若実如此、拠汝見処一一通来」。もし、ほんとうに心がまだ穏やかでないというのなら、自身の見解にもとづいて、一つ一つ、こちらへ述べて来るがよい。「通」は「⑦陳述する。のべる」（『漢辞海』「通」[一]《動》、頁一四三五・下）。「～来」は、動作が話し手の側に近づいてくる方向で行われることを表す方向補語（第19課）。～して来る。～してよこす。さすれば、「是《ただ》しき処《ところ》は、你《なんじ》が与《ため》に証明せん。是《ただ》しからざる処《ところ》は、你《なんじ》が与《ため》に剗《けず》り却《さ》らん。——是処、与你証明。不是処、与你剗却」。正しい点は正しいと証明し、正しくない点はすっかり削り取ってやろう。「与～」は「～のために」。これを動詞に前置することで、ドウコウしてやる、とい

通

～来

与～

剗却

う意味が加わります（第22課〔3〕「与〜」「為〜」参照）。「剗却《さんきゃく》」の「剗」は「けず-る。ケヅ-ル①平らにけずる。……③除きとる。か-る〝剗除〟」（『漢辞海』「剗」一頁一七七・下）。「〜却」は、すっかり〜してしまう、という結果補語（第19課）。「…してしまう。…して。《動詞の後に置き、完成や完了の意を添える》」（『漢辞海』「却」三《助》①、頁二二四・上）。

　そこで雪峰は、自身の経歴をたどりながら、そのなかで得た見処を、一つ一つ、順に述べてゆきます。最初に雪峰が参じたのは、馬祖《ばそ》の法嗣の塩官斉安《えんかんさいあん》禅師でした。「我れ初め塩官《えんかん》に到りて、色空《しきくう》の義《ぎ》を挙《こ》するを聞き、箇《こ》の入処《にっしょ》を得たり。——我初到塩官、聞挙色空義、得箇入処」。わたしは最初、塩官禅師のもとへ行き、「色空の義」を説かれるのを耳にして（聞）、ひとつ（箇）、道への入り口を得ました。「聞」は、こちらから耳を働かせて能動的に「聴く」のでなく、おのずと耳にはいってきて「聞こえる」。「挙《こ》す」は話して人に伝える。「箇」は一箇。「入処」は悟入の端緒。道への入り口。

色空義

　塩官の「色空の義」について確かなことは解りませんが、『祖堂集』巻十六・黄檗《おうばく》章に、黄檗が行脚中に塩官から聞いた教えがこう記されています。「色即是空《しきそくぜくう》なれば、〝空〟の義成《な》らず。空即是色《くうそくぜしき》ならば、〝色〟の義成《な》らず」。また『碧巌録種電鈔《へきがんろくしゅでんしょう》』は次のような塩官の所説を引いています。「塩官《えんかん》上堂して云く、夫《そ》れ諸仏の本源《ほんげん》は、衆生《しゅじょう》に本より有り。迷《まよ》える時には〝空〟を呼びて〝色〟と作《な》し、了《さと》れる時には〝色〟

を呼びて〝空〟と作《な》す。色と空と、明と暗と、終《たえ》て差別《しゃべつ》無し、看破《かんぱ》せば還《かえ》って同じ」（『碧巌録索引』禅文化研究所・基本典籍叢刊、頁九四上）。

残念ながら、『種電鈔』に引かれた説の出拠は今のところ何処にも確かめられないのですが、ともあれ、塩官の「色空の義」を耳にしてひとつの「入処」を得たという雪峰のことばを、巌頭はただちに「剗《けず》り却《さ》」ります。「此《こ》れより去《さき》三十年、切に挙著《こじゃく》するを忌《い》む。——此去三十年、切忌挙著」。「三十年」は実数でなく、禅僧としてのひととおりの修行の年数（『禅語辞典』頁一六〇・下「三十年後」条、参照）。このさき「三十年」断じてそのことを人に話してはならぬ、というのは、三十年たったら言ってよいということではなく、「生涯、二度と口にしてはならぬ」というこころ。「～著」は結果補語（第19課）。動作の到達・実現を表します。

三十年

そこで雪峰は、次に洞山良价《とうざんりょうかい》禅師の偈頌から得られた体験を語ります。「又た洞《とう》山《ざん》の《過水悟道の頌《かすいごどうのじゅ》》に因《よ》りて、箇の省処《せいしょ》有り。——又因洞山過水悟道頌、有箇省処」。その後、さらにまた洞山禅師の「過水の偈」で、ひとつ（箇）の「省処」、すなわちハッと覚醒・省察する機縁を得ました。「過水の偈」は、洞山が川を渡りながら開悟した際の偈頌で、すでに第26課「雲巌と洞山（下）」で読みました。雪峰は「三《み》たび投子《とうす》（投子大同）に到り、九《ここの》たび洞山に上《のぼ》る——三到投子、九上洞山」と言い伝えられるほど、洞山にふかく親炙した人でした。しかし、巌頭はこの体験をも即座に「剗《けず》り却《さ》」ります。「若《も》し恁麼《かくのごと》くならば、自《みずか》らを救《すく》うすら也《な》お了《りょう》ぜざらん。——若

過水悟道頌

恁麼、自救也不了」。「恁麼《いんも》」は、そのように、このように（第11課（4））。もし、そのようであるならば――洞山の「過水の偈」なんぞでハッとしておるようでは――他人さまはおろか、わが身ひとつ救うことさえも（也）おぼつかぬぞ（〜すらもという意を表す「也」については第13課（2））。巌頭はほかのところでも洞山のことを「洞山は好箇の仏なるも、只だ是れ光無し」と評しています（小川『語録のことば――唐代の禅』頁二四五）。

そこで雪峰は、最後に徳山宣鑑《とくさんせんかん》禅師のもとで得た大悟の機縁を語ります。

〔3〕雪峰、「ついで〝歴代祖師の伝えた第一義は、わたくしにも受ける資格がございましょうか〟そう徳山禅師におたずねしたところ、〝何を言うか！〟と、一棒の下、したたかに打たれもうした。そこで、それがしは、桶の底が脱けるがごとくに頓悟したのでござる」

徳山宣鑑

すると巌頭から、天地を震わすような激しい一喝を食らわされた。

「〝門《もん》より入《い》る者は家珍《かちん》に不是《あら》ず〟そういうことばを知らぬのか！」

雪峰、「で、では、どうすれば？」

巌頭、「いつの日か大いなる教えを広めようと思うなら、一つ一つ、すべてが己の胸の内から迸《ほとばし》り出てきて、天をも地をも蓋い尽くすようでなければならん！」

雪峰は言下に大悟し、なんども続けて叫んだ。
「あに弟子！ 今日はじめて鰲山《ごうざん》での道の成就となりもうした！」

師〔雪峰〕云く、「某甲《それがし》、因《ちな》みに徳山《とくさん》に〝従上《じゅうじょう》の宗乗《しゅうじょう》中の事《じ》、学人《それがし》に還《は》た分《ぶん》有り也無《や》？〟と問えるに、山〔徳山〕打つこと一棒して、云く〝甚麼《なに》をか道《い》う？〟と。我当下《とうげ》に桶底《とうてい》の脱するが如くに相い似たり」。巌頭に震威《しんい》一喝され、云く、「豈《あ》に道《い》うを聞かずや〝門《もん》より入《い》る者は家珍《かちん》に不是《あら》ず〟と？」師曰く、「如何《いか》にせば即ち是《よ》き？」巌〔巌頭〕曰く、「他後《たご》、若《も》し大教を播揚《はんよう》せんと欲さば、須《すべから》く一一自己の胸襟《きょうきん》より流れ出し将《き》来《た》り、我が与《ため》に蓋天蓋地《がいてんがいち》し去るべし」。師言下《ごんか》に於いて大悟《たいご》し、連声《れんしょう》に叫びて曰く、「師兄《すひん》、今日始《はじ》めて是れ鰲山成《ごうざんじょう》道《どう》なり！」

師云、「某甲因問徳山〝従上宗乗中事、学人還有分也無？〟山打一棒、云〝道甚麼？〟我当下如桶底脱相似」。被巌頭震威一喝、云、「豈不聞道〝従門入者不是家珍〟？」師曰、「如何即是？」巌曰、「他後若欲播揚大教、須一一従自己胸襟流出将来、与我蓋天蓋地去」。師於言下大悟、連声叫曰、「師兄、今日始是鰲山成道！」

雪峰は語ります。「某甲《それがし》、因《ちな》みに徳山《とくさん》に〝従上《じゅうじょう》の宗乗《しゅうじょう》中の事《じ》、学人《それがし》に還《は》た分《ぶん》有り也《や》無？〟と問えるに――某甲因問徳山〝従上宗乗中事、学人還有分也無？〟」いにしえより代々伝わってきた根本の宗旨、それはわたくしにも受用する資格が有りましょうか？そう徳山に問いましたところ。「山〔徳山〕打つこと一棒して、云く〝甚麼《なに》をか道《い》う？〟――山打一棒、云〝道甚麼？〟」。徳山は、わたしを棒でバシリと打ちすえて言いました、「何を言うか！」と。そこで、私は決定的な頓悟の体験に至ったのでした。「我当下《とうげ》に桶底《とうてい》の脱するが如くに相い似たり。――我当下如桶底脱相似」。「某甲《ぼうこう》」は、へりくだった一人称、それがし（『禅語辞典』頁四二七・上）。「学人《がくにん》」は道を学ぶ人の意で、修行者・求道者のことですが、この語も自分自身を指していうと、やはり、へりくだった一人称となります（『禅語辞典』頁六〇・下）。「還～也無？」はこれまで何度も出てきた、是非疑問の定型。「還～否？」「還～麼？」とも（第11課（5））。「甚麼《なに》をか道《い》う」の「甚麼《じんも》」は「ナニ」の意の疑問詞。「什麼《じゅうも》」と同じ（第11課（2））。「当下《とうげ》に桶底《とうてい》の脱するが如くに相い似たり」の「当下」は「即時に、その場で」（『禅語辞典』頁三三四・下）。「桶底《とうてい》脱す」は「桶の底が抜ける。身心脱落の喩え」（『禅語辞典』頁三四一・上）。

某甲
学人

如～相似　「如～相似」は、～のような。文語なら「如～」「似～」だけでその意が表されますが、口語ではしばしば「如～相似」「似～相似」のように、前後呼応し

如…相似

た句型で同じ意が表されます。「如」「似」の前には、「一《ひとえ》に」「大《おお》いに」「恰《あたか》も」などの強めの語が加わることがよくあります。『碧巌録』から幾つか例を挙げてみます。

似捋虎鬚相似。（第二六則・本則評唱）
虎鬚《こしゅ》を捋《ひ》くが似《ごと》くに相い似たり。
（「捋虎鬚《らっこしゅ》」は「虎のひげを引っぱる」『禅語辞典』頁四六九・下。命知らずの大それたマネ）

似…相似

一如他香林雪竇相似。（第一七則・頌評唱）
一《ひとえ》に他《か》の香林《きょうりん》・雪竇《せっちょう》の如《ごと》くに相い似たり。
（「香林」は香林澄遠禅師、「雪竇」は雪竇重顕禅師）

一如…相似

一似鉄橛相似。（第四則・本則評唱）
一《ひとえ》に鉄橛《てっけつ》の似《ごと》くに相い似たり。
（「鉄橛」は、鉄の棒クイ。分割や歪曲の不可能なものの代表）

一似…相似

這老漢大似箇白拈賊相似。（第三〇則・本則評唱）
這《こ》の老漢《ろうかん》、大いに箇の白拈賊《はくねんぞく》の似《ごと》くに相い似たり。
（「白拈賊」は、白昼堂々のひったくり、『禅語辞典』頁三八〇上。「びゃくねんぞく」とも）

大似…相似

恰似…相似

恰似七村裏土地相似。（第二二則・本則評唱）

恰《あたか》も七村《しちそん》裏の土地《とち》の似《ごと》くに相い似たり。

（前回、読んだ文です）

桶底脱

「如桶底脱相似」で、桶の底がバカッと抜けるように頓悟する、という定型表現になっています。

所以一言之下、如桶底脱相似。（第七則・本則評唱）

所以《ゆえ》に一言《いちごん》の下《もと》、桶底《とうてい》の脱するが如くに相い似たり。

直下便会、如桶底脱相似。（第四四則・本則評唱）

直下《じきげ》に便ち会《え》して、桶底《とうてい》の脱するが如くに相い似たり。

（「直下」は「そのまま。すぱりと」『禅語辞典』頁一八三・上）

塩官の説法による「入処」⇓洞山の偈による「省処」⇓徳山の一棒による「桶底脱」、と進んできた雪峰でしたが、そこまで至ったにもかかわらず、その心中は「まだ」（未～在）穏やかでないのでした。かくて雪峰は「巌頭に震威《しんい》一喝され、云く。――被巌頭震威一喝、云」。巌頭から激しい一喝を浴びせられ、こう叱責されました

（「被～」は受け身。『漢辞海』「被」［句法1］［句法2］、頁一二九四・中。受け身の句型については次の課でまとめて勉強します）。

豈《あ》に道《い》うを聞かずや「門《もん》より入《い》る者は家珍《かちん》に不是《あら》ず」と？

豈不聞道「従門入者不是家珍」？

従門入者不是家珍

門を通って外から入って来たものは、我が家の家宝たりえない。つまり、他人や書物から与えられたものは、永遠に外在の知識でしかなく、真の自己本分事とはなりえない。

　巌頭は、雪峰がこれまで得てきたものが誤謬だとか不足だとか言っているのではありません。それらが真に内発的な自分自身のものでない点を咎めているのでした。

豈不聞

「豈不聞（道）～」は「豈不見（道）～」「豈不知（道）～」などと同じく、先行の語句や話柄を引用する際の決まり文句。～という言葉を知らぬのか。～という話があるではないか（「道」がつく場合は成句、無い場合は一段の故事・話頭が引かれることが多いようです）。「豈《あ》に道《い》うを聞《き》かずや〝智の師と斉《ひと》しきは師の半徳を減ず。智、師に過《まさ》りて方《はじ》めて伝授するに堪《た》う〟と。――豈不聞道〝智与師斉、減師半徳。智過於師、方堪伝授〟」（大慧『正法眼蔵』巻中、巌頭の語）。言うではないか、「智慧が師と同等なら、師の徳を半減させることになる。智慧が師を超えて、はじめて師の法を嗣ぐ資格があるのだ」と。

「門《もん》より入《い》る者は家珍《かちん》に不是《あら》ず」と言うではないか！　そう激しく一喝された雪峰は、巌頭にすがります。「如何《いか》にせば即ち是《よ》き？——如何即是？」では、どうすればよろしいのか？　そこで巌頭は確信にみちた口調で断言します、「他後《たご》、若《も》し大教を播揚《はんよう》せんと欲さば、須《すべから》く一一自己の胸襟《きょうきん》より流れ出し将来《きた》り、我が与《ため》に蓋天蓋地《がいてんがいち》し去さるべし。——他後若欲播揚大教、須一一従自己胸襟流出将来、与我蓋天蓋地去」。「〜将来」は前出の「〜来」と同じく、方向補語（第19課）。この先、いつか、大いなる教えを広めようと思うなら、一つ一つ、すべてが己の胸の内から迸り出てきて、天も地も蓋い尽くすようでなければならん！

〜将来

雪峰が自分の胸を指で突きながら、「それがしはココがまだ穏やかでないのです」、重ねてそう訴えていたのは、まだ、足りないものがあったのではなく、逆に、これまで名師たちからもたらされてきた——それ自体はいずれも文句なしに正しい——種々の外来の正解が、胸をいっぱいに塞いでいたからだったのでした。巌頭の一句はその閉塞を打破し、いわば心の激流を堰き止めていた正解の水門を一撃で破砕するような言葉だったのでした。そこで雪峰は、「師言下《ごんか》に於いて大悟《たいご》し、連声《れんしょう》に叫びて曰く——師於言下大悟、連声叫曰」、何度も繰り返して、こう叫びました。あに弟子！　今日はじめて鼇山《ごうざん》での道の成就となりもうした！「師兄《すひん》、今日始《はじ》めて是れ鼇山《ごうざん》成道《じょうどう》なり！——〝師兄、今日始是鼇山成道！〟」

鼇山成道

「今日始是」というのは、内発的なものでなかったが故に、これまでの所得はみな——まぎれもなき正解ではあっても——真の「成道」ではなかった、ということでしょう。

第29課　雲門（上）「秦時𨍏轢鑽」

前々回と前回、巌頭《がんとう》の導きによる雪峰《せっぽう》開悟の因縁を読みました。その後、師家となった雪峰は、閩《びん》王朝の庇護のもと、福建の地で大教団をかまえ、門下から多数の優れた禅者を輩出しました。そのなかでもとりわけ突出していたのが雲門文偃《うんもんぶんえん》と玄《げん》沙師備《しゃしび》で、のち、雲門の系統が「雲門《うんもん》宗」に、玄沙のマゴ弟子の法眼文益《ほうげんもんえき》の系統が「法眼《ほうげん》宗」になりました。この二宗と前に見た「臨済《りんざい》宗」「潙仰《いぎょう》宗」「曹洞《そうとう》宗」をあわせた五つの宗派が、後世、「五家《ごけ》」と総称されることになります。

今回は、雲門開悟の物語を『碧巌録《へきがんろく》』第六則・本則評唱で読んでみます。物語は〔1〕睦州《ぼくじゅう》との因縁、〔2〕雪峰との因縁、〔3〕霊樹《れいじゅ》との因縁、の三段から成っています。今回〔1〕を読み、次回つづけて〔2〕〔3〕を読むことにします。

雲門は最終的には雪峰の法嗣《はっす》となりますが、実際に長く師事して開悟の機縁を恵まれたのは、睦州道蹤《ぼくじゅうどうしょう》の下においてでした。睦州は黄檗希運《おうばくきうん》の法嗣で、俗姓にちなんで「陳尊宿《ちんそんしゅく》」とも呼ばれました。宋代以降、黄檗の会下《えか》で臨済の大悟を側面から助けた「首座《しゅそ》」がこの人だったと伝承されるようになることは、前に第17課「仏法無多子──黄檗と臨済」で看たとおりです。

睦州道蹤
雲門文偃

〔1〕雲門《うんもん》は初め睦州《ぼくじゅう》に参じた。

睦州は変転自在、実に取りつくシマのない人であった。ひごろの接化《せっけ》にあたっては、学人《がくにん》が門を跨《また》ぐなり、いきなりその胸ぐらをつかんで「言え！　言え！」と迫り、学人が何か言おうとして言えずにいると、すぐさま門外に推し出して、こう言うのであった。

「秦時《しんじ》の轆轢鑽《たくらくさん》！──この役立たずの、でくのぼうめが！」

雲門も同じく睦州に会いに行ったが、それがつごう三度目となった時のこと、雲門が門を敲《たた》くやいなや、睦州が「誰だ」と問うた。雲門が「文偃です」と答え、門が開いた一瞬のスキに跳びこむと、睦州はその胸ぐらをつかみ、「言え！　言え！」と迫った。雲門が何か言おうとしたところ、たちまち外に推し出されてしまった。その時、片方の足がまだ中にあったが、睦州に急いで門を閉められ、その足がへし折られてしまった。雲門はたまらず悲鳴をあげ、そこで忽然と大悟した。

その後、言葉の筋道をつかって人を接化すること、あたかも睦州と一つ型から抜き出したかのごとくであった。

雲門《うんもん》、初め睦州《ぼくじゅう》に参ず。州、旋機電転《せんきでんてん》、直《じき》に是れ湊泊《そうはく》し難し。尋常《ひごろ》、人を接《みちび》くに、纔《わず》かに門を跨《また》ぐや便ち搊住《すうじゅう》し、云く、「道《い》え！ 道《い》え！」擬議《ぎぎ》し来《きた》らざれば、便ち推《お》し出《いだ》して云く、「秦時《しんじ》の轆轢鑽《たくらくさん》！」雲門凡《およ》そ去《ゆ》きて見《まみ》ゆるに、第三回に至り、纔《わず》かに門を敲《たた》くや、州〔睦州〕云く、「誰《たれ》ぞ？」門〔雲門〕云く、「文《ぶん》偃《えん》」。纔《わず》かに門を開くや便ち跳《と》び入《い》る。州〔睦州〕搊住《すうじゅう》して云く、「道《い》え！ 道《い》え！」門〔雲門〕擬議《ぎぎ》するや、便ち門より推《お》し出《いだ》さる。一足、門閫《もんこん》の内に在り、州〔睦州〕に急ぎ門を合《とざ》され、雲門の脚を拶折《さっしゃく》す。門〔雲門〕忍痛《にんつう》して声《こえ》を作《な》し、忽然《こつねん》と大悟《たいご》せり。後来《のち》、語脈《ごみゃく》もて人を接《みちび》き、一摸《いちも》に睦州《ぼくじゅう》より脱出せり。

雲門初参睦州。州旋機電転、直是難湊泊。尋常接人、纔跨門便搊住云、「道！道！」擬議不来、便推出、云、「秦時轆轢鑽！」雲門凡去見、至第三回、纔敲門、州云、「誰？」門云、「文偃」。纔開門便跳入。州搊住云「道！道！」門擬議、便被推出門。一足在門閫内、被州急合門、拶折雲門脚。門忍痛作声、忽然大悟。後来語脈接人、一摸脱出睦州。

旋機電転

雲門は初め睦州《ぼくじゅう》に参じましたが、睦州は「旋機電転《せんきでんてん》」で、まったくもって〔「直是」〕「湊泊《そうはく》」し難い人でした。「旋機電転」は「機鋒をめぐらして稲妻のように働かせる。肇論の璇璣電転を転じた言い方」（『禅語辞典』頁二五八・上）。『肇論《じょうろん》』物不遷論《もつふせん》に「四象風馳、璇璣電捲——四象風《ししょうかぜ》のごとく馳《は》せ、璇璣電《せんきいなずま》のごとく捲《ま》く」とあり（大正四五—一五一下）、唐・元康《げんこう》『肇論疏《じょうろんしょ》』は「璇璣（機）」を渾天儀でなく北斗七星のこととしつつ、これを「七星の運転すること猶お電の巻くが如し」と釈しています（大正四五—一七〇上）。睦州の接化はあたかも北斗七星が稲妻のような速さで天空を回転するかのごとく、高速・急激で、予測も把握も不可能なものだったというわけです。

直是
湊泊

「直是」は「①まさに」（『禅語辞典』頁一八三・下）、「湊泊」は「接近する。どっと集まる」（『同』頁二七一・上）。「州、旋機電転《せんきでんてん》、直《じき》に是れ湊泊《そうはく》し難し。——州旋機電転、直是難湊泊」。

さて、その具体的なさまはというと、「尋常《ひごろ》」、「人を接《みちび》く」に当たっては（「尋常」は「ふだん、日ごろ」『禅語辞典』頁二三四・下、「接」は「会う、受け入れる」『同』二五〇・下）、修行僧が門のしきいを一歩またいだとたん、ただちに、その胸ぐらをギュッと掴んで、「言え！ 言え！」と迫る、というものでした。「尋常《ひごろ》、人を接《みちび》くに、纔《わず》かに門を跨《また》ぐや便ち搊住《すうじゅう》し、云く、〝道《い》え！ 道《い》え！〟——尋常接人、纔跨門便搊住云、〝道！道！〟」

纔〜便…

「纔A便B」は「纔《わず》かにAするや便ちB」。「わずかに」と訓読はしますが、「すこし」という意味ではなく、Aするやいなや（纔）、ただちに（便）Bする、という句型です（『禅語辞典』頁一五六・上「纔」参照。まえに第21課で詳しくとりあげました）。口調の関係で「便」が無い場合もありますが、その場合でもAとBの間髪を容れぬ緊迫した呼応関係は変わりません。今回の物語では睦州の「旋機電転《せんきでんてん》」ぶりを息もつかせぬスピード感で描写するため、この後も、この句型がくりかえし用いられています。「搊住《すうじゅう》」は「ぐっと胸ぐらをつかむ」（『禅語辞典』頁二四〇・下）。「～住」は「動詞のあとについて動作の固定を表す」結果補語です（『同』頁二〇三・上／第19課、結果補語、参照）。

～住

　学人が門内に一歩足を踏み入れたとたん（纔）、いきなり（便）――一言の挨拶をかわす間もなく、一瞬の思考のスキも与えず――即座に問答無用でその胸ぐらを締め上げ「道《い》え！　道《い》え！」と激しく迫る睦州。そこで学人は何か言おうとしますが（擬議）、そのまま言葉が出てこない（不来）でいると、睦州はたちまち（便）その者を門外に「推し出して」、ただ一言、こう言い捨てるのでした、秦時《しんじ》の䡨轢鑽《たくらくさん》！「擬議《ぎぎ》し来《きた》らざれば、便ち推《お》し出《いだ》して云く、〝秦時《しんじ》の䡨轢鑽《たくらくさん》！〟――擬議不来、便推出、云、〝秦時䡨轢鑽！〟」

　「擬～」は「……しようとする。文語の〝欲〟に当る。〝擬欲〟ともいう」（『禅語辞典』頁八一・下）。「擬議」は何か言おうとする、ということから、「ためらう、口ごもる。〝言わんと欲して未だ言わざるなり〟（『葛藤語箋』四）」（『同』頁八一・下）。「秦時䡨轢鑽」は「旧説では、秦の阿房宮を建てる時に使った回転式の大きなドリルで、その完成したあと無用のまま打ち捨てられたという。無用の長物の喩えらしい」（『同』頁二二九・上）。

擬～

秦時䡨轢鑽

さて、雲門が睦州のもとへ訪ねて行って合計で（凡）三度目となった時のこと、門を叩いたとたん（纔）睦州がすかさず「誰だ」と問い、雲門は「文偃《ぶんえん》です」と応じました。「纔《わず》かに門を敲《たた》くや、州（睦州）云く、〝誰《たれ》ぞ？〟門（雲門）云く、〝文偃《ぶんえん》〟。──纔敲門、州云、〝誰？〟門云、〝文偃〟」。

そこで門が開いた一瞬のスキを突いて、雲門はすばやく跳びこみます。「纔《わず》かに門を開くや便ち跳《と》び入《い》る。──纔開門便跳入」。すると睦州はいつものように、胸ぐらをギュウギュウ締め上げながら迫ります。言え！言え！「州（睦州）搊住《すうじゅう》して云く、〝道《い》え！道《い》え！〟──州搊住云〝道！道！〟」雲門はそこで何か言おうとしましたが、しかし、すぐさま門の外に推し出されてしまいました。「門（雲門）擬議《ぎぎ》するや、便ち門より推《お》し出《いだ》さる。──門擬議、便被推出門」（「被～」の受け身文については後述。「～出」は動作が内から外に向かって行われることを表す方向補語。方向補語については、第19課、参照）。

しかし、この時、雲門の片足がまだ門の内に残っていました。にもかかわらず、睦州はおかまいなしに急いで門を閉め、おかげで、その足はへし折られてしまいました。「一足、門閫《もんこん》の内に在り、州（睦州）に急ぎ門を合《とざ》され、雲門の脚を拶折《さっしゃく》す。──一足在門閫内、被州急合門、拶折雲門脚」（ここも「被～」を使った受け身文。後述）。

雲門はたまらず悲鳴をあげ、その拍子に、突如大悟したのでした。「門（雲門）忍《にん》痛《つう》して声《こえ》を作《な》し、忽然《こつねん》と大悟《たいご》せり。──門忍痛作声、忽然大悟」。

「忍痛作声」は「作忍痛声――忍痛《にんつう》の声《こえ》を作《な》す」ともいいます。痛みをこらえるという字面ですが、じっさいはこらえきれずに声をあげることです。有名なのは馬祖《ばそ》と百丈《ひゃくじょう》の「野鴨子《やおうす》」の問答の例ですが（『碧巌録』第五三則、小川『続・語録のことば――《碧巌録》と宋代の禅』第二章参照）、ほかに次のようなお話もあります。『景徳伝灯録』巻六・石鞏慧蔵《しゃっきょうえぞう》章に見える、馬祖門下の石鞏と西堂知蔵《せいどうちぞう》の問答です。この一段には、これまでくりかえし勉強してきた基本的な語彙や句型がたくさん見えます。復習のつもりで、まずは自力で原文の読解に挑戦してみてください。もし忘れているものが有ったら、是非疑問の定型「還～麼?」については第11課（5）、「作麼生《そもさん》」については第11課（3）、「恁麼《いんも》」については第11課（4）、「～得」については第19課の可能補語、「直須～始得」については第17課〔2〕を看なおしてみてください。そのほか、「解《げ》～」は、～できる（『禅語辞典』頁一〇〇・下）。「大殺《だいさつ》～」は「はなはだ。〃大煞〃とも書く」（『同』頁二九〇・下）、「直得《じきとく》～」は「〃……という結果にまでなった〃ということを強く提示する」語法です（『同』頁一八三・下）。

師問西堂、「汝還解捉得虚空麼?」西堂云、「捉得」。師云、「作麼生捉?」堂以手撮虚空。師云、「作麼生恁麼捉虚空?」堂却問、「師兄作麼生捉?」師把西堂鼻孔拽。西堂作忍痛声云、「大殺拽人鼻孔! 直得脱去」。師云、「直須恁麼捉虚空始得」。

忍痛声
還～麼?
作麼生
恁麼
～得
直須～始得
解～
大殺～
直得

師（石鞏）、西堂《せいどう》に問う、「汝還《は》た解《よ》く虚空《こくう》を捉《とら》え得《う》る麼《や》？」西堂云く、「捉《とら》え得《う》」。師云く、「作麼生《いかに》か捉う？」堂（西堂）手を以って虚空を撮《つま》む。師云く、「作麼生《いかで》か恁麼《かくのごと》く虚空を捉う？」堂（西堂）却って問う、「師兄《すひん》、作麼生《いかに》か捉う？」師、西堂の鼻孔《はな》を把《と》りて拽《ひ》く。西堂、忍痛の声を作して云く、「大殺《はなは》だ人の鼻孔を拽く！ 直《じき》に脱《ぬ》け去《さ》るに得《いた》らん」。師云く、「直《じき》に須《すべか》らく恁麼《かくのごと》くに虚空《こくう》を捉えて始めて得《よ》し」。

石鞏、「おぬし、虚空をつかまえることができるか？」西堂、「できますとも」。石鞏、「どのように？」西堂はそこで、手で空をつまむしぐさをした。石鞏、「なんで、そんなことで虚空がとらえられよう」。西堂、「では、あに弟子どのなら、どのように？」すると石鞏は西堂の鼻をつかんでひっぱった。西堂はたまらず悲鳴をあげる。「なんというヒドイひっぱりよう、鼻がモゲてしまうではありませぬか！」そこで、石鞏はひとこと。「虚空は、このようにつかまえなければダメなのだ」

雲門も「忍痛」の叫びとともに大悟しました。その後、雲門は——激しい棒や喝ではなく——言葉のスジミチをもって人を接化しました。そのさまは、あたかも同じ一つの型から抜き出したかのごとく、睦州とそっくりだったのでした。「後来《のち》、語脈《ごみゃく》もて人を接《みちび》き、一摸《いちも》に睦州《ぼくじゅう》より脱出せり。——後来語脈接人、一摸脱出睦州」。

「語脈」は「言いまわし、ものの言い方」（『禅語辞典』頁一二二・下）、「一《いち》摸《も》脱出《だっしゅつ》」は「同じ鋳型から取り出したようにウリふたつ。〝摸〟は〝模〟と同じ」です（『同』頁一八・下）。

受け身文のまとめ　以上が物語の〔1〕ですが、つづきは次回にまわし、ここで禅籍によく出てくる主な受け身文の文型をまとめておきます（その他の受け身の句型については『漢辞海』の附録「漢文読解の基礎」17「受動文」を参照してください）。

A為B所《述語》――A、Bの《述語》する所と為る

A為B所〜

世人不悟、祇認見聞覚知為心、為見聞覚知所覆、所以不覩精明本体。（『伝心法要・宛陵録』筑摩書房・禅の語録8、頁二〇）

世人《せじん》悟らず、祇《た》だ見聞覚知《けんもんかくち》を認めて心《こころ》と為し、見聞覚知の覆《おお》う所と為り、所以《ゆえ》に精明《せいめい》の本体《ほんたい》を覩《み》ず。

世間の人々は悟らず、見聞覚知のみを実体視してそれをこそ「心」と思いなし、見聞覚知に覆われてしまっている。それで、精明の本体が見えないのだ。

（この句型については『漢辞海』頁八八四・上「為」［句法2］、参照）

A被B《述語》――A、Bに《述語》せらる

A被B〜

多被言語隔礙、所以不会。（『碧巌録』第二四則・本則評唱）
多く言語《ごんご》に隔礙《かくげ》せられ、所以《ゆえ》に会《え》せず。
たいていは言葉に隔てられて、それで悟れぬのだ。
（この句型については『漢辞海』「被」［句法1］［句法2］、頁一二九四・中、および『禅語辞典』頁三九〇下「被」条、太田辰夫『中国語歴史文法』朋友書店、頁二四四、参照）

A被B所《述語》——A、Bに《述語》せらる

A被B所～

灑灑落落、不被生死所染、不被聖凡情解所縛。（『碧巌録』第一七則・頌評唱）
灑灑落落《しゃしゃらくらく》、生死《しょうじ》に染められず、聖凡情解《しょうぼんじょうげ》に縛られず。
サッパリとして、生死に汚されることもなく、凡聖の分別意識に縛られることもない。
（この句型については『禅語辞典』頁三九〇下「被…所…」条、『中国語歴史文法』頁二四六、参照）

A蒙B《述語》——A、Bの《述語》するを蒙《こうむ》る

A蒙B～

我乃竈神、久受業報。今日蒙師説無生法、已脱此処、生在天中、特来致謝。（『碧巌録』第九六則・頌評唱）
我は乃ち竈神《そうしん》なり、久しく業報《ごっぽう》を受く。今日、師の無生法《むしょうほう》を説くを蒙《こうむ》り、已《すで》

に此《こ》の処《ところ》を脱して、天中に生まれたれば、特に来《きた》りて謝を致す。

わたくしは竈《かまど》の神にほかなりませぬ。長らく業の報いを受けてまいりました。本日、師に無生法をお説きいただき、ここから解脱して天上に転生することができましたので、わざわざお礼を申しにまいったのです。

（「被～」型の受け身文がふつう迷惑・不利益を受ける意を表すのに対し、「蒙～」型のほうは恩恵に与る意の受け身を表します。『中国語歴史文法』頁二四六、参照）

第30課　雲門（下）「人天眼目　堂中首座」

睦州道蹤《ぼくじゅうどうしょう》禅師の下、前回のような因縁で悟りを得た雲門文偃《うんもんぶんえん》は、次に雪峰義存《せっぽうぎそん》禅師に参じます。

〔2〕その後、陳操《ちんそう》尚書の邸宅に三年間住んだ。睦州《ぼくじゅう》は雲門《うんもん》に指示して雪峰《せっぽう》の下へ行かせた。
雪峰に着くと、雲門は大衆《だいしゅ》の列から進み出るなり、こう問うた。

「仏とは如何《いか》なるものぞ？」

雪峰、「寝言を申すな！」

雲門はすぐさま礼拝し、そして、そのまま三年が過ぎた。

陳操
雪峰義存

ある日、雪峰が問うた。
「君、見処《けんじょ》は、如何《いか》ようであるか?」
雲門、「それがし、見処は、いにしえの諸仏と糸ひとすじも異なっておりませぬ」

後《のち》、陳操《ちんそう》尚書の宅に於て住すること三年。睦州《ぼくじゅう》指《さ》して雪峰《せっぽう》の処に去《ゆ》かしむ。彼《かしこ》に至るや衆《しゅ》を出《いで》て便ち問う、「如何《いか》なるか是れ仏《ほとけ》?」峰〔雪峰〕云く、「寐《み》語《ご》する莫《なか》れ!」雲門《うんもん》便ち礼拝《らいはい》す。一《ひと》たび住するや三年たり。雪峰一日《いちじつ》問う、「子《し》、見処《けんじょ》、如何《いかん》?」門〔雲門〕云く、「某甲《それがし》、見処、従上《じゅうじょう》の諸聖《しょしょう》と一糸《いっし》毫許《ごうばかり》も移易《いえき》せざるなり」。

後於陳操尚書宅住三年。睦州指往雪峰処去。至彼出衆便問、「如何是仏?」峰云、「莫寐語!」雲門便礼拝。一住三年。雪峰一日問、「子見処如何?」門云、「某甲見処、与従上諸聖不移易一糸毫許」。

「陳操《ちんそう》」は唐代の文人官僚で、「尚書《しょうしょ》」は「②官名。…㋑隋《ずい》代以降、六部《りくぶ》(=中央行政官庁)の長官」(『漢辞海』「尚書」頁四二三・上)。『碧巌録《へきがんろく》』第三三則でもこの人と資《し》福《ふく》の問答が取り上げられていますが、圜悟《えんご》はそこの評唱《ひょうしょう》で次のように述べつつ、この人と雲門の問答を紹介しています(岩波文庫、中・頁三二二)。

陳操尚書は、裴休《はいきゅう》・李翱《りこう》と同時なり。凡《およ》そ一僧の来《きた》るを見るに、先ず斎《とき》に請《まね》き、銭三百を襯《ほどこ》して、須《かなら》ず勘辨《かんべん》す。……

裴休も李翱も中唐期の有名な高官で、いずれも禅僧たちとの深い道交で知られています（吉川忠夫「裴休伝―唐代の一士大夫と仏教」参照。裴休個人にとどまらず、破仏を含む中晩唐の歴史と禅について、広範かつ詳細な考察を看ることができます。『六朝隋唐文史哲論集Ⅱ――宗教の諸相』第十六章、法蔵館、二〇二〇年）。

『景徳伝灯録《けいとくでんとうろく》』巻十二は睦州道蹤禅師の法嗣として陳操の章を立てていますが、その冒頭に「睦州《ぼくしゅう》刺史《しし》陳操」と標していますので、睦州の「刺史」だった時にその任地で睦州禅師に参じたものでしょう。「刺史」は第7課でも看たように、「官名…㋑漢の武帝のとき郡守につぐ地方官となり、後漢の末期以降、〝牧〟ともいい、地方の軍事・民政をつかさどる長官となる。㋒隋の煬帝と唐の玄宗は刺史を太守に改めた」（『漢辞海』「刺史」頁一七二・上）。禅文化研究所『景徳伝灯録四』（頁五〇〇）に陳操章の訓注が具わっていますが、そこに注されているように、陳操という人は禅籍で特筆されているにもかかわらず、一般の史書にこの人に関する記録が見られないのが不思議です（郁賢皓『唐刺史考全編』頁二〇九五はその睦州刺史在任時期を「約開元前」としていますが、それだと睦州禅師の年代と甚だしく齟齬してしまいます）。

刺史

睦州の下での大悟の後、雲門はこの人の屋敷で三年間過ごしました。「後《のち》、陳操《ちんそう》尚書の宅に於て住すること三年。——後於陳操尚書宅住三年」（後於陳操尚書宅《住》三年）。これまで何度も看たように、動作の量を表すことば（ドレダケ～する／動作の長さや回数。ここでは「三年」）は《述語》の後にきます。日本語と逆の語順になりますが、訓読ではひっくりかえらずに「《述語》すること—ドレダケ」と訓読するのでした（第22課〔3〕「随衆作務凡三年」参照）。

動作量

どうしてお寺でなく高官の邸宅に身をおいていたのか、具体的な事情や年次は解りませんが、あるいは破仏か戦乱の難を避けるためだったのかも知れません。ともかく、その後、睦州は雲門に指示して雪峰禅師の下に行かせました。「睦州《ぼくじゅう》指《さ》して雪峰《せっぽう》の処に去《ゆ》かしむ。——睦州指往雪峰処去」。「指」はここでは動詞。「㋐指でさし示す」意から「㋑指図する」意（『漢辞海』「指」二《動》さ-す。〔ゆびサス〕。頁五九九・下）。「往～」は前置詞「…へ。…へ向かって」（『同』「往」B二《前》、頁五〇〇・上）。全体で、指図して「往雪峰処去」（往雪峰処《去》）させる、という使役の文脈になっています。

指

往～

かくして「彼《かしこ》」すなわち雪峰のところに着くと、文偃は聴法する大衆の列から進み出て問いました、仏とは何ぞや？「彼《かしこ》に至るや衆《しゅ》を出《いで》て便ち問う、〃如何《いか》なるか是れ仏《ほとけ》？〃——至彼出衆便問、〃如何是仏？〃」

雪峰はこの問いを、一言でばっさり斬り捨てます。寝言をほざくな！「寐語」は、寝言、たわごと（『漢辞海』「寐」一《動》①、頁四〇六・中）。「峰〔雪峰〕云く、〃寐語《みご》す

寐語

る莫《なか》れ！〟——峰云、〝莫寐語！〟」。

そこで雲門は、ただちに（便）礼拝し、いったんそこに留まるや、そのまま三年間、ずっとそこに居つづけたのでした。「雲門《うんもん》便ち礼拝《らいはい》す。一《ひと》たび住するや三年たり。——雲門便礼拝。一住三年」。

やがて、ある日のこと、雪峰が雲門に問いかけました。貴公、見処はどうか？「雪峰一日《いちじつ》問う、〝子《し》、見処《けんじょ》、如何《いかん》？〟——雪峰一日問、〝子見処如何？〟」。「子」は二人称の人称代詞、「①あなた《相手に対する敬称》」（『漢辞海』「子」［二］《代》、頁三七七・下）。敬称とはいっても、禅籍ではふつう、上から下、師から弟子への呼びかけに用いられます。しかし、「汝《なんじ》」「你《なんじ》」（おまえ）に比べて鄭重な語感、一目置いて尊重している感じがあることは、これまで幾度も看てきたとおりです（特に第20課〔2〕で「子作麼生？」「你見甚麼道理便礼拝？」「汝既如是、善自護持」を比べて看たことを思い出してみてください）。雲門はすでに睦州の下で大悟を得て来ている人なので、雪峰もそれなりの態度で接しているのでしょう。

問われて雲門は答えました。わたくしめ、見処は、過去代々の仏祖たちと糸ひとすじほども変わっておりませぬ。「門（雲門）云く、〝某甲《それがし》、見処、従上《じゅうじょう》の諸聖《しょしょう》と一糸《いっし》毫許《ごうばかり》も移易《いえき》せざるなり〟——門云、〝某甲見処、与従上諸聖不移易一糸毫許〟」。「某甲」もたびたび出てきたとおり、へりくだった一人称。「それがし」。「移易《いえき》」は「①かえる」「②移りかわる」（『漢辞海』「移易」、頁一〇四六・中）。「糸毫《しごう》」は「きわめてわ

子
某甲
移易
糸毫

ずかであるさま」（『同』「糸毫」、頁一〇九六・上）。「～許」は助詞「①…ほど。ばかり《数詞や量詞の後に置き概数を表す》」（『同』「許」五《助》、頁一一三三・上）。　～許

かくして雪峰に参じた後、雲門はさらに霊樹《れいじゅ》禅師の下に転じます。霊樹は不思議な予知能力をもった禅僧でした。

霊樹如敏

〔3〕霊樹《れいじゅ》禅師は、二十年もの間、門下に首座《しゅそ》を置かずにいた。そして、いつもこんなことを言うのであった。
「ほれ、わが首座が生まれたぞ」

「ほれ、わが首座が坐禅修行を始めたぞ」

「ほれ、わが首座が行脚《あんぎゃ》するようになったぞ」

それが、ふと、ある日のこと、突然、鐘をついて門前で首座を出迎えよと命じた。

一同が首をかしげていると、果たして雲門がやって来た。

そこでさっそく首座寮《しゅそりょう》に招き入れ、荷をほどかせたのであった。

霊樹は人々から「知聖《ちしょう》禅師」と呼ばれ、過去・未来のことをすべて予知していた。

ある日のこと、広主劉王《こうしゅりゅうおう》が挙兵しようとして、自ら院を訪れ、霊樹禅師に吉凶の見定めを請おうとした。霊樹は前もってそれを察知し、楽しげなおももちで、坐禅したまま遷化《せんげ》された。広主は立腹して言った。

「和尚は、いつ、病を得られたのか？」

侍者、「師はこれまで病になられたことなど、ございませぬ。つい今しがた、一つの小箱に封をされ、王のお越しを待ってこれを差し上げよと仰せられました」

そこで広主がそれを開いてみると、中からこんな書きつけが出てきた。

――人天《にんでん》の眼目《がんもく》は、堂中《どうちゅう》の首座《しゅそ》。

広主はその意を覚り、そのまま挙兵を止めた。

そして雲門を迎えて開堂させ、霊樹の住持とした。雲門に住したのは、その後のことであった。

霊樹《れいじゅ》、二十年、首座《しゅそ》を請《しょう》ぜず。常に云く、「我が首座、生《うま》れたり」。又た云く、「我が首座、牧牛《ぼくご》せり」。復《ま》た云く、「我が首座、行脚《あんぎゃ》せり」。忽《たちま》ち一日、鐘《かね》を撞《つ》き、三門《さんもん》の前にて首座を接《むか》えしむ。衆《しゅ》皆な之《これ》を訝《いぶか》るに、雲門果《はた》して至り、便ち請じて首座寮《しゅそりょう》に入りて包《に》を解かしむ。霊樹は人号《よ》びて「知聖《ちしょう》禅師」と曰う。過去・未来の事、皆な預《あらかじ》め知る。一日、広主劉王《こうしゅりゅうおう》、将《まさ》に兵を興さんとし、躬《みずか》ら院に入り、師に請《こ》いて臧否《よしあし》を決せしめんとす。霊樹已《すで》に先に知り、怡然《いぜん》として坐化《ざけ》す。広主怒《いか》りて曰く、「和尚何《いず》れの時《とき》にか疾《やまい》を得たる？」侍者対《こた》えて曰く、「師曽《かつ》て疾《やまい》有らず。適《まさ》に一の合子《はこ》を封じ、王の来《きた》るを俟《ま》ちて之を呈《てい》せしむ」。広主合《はこ》を開くや、一帖子《ちょうす》を得たり、云く、「人天《にんでん》の眼目《がんもく》は、堂中《どうちゅう》の首《しゅ》

座《そ》」。広主旨《むね》を悟り、遂《かく》て兵を寝《や》む。雲門を請じて出世《しゅっせ》して霊樹に住せしむ。後来《のち》方《はじ》めて雲門に住せり。

霊樹二十年不請首座。常云、「我首座生也」。又云、「我首座牧牛也」。復云、「我首座行脚也」。忽一日令撞鐘三門前接首座。衆皆訝之。雲門果至、便請入首座寮解包。霊樹人号曰知聖禅師。過去未来事皆預知。一日、広主劉王将興兵、躬入院、請師決臧否。霊樹已先知、怡然坐化。広主怒曰、「和尚何時得疾?」侍者対曰、「師不曽有疾。適封一合子、令俟王来呈之」。広主開合、得一帖子、云、「人天眼目、堂中首座」。広主悟旨、遂寝兵。請雲門出世住霊樹。後来方住雲門。

霊樹は福州《ふくしゅう》大安《だいあん》の法嗣《はっす》、霊樹如敏《にょびん》。『景徳伝灯録』巻十一に章が立てられています（禅文化訓注本・四—頁二六五）。この人は、自分の門下に、二十年間も首座《しゅそ》を置かず、いつもこんなことを言っていました。「霊樹《れいじゅ》、二十年、首座《しゅそ》を請《しょう》ぜず。常に云く——霊樹二十年不請首座。常云」。

「我が首座、生《うま》れたり。——我首座生也」

「我が首座、牧牛《ぼくご》せり。——我首座牧牛也」

「我が首座、行脚《あんぎゃ》せり。——我首座行脚也」

〜也

ここで繰りかえされている「〜也」は、文語の「〜ナリ」ではなく、口語の用法。「〜にナル、ナッタ」。新しい事態の出現・完成を示し、現代中国語の文末の「了」にほぼ相当します（太田辰夫『祖堂集』語法概説」、『中国語史通考』頁二一六）。「うちの首座が生まれたぞ」「うちの首座が修行を始めたぞ」「うちの首座が行脚の旅に出たぞ」。「〜也」の連用によって、事態が順々に新たな段階に進んでいっている感じがよく出ています。

牧牛

「牧牛」は、修行による心の統御・調整を牛飼いになぞらえた表現。霊樹の師の福州大安も、師の百丈《ひゃくじょう》懐海《えかい》禅師から次のような心得を説かれています。「牧牛の人の杖《つえ》を執《と》りて之《これ》を視《みは》り、人の苗稼《びょうか》を犯さしめざるが如し」（『景徳伝灯録』巻九・福州大安章、禅文化訓注本三—頁二九七。そこに注されているとおり、語は『遺教経』に基づきます）。

果

それが、ふと（忽）ある日のこと、霊樹は門下の僧たちに、鐘をついて三門の前でわが首座を出迎えよと命じました。一同は訳がわからずヘンに思っていましたが、そこへ霊樹の言葉どおり（果）雲門がやって来ました。霊樹はさっそく（便）雲門を首座寮に招き入れ、荷をほどかせたのでした。霊樹が言っていた「我が首座」とは、ほかならぬ雲門のことだったのでした。「果」は副詞、「は - たして。……㋑案の定。本当に。《予期したとおりである意》」（『漢辞海』「果」A四《副》①、頁七一四・下）。「忽《たちま》ち一日、鐘《かね》を撞《つ》き、三門《さんもん》の前にて首座を接《むか》えしむ。衆《しゅ》皆な之《これ》を訝《いぶか》るに、雲門果《はた》して至り、便ち請じて首座寮《しゅそりょう》に入りて包《に》を解かしむ。――忽一日令撞鐘三門前接首座。衆皆訝之。雲門果至、便請入首座寮解包」。

知聖禅師

霊樹は人々から「知聖《ちしょう》禅師」と呼ばれ、過去や未来のことをすべて予知していました。「霊樹は人号《よ》びて〝知聖《ちしょう》禅師〟と曰う。過去・未来の事、皆な預《あらかじ》め知る。――霊樹人号曰知聖禅師。過去未来事皆預知」。「過去」を「予知」というのもヘンみたいですが、過去の事についても、後から真相や実情が明らかになる前に、あらかじめそれを知っていた、と解しておきます。

広主劉王

将～

躬～

臧否

ある日、「広主劉王《こうしゅりゅうおう》」が挙兵を企て、自ら寺に足を運んで、霊樹禅師に事の吉凶・成否の見立てを乞おうとしました。「広主劉王」は、五代十国の南漢の王、劉龑《りゅうえん》（禅文化研究所訓注本『景徳伝灯録四』頁二七一注）。「将～」は副詞、ここは「㋑近い未来においてある行為をしようとする意志や意欲を表す。〝これから…しようとする〟〝…したい〟と訳す」（『漢辞海』「将」「句法1」頁四一五・中《句法1》）。「躬《キュウ》～」は副詞、「自分自身で。みずか-ら・ミヅカ-ラ」（『同』「躬」㊂《副》①、頁一四〇四・下）、「臧否《ソウヒ》（ゾウヒ）」は「①物事の善悪・よしあし。可否」（『同』「臧否」、頁一一九一・上）。「一日、広主劉王《こうしゅりゅうおう》、将《まさ》に兵を興さんとし、躬《みずか》ら院に入り、師に請《こ》いて臧否《よしあし》を決せしめんとす。――一日、広主劉王将興兵、躬入院、請師決臧否」。

ところが、霊樹はその事をすでに予知しており、いかにも楽しげなようすで「坐化」してしまいました。「怡然《いぜん》」の「怡」は「なごむさま。楽しむさま。よろこ-ぶ」（『同』「怡」㊀《形》①、頁五二二・下）。「坐化」は坐禅したまま遷化《せんげ》、すなわち死去すること。「霊樹已《すで》に先に知り、怡然《いぜん》として坐化《ざけ》す。――霊樹已先知、怡然坐化」。

広主は立腹します。いつ、病になどなったのだ。ついこの間までピンピンしていたのに、急に亡くなるとはおかしいではないか！「広主怒《いか》りて曰く、〝和尚何《いず》れの時《とき》にか疾《やまい》を得たる？〟――広主怒曰、〝和尚何時得疾？〟」

しかし、侍者は平然と答えます、はい、老師はこれまで病気などされたことはございませぬ。つい先ほど一つの小箱に封をされ、王がお越しになったらそれを差し上げるようにと命ぜられました。「侍者対《こた》えて曰く、〝師曽《かつ》て疾《やまい》有らず。適《まさ》に一の合《は》子《こ》を封じ、王の来《きた》るを俟《ま》ちて之を呈《てい》せしむ〟――侍者対曰、〝師不曽有疾。適封一合子、令俟王来呈之〟」。「適～」は副詞、「①まさ-に。……㋑いまさっき。たった今。《動作・行為が起こったばかりである意》」（『同』「適」㊂《副》、頁一四五四・上）。「合子」の「合」は名詞、「②ふたのある小形の容器。はこ。盒《ゴウ》」（『同』「合」六《名》、頁二四〇上）。『景徳伝灯録』では「函」に作っています。「俟」は「待」に同じで、「待～」は「①その時になったら、……となったら」（『禅語辞典』頁二八八・下）。「令～《述語》」で、～に《述語》させる、という使役。～をして《述語》せしむ（『漢辞海』「令」［句法1］、頁七一・下）。ここは「～」に当たるものが省かれて、「令」だけで、「俟王来呈之」サセルという使役の意だけが表されています。

怡然
坐化
適～
合子
俟・待

そこで、その小箱を開けてみると「帖子《ちょうす》」（『漢辞海』「帖」B㈠《名》「③書きつけ。かきもの。〃帖子〃」、頁四五五・上）が出てき、そこには「人間界・天上界の要、そはわが僧堂の首座なり」と書かれていました。「広主合《はこ》を開くや、一帖子《ちょうす》を得たり、云く、〃人天《にんでん》の眼目《がんもく》は、堂中《どうちゅう》の首座《しゅそ》〃。――広主開合、得一帖子、云、〃人天眼目、堂中首座〃」。

それを見て、広主は霊樹禅師のこころを悟り、そのまま（遂）挙兵を中止（寝）しました。「広主旨《むね》を悟り、遂《かく》て兵を寝《や》む。――広主悟旨、遂寝兵」。「寝」は動詞、「②や‐む。や‐める・ヤ‐メル㋐中止する」（『漢辞海』「寝」㈠《動》、頁四〇七・下）。そして、雲門に要請し、師として世に出て、霊樹院の住持とならせました。「雲門を請じて出世《しゅっせ》して霊樹に住せしむ。――請雲門出世住霊樹」。

彼が雲門山に住持したのは、その後のことでした。「後来《のち》方《はじ》めて雲門に住せり。――後来方住雲門」。「後来《こうらい》」は「①それ以来。その後」（『漢辞海』「後来」、頁五〇三・中）。「方」は「乃」の口語的な表現。～して、ようやく、やっと、はじめて。第25課の終りのほうで「眼《げん》処に声を聞きて方《はじ》めて知るを得ん――眼処聞声方得知」、眼《まなこ》のところに声が「聞」こえて、はじめて（方）それが解るのだ、という文を勉強しました。そこではこんな例文も、あわせて看ました。「潙山《いさん》云く、子を養いて方《はじ》めて父の慈を知る――潙山云、養子方知父慈。」（『臨済録』岩波文庫、頁一五〇）。子を持って知る親の恩、というわけです。

帖子

寝

後来

方

文偃といえば雲門山に住したことで知られ、ふつう雲門文偃禅師と称されるけれど、雲門山に住したのは、実は霊樹に住した、その後のことだったのだ、というわけです。

第31課　玄沙（上）「布衲芒屨　食纔接気」

雪峰《せっぽう》義存《ぎそん》の門下からは、多数のすぐれた禅者が輩出しました。とりわけ突出していたのが、この前に見た雲門文偃《うんもんぶんえん》と、今回読む玄沙師備《げんしゃしび》でした。後世、玄沙のマゴ弟子の法眼文益《ほうげんもんえき》の門下が一大勢力となって「法眼宗《ほうげん》」と呼ばれるようになることは、すでに述べたとおりです。

今回は、『五灯会元《ごとうえげん》』巻七・玄沙章でその開悟の因縁を読んでみます（『会元』の文は『景徳伝灯録《けいとくでんとうろく》』巻十八・玄沙章の文を少しだけ省略したものです）。玄沙の語録については入矢義高監修・唐代語録研究班編『玄沙広録《げんしゃこうろく》』上・中・下に訳注が具わり、その上巻に附録された西口芳男「玄沙の伝記」によって、玄沙の実際の伝記や時代背景についても詳しく知ることができます（筑摩書房・禅の語録12）。

玄沙師備

〔1〕福州《ふくしゅう》〔福建省〕の玄沙師備《げんしゃしび》・宗一《そういつ》禅師は、閩《びん》県の謝《しゃ》氏の出身。幼時より魚釣りを好み、南台江《なんだいこう》に小舟を浮かべ、漁師仲間にすっかりなじんでいた。唐の

咸通年間《かんつう》〔八六〇―八七三〕の初め、三十歳になったばかりの頃、にわかに世俗の外に心を寄せ、とうとう舟を棄てて芙蓉霊訓《ふようれいくん》禅師のもとで出家し、豫章《よしょう》〔江西省〕の開元《かいげん》寺に行って具足戒《ぐそくかい》を受けた。

芙蓉霊訓

福州《ふくしゅう》の玄沙師備《げんしゃしび》・宗一《そういつ》禅師は、閩《びん》の謝《しゃ》氏の子。幼くして垂釣《すいちょう》を好み、小艇《しょうてい》を南台江《なんだいこう》に汎《うか》べ、諸《もろもろ》の漁者《ぎょしゃ》と狎《な》る。唐《とう》の咸通《かんつう》初年、甫《はじ》めて三十にして、忽《たちま》ち出《しゅつ》塵《じん》を慕《した》い、乃ち舟を棄てて芙蓉訓《ふようくん》禅師に投じて落髪《らくはつ》し、豫章《よしょう》の開元《かいげん》寺に往きて受具《じゅぐ》せり。

福州玄沙師備宗一禅師、閩之謝氏子。幼好垂釣、汎小艇於南台江、狎諸漁者。唐咸通初年、甫三十、忽慕出塵、乃棄舟投芙蓉訓禅師落髪、往豫章開元寺受具。

「福州《ふくしゅう》の玄沙師備《げんしゃしび》・宗一《そういつ》禅師は、閩《びん》の謝《しゃ》氏の子。――福州玄沙師備宗一禅師、閩之謝氏子」。宗一《そういつ》禅師こと玄沙師備《げんしゃしび》は福州閩《びん》県〔福建省〕の人で、謝《しゃ》一族の出身。「宗一禅師」はのちに閩王〔王審知〕から贈られた禅師号です。「幼くして垂釣《すいちょう》を好み、小《しょう》艇《てい》を南台江《なんだいこう》に汎《うか》べ、諸《もろもろ》の漁者《ぎょしゃ》と狎《な》る。――幼好垂釣、汎小艇於南台江、狎諸漁者」。「垂釣《すいちょう》」は「＝【垂鉤《すいこう》】つりをする。垂綸《スイリン》」〔『漢辞海』「垂釣」、頁三〇五・下〕。「汎小艇

垂釣

於南台江」は「《述語》―目的語＋[於～]」という構造（「《汎》―小艇＋[於南台江]」）です
が、このような構造の場合、「ドコソコに（於～）」「ナニナニを（目的語）」「ドウコウ
する（《述語》）」（南台江に／小艇《こぶね》を／汎《うか》べる）という順序で訳すとすぐ自然な日本語にな
るのですが、訓読では「ナニナニを（目的語）」「ドコソコに（於～）」「ドウコウする
（《述語》）」（小艇《こぶね》を／南台江に／汎《うか》ぶ）という順序で読むことになっています。訓読はも
ともと読解の手段であるだけでなく、昔の人にとっては原文を暗誦する手段でもあ
りました。それで、もとの漢字の配列を思い出せるよう、なるべく漢語の語順に沿っ
て前から前から訓んでゆく慣わしになっているのです。「汎《はん》」は「①船を浮かべる。汎
船で行く。う-かべる・ウ-カブ。う-かぶ・う-く。泛」（『漢辞海』「汎」[一]《動》、頁
八〇二・上）。「艇《てい》」は「軽便で小型の船。こぶね。ふね」（『同』「艇」[一]《名》①、頁一 艇
二〇一・下）。「南台江」は福州の城南一十五里の河川の名。ほとりに「越王釣龍台」 南台江
があったことに因んでこう呼ばれたそうです（無著道忠『虚堂録犂耕』禅文化研究所影印
本・下―頁一一〇二）。
「漁者」の「漁」は、漢音ギョ。リョウは慣用音です。『漢辞海』「漁師《ギョシ》」（リョウシ） 漁者
の項に「＝【漁者《ギョシャ》】【漁人《ギョジン》】【漁夫《ギョフ》】魚をとることで生活をしている人」とあります
（頁八六二・下）。「狎《コウ》」は「①な-れる・ナ-ル㋐親しくする。近づく」（『漢辞海』「狎」 狎
[一]《動》、頁九一八・下）。このような経歴をふまえ、玄沙は後年、僧の質問に対して、
しばしば「我は是れ釣魚《ちょうぎょ》の謝三郎《しゃさんろう》」「我は是れ釣魚船上《ちょうぎょせんじょう》の謝三郎《しゃさんろう》」などと答えていま

す（『玄沙広録』上―頁九六、中―頁一〇七、下―頁四四）。

ところが、「唐《とう》の咸通《かんつう》初年、甫《はじ》めて三十にして、忽《たちま》ち出塵《しゅつじん》を慕《した》い――唐咸通初年、
甫三十、忽慕出塵」。唐の咸通《かんつう》年間（八六〇―八七三）の初め、三十歳になったばかり
（甫）の頃、ふと（忽）俗世を超え出たところを志向するようになりました。「初年」　初年
には「②最初の年」の意味もありますが（『漢辞海』「初年」、頁一六八・上）、実際の伝記
と照らし合わせると、ここは「初め頃」の意のようです。「甫」は副詞で「①はじ‐　甫
めて㋐やっと《動作行為がつい先程行われた意》」（『同』「甫」[三]《副》、頁九五五・上）。
「出塵」は「①俗世間から抜け出る。②〔仏〕煩悩を捨て去る」（『同』「出塵」、頁一六　出塵
一・中）。「慕」はここでは「①した‐う・シタ‐フ。…㋑あこがれる。仰ぐ」（『同』　慕
「慕」[一]《動》①、頁五五三・中）。

それでとうとう、「乃ち舟を棄てて芙蓉訓《ふようくん》禅師に投じて落髪《らくはつ》し、豫章《よしょう》の開元《かいげん》寺に
往きて受具《じゅぐ》」しました。「乃棄舟投芙蓉訓禅師落髪、往豫章開元寺受具」。「棄」は　棄
「①す‐てる・ス‐ツ。…㋒廃止する。やめる（廃）。〝棄業（＝仕事をやめる）〟」（『漢辞
海』「棄」[一]《動》、頁七四六・上）。ここは魚釣りの廃業が含意されています。「即」や
「便」でなく「乃」で上とつないでいますので、サッサと、ではなく、ながい熟慮　乃
やもろもろの経緯《ゆくたて》をへた上で、ようやく、やっと、廃業と出家に至ったということ
です。「芙蓉訓《ふようくん》禅師」は福州の芙蓉山に住した霊訓《れいくん》禅師。馬祖の弟子の帰宗智常《きすちじょう》の
法嗣。「投」は「④身を寄せる。たよる（託）」（『同』「投」A[一]《動》、頁五八五・上）。　投

落髪

「落髪《らくはつ》」は「＝【落飾《ラクショク》】髪をそり落として僧になる。剃髪《テイハツ》」（『同』「落髪」、頁一二四〇・上）。昔の中国では、師について頭を丸めて「出家《しゅっけ》」（「受業《じゅごう》」）した後、さらに国家の認めた戒壇で具足戒《ぐそくかい》を受けて（「受戒《じゅかい》」「具戒《ぐかい》」）それではじめて正式の僧（大僧）となる制度でした。それで、彼も「落髪」（「出家」「受業」）の後、さらにはるばる「豫章《よしょう》」（江西省、『同』「予（豫）章」②、頁四六・上）の開元寺《かいげんじ》まで旅をして「受具」（「受戒」「具戒」）したのでした（「出家」「受業」と「受戒」「具戒」の二つの段階については、小川『禅僧たちの生涯―唐代の禅』第3章「受戒」参照）。

かくして僧となってからの玄沙の姿は、次のようなものでした。

雪峰義存

〔2〕粗末な麻の衣《ころも》にワラの履《は》き物、食物はかろうじて息が絶えぬ程度。常に終日坐禅に励み、人々はこれは並みの者ではないと思った。雪峰とはもともと兄弟弟子の関係であったが、その親密な交流のさまはあたかも師弟のごとくであった。雪峰はその苦行のさまから、彼のことを「頭陀《ずだ》」と呼んだ。

布衲芒屨

布衲芒屨《ふのうぼうく》にして、食《じき》は纔《わず》かに気《き》を接《つ》ぐのみ。常に終日宴坐《えんざ》し、衆《しゅ》皆な之《これ》を異《い》とす。雪峰とは本《もと》と法門《ほうもん》の昆仲《こんちゅう》たれど、親近《しんごん》すること師資《しし》の若《ごと》し。峰〔雪峰〕其《そ》の苦行《くぎょう》を以て、呼びて「頭陀《ずだ》」と為す。

布衲芒屨、食纔接氣。常終日宴坐、衆皆異之。与雪峰本法門昆仲、而親近若師資。峰以其苦行、呼為頭陀。

僧となった玄沙は「布衲芒屨《ふのうぼうく》にして、食《じき》は纔《わず》かに気《き》を接《つ》ぐのみ――布衲芒屨、食纔接気」という、ボロボロ・ヨレヨレの姿で苦行に励みました。

布 「布《フ》」は絹などの上等な織物でなく、粗末な麻や綿のこと（『漢辞海』「布」□一《名》ぬの。㋐麻の布。㋑綿の布」。「布衣《フィ》」といえば「□一①□ポフエ 麻や綿の粗末な服。…②官位のない者。庶民。平民」、頁四五三・下。□ポは『日葡辞書』のこと）。

衲 「衲」（漢音ドウ・呉音ノウ）は、動詞としては「衣服をつづり合わせて縫う。つ-ぐ」意（『同』「衲」□一《動》①、頁一二九二・下）。それが名詞になると「僧衣。ころも。《端切れの布をたくさん縫い合わせて作ったことからいう》」（□二《名》①、頁一二九二・下）。

芒 「芒屨《ぼうく》」の「芒」（漢音ボウ・呉音モウ）は「①植物名。カヤの一種。葉は細長くとがっており、その茎や葉を使って草履を作る」（『同』「芒」A□一《名》、頁一二〇七・上）。「芒鞋《ボウアイ》」（ボウカイ）「芒履《ボウリ》」で「わらぐつ。草履《ゾウリ》」（同前）。

屨 「屨《ク》」は「麻やクズで作る一枚底の靴。くつ」（『同』「屨」□一《名》①、頁四三三・上）。要するに、粗末なボロごろもとワラぐつで過ごし、食事は「纔《わず》かに気《き》を接《つ》ぐのみ」、かろうじて息がつづいて死なない程度の最低限・最小限のものだけだったのでした。

纔 「纔」は「①わず-かに・ワズ-カニ。□通才。㋐やっと。かろうじて。《事物や行為がある範囲に限定される意》」（『同』B□一《副》、頁一一三六・中）。

しかし、そのような最低限の暮らしを貫きながら、「常に終日宴坐《えんざ》し、衆《しゅ》皆な之《これ》を異《い》とす。──常終日宴坐、衆皆異之」。いつでも一日中坐禅し、周囲の修行僧たちから、これはタダ者ではないと畏敬の念をもって見られていたのでした。

「宴坐《エンザ》」は「①のんびりくつろいで座る。晏坐《アンザ》。…②｛仏｝座禅《（ママ）》のこと」（『漢辞海』「宴坐」、頁三九八・中）。「異」はここでは動詞。「④特に優れているとして重んじる。｛いトス｝」（『同』「異」[二]《動》九六二・中）。似た言い方に「奇～」「《動詞化》｛きトス｝ⓐ優れていると考える。貴重なことと思う」（『同』「奇」A[一]《形》①、頁三四八・下）、「器～」「①〔才能・能力を〕高く評価する。〔ひとかどの人物として〕重視する。｛うつわトス｝」（『同』「器」[二]《動》、頁二八一・上）などがあります（第13課で「師深器之」という例を読みました）。

そんな彼は、雪峰とはもともとは禅門における兄弟弟子の関係でしたが、実際には師弟のような交わりを深めていました。「雪峰とは本《も》と法門《ほうもん》の昆仲《こんちゅう》たれど、親近《しんごん》すること師資《しし》の若《ごと》し。──与雪峰本法門昆仲、而親近若師資」。

「昆仲《こんちゅう》」は「兄弟。「仲」は、中の兄」（『漢辞海』「昆仲」、頁六六九・上）。「親近《しんきん》」は「①シンゴン 親しく近づく。親密になること」（『同』「親近」、頁一三二二・中）。「師資」は「②先生と学生」（『同』「師資」、頁四五八・上）。『祖庭事苑《そていじえん》』雲門録《うんもんろく》上「師資」の条に、こう見えます。「老氏曰く、善人は不善人の〝師〟、不善人は善人の〝資〟なり、と〔『老子』第二七章〕。説者曰く、善人に不善人有りて、然《しか》る後《のち》に善く救うの功著《あらわ》る。

宴坐
異～
奇～
器～
昆仲
親近
師資

頭陀

故に〝資〟と曰う」。

雪峰はその無一物の苦行のさまから、玄沙のことを「頭陀《ずだ》」と呼びました。「頭陀」は「〔仏〕①僧が衣食住への貪《むさぼ》り・執着を捨てさって、仏道を修行する。梵語dhūta（＝ふるい落とす、はらい除く）の音訳」（『漢辞海』「頭陀」、頁一五九一・上）。「峰〔雪峰〕其《そ》の苦行《くぎょう》を以て、呼びて〝頭陀《ずだ》〟と為す。——峰以其苦行、呼為頭陀」。

第32課　玄沙（下）「達磨不来東土　二祖不往西天」

黙々と「頭陀」行に専心する玄沙に、ある日、雪峰が問いかけます。

〔3〕ある日のこと、雪峰が問いかけた。
「ドレがまことの備《び》頭陀か？」

玄沙いわく、「他人《ひと》さまにたぶらかされるようなことは、断じていたしかねまする」

後日、また雪峰が呼びかけた。

「備頭陀よ、諸方の行脚に出てはどうか？」

玄沙、「達磨《だるま》は中国に来ておりませぬ。二祖《にそ》は天竺に行っておりませぬ」

雪峰は、うなづいた。

一日《いちじつ》峰問う、「阿那箇《いずれ》か是れ備頭陀《びずだ》？」 師〔玄沙〕曰く、「終《つい》に敢《あえ》て人《ひと》に誑《たぶら》かされず」。異日《いじつ》、峰召《よ》びて曰く、「備頭陀、何ぞ偏参《へんざん》に去《ゆ》かざる？」 師曰く、「達磨《だるま》、東土《とうど》に来《きた》らず、二祖《にそ》、西天《さいてん》に往《ゆ》かず」。峰、之《これ》を然《しか》りとす。

一日峰問、「阿那箇是備頭陀？」師曰、「終不敢誑於人」。異日、峰召曰、「備頭陀何不偏参去？」師曰、「達磨不来東土、二祖不往西天」。峰然之。

阿那箇

ある日、雪峰が玄沙に問いかけました、「一日《いちじつ》峰問う、〝阿那箇《いずれ》か是れ備頭陀《びずだ》？〟——一日峰問、〝阿那箇是備頭陀？〟」。「阿那箇《アナコ》」は、ドレ、ドノ、という疑問詞「那《ナ》箇《コ》」に、接頭辞「阿《ア》〜」がついたもの。意味は変わりません（『禅語辞典』頁三五五・下「那箇」、頁四・上「阿」／第11課（1）⑧参照）。真の「備頭陀」とは何者か、ということですが、ナニとかイカナルカと問わずに、ドレときいているので、自己というものをいくつかの層次（たとえば「法性」の次元と「色身」の次元とか）に分け、そのうえで、そのなかのドレがほんとうの汝自身であるかと問う含みがあるようです。それに対して、玄沙はキッパリ答えました。「師〔玄沙〕曰く、終《つい》に敢《あえ》て人《ひと》に誑《たぶら》かされず——終不敢誑於人」。

終不〜

「終〜」は副詞「①つい‐に・ツヒ‐ニ。…㋑最後まで。ずっと。《初めから継続する意》」（『漢辞海』「終」三《副》、頁一一〇七・中）。「不」や「無」など否定詞の上につくと、しまいまで〜ない、断じて〜ない、という否定の強めになります。「不敢〜」は、恐れ・憚り・慮りなどの心理的抵抗があって〜できない（「敢」については第15課〔1〕「敢告和尚、乞依亡僧事例」参照）。「不能〜」「不得〜」なら能力や条件が無くて物理的にできないということですが、「不敢〜」なら、物理的に不可能なのではなく心理的な抵抗をのりこえられない不可能。恐ろしくて〜できない、畏れ多くて〜できない、もったいなくて〜できない、憚りがあって〜できない。「誑」は「あざむく。たぶらか-す」（『漢辞海』「誑」[一]《動》①、頁一三三四・下）。これがこの句の《述語》で、その後に「於〜」がついて「〜に《述語》サレル」という受け身文になっています（『漢辞海』「於」[句法]③、頁六五八・下）。したがって「終不敢誑於人」で、けっして（終）人にあざむかれる（《誑》[於人]）ような、恐れ多い、大それたまねはできない（不敢）ということになります。

では、それがどうして雪峰の問いに対する答えになるのでしょうか？ 思うにここの「誑《たぶら》かされる」は臨済の言う「人惑《にんわく》を受ける」と同じ意味で、外からのよけいな意味づけ、価値づけ——ここでは「ドレが？」というような、分析や選択、類別や規定——を加えられることで、もともとありのままで申し分のない一箇の自己がむざむざ見失わされてしまう、ということだと思われます。それはせっかくの「備頭陀」その人に対して、まことに申し訳なく、勿体ない、畏れ多いことなのでした。

第10課〔3〕で看た六祖と慧明の「本来面目」の話でも、六祖は「那箇《いずれ》か是《こ》れ明

不敢〜

誑

上座、本来《ほんらい》の面目《めんもく》?」と問うていました。「那箇──ドレか」という問いは、複数の選択肢を設けて、そのなかから一つを選ばせようというのではなく、逆に、複数の選択肢に分割される以前の無分節なる「本来面目」に気づかせるための反語でした。だからこそ慧明は言下に、ドレと言えない「本来面目」を「冷煖自知」して大悟したのでした。玄沙も、ここで、ドレなどという問いをよせつけない、まるごとの「備頭陀」その人を雪峰に示しているのです。

ついで、後日、雪峰は玄沙に呼びかけました。備頭陀よ、諸方の行脚《あんぎゃ》に出てはどうか?「異日《いじつ》、峰召《よ》びて曰く、〝備頭陀、何ぞ徧参《へんざん》しに去《ゆ》かざる?〟──異日、峰召曰、〝備頭陀何不徧参去?〟」。「異日」は「①後日。他日」「②以前、先日」。ここは①（『漢辞海』「異日」、同頁九六二・下）。

異日

しかし、玄沙はさらにキッパリ、こう答えたのでした。初祖達磨は（実は）中国になど来ていない。二祖慧可《えか》は（そもそも）天竺になど行ってはいない!「師曰く、達磨《だるま》、東土《とうど》に来《きた》らず、二祖《にそ》、西天《さいてん》に往《ゆ》かず。──達磨不来東土、二祖不往西天」。

達磨不来東土
二祖不往西天

このことばを『祖堂集』巻十・玄沙章では「達摩過ぎ来らず、二祖伝持せず。──達摩不過来、二祖不伝持」と作っています（『玄沙広録』下─頁一六二）。達磨はこちらに来ていない、二祖は伝授などされていない! 祖師の西来によってはじめて付与された新たな真理などドコにも存在しない、自己に加えるものを求めて「徧参《へんざん》──徧《あまね》く参ずる」ことなど無用の沙汰、というわけでしょう（「徧」は「遍」の異体字。『漢辞海』

達摩不過来
二祖不伝持

「遍」、頁一四四九・中)。「峰、之《これ》を然《しか》りとす。――峰然之」。雪峰はこの語をよしとしました。「然～」は動詞。「③認める。同意する。〔しかリトス〕」(『同』「然」一《動》、然～頁八九〇・下)。

〔4〕象骨山《ぞうこつ》〔雪峰山〕に登ってのち、雪峰は玄沙と力を合わせて伽藍を造営し、そこに修行僧が集まるようになった。入室《にっしつ》・商量《しょうりょう》において、玄沙は昼夜怠《おこた》ることがなかった。その後さらに『首楞厳経《しゅりょうごんきょう》』を読んで心の本質を明らかに知り、以後、さまざまな修行者に俊敏に対処しながら、ふかく経《きょう》の意にかなうようになった。諸方の修行者たちは、未解決の問題があると決まって玄沙の指教を仰いだ。雪峰との問答では、仁《じん》に当たりては師にも譲らず、であった。雪峰はいった。
「備頭陀《びずだ》は〝再来《さいらい》の人《ひと》〟だ！」

象骨山《ぞうこつ》に登るに曁《およ》びては、乃ち師〔玄沙〕と力を同じくして締構《ていこう》し、玄徒臻萃《あつま》る。師、入室咨決《にっしつしけつ》するに、晨昏《しんこん》に替《おこた》る罔《な》し。又た『楞厳《りょうごん》』を閲《よ》みて心地《しんち》を発明《ほつみょう》し、是《こ》れ由《よ》り応機敏捷《おうきびんしょう》にして、修多羅《しゅたら》と冥契《めいけい》す。諸方の玄学、未だ決せざる所有《あ》らば、必ず之《これ》〔玄沙〕に従いて請益《しんえき》す。雪峰と徴詰《ちょうきつ》するに至っては、亦た仁《じん》に当たりては譲らざるなり。峰曰く、「備頭陀《びずだ》、再来《さいらい》の人《ひと》なり！」

暨登象骨山、乃与師同力締構、玄徒臻萃。師入室咨決、罔替晨昏。又閲『楞厳』発明心地、由是応機敏捷、与修多羅冥契。諸方玄学有所未決、必従之請益。至与雪峰徴詰、亦当仁不譲。峰曰、「備頭陀、再来人也！」

「象骨山に登るに暨《およ》びては。——暨登象骨山」。「暨《き》～」は前置詞、「①…に至ると。およ－びて。《動作や行為の発生する時間を表す》〔通〕洎」（『漢辞海』「暨」〔三〕《前》、頁六八七・中）。「象骨山」（象骨峰）は雪峰山の旧名。

暨～

象骨山に登ってから（雪峰は）ようやく（乃ち）「師（玄沙）と力を同《あわ》せて締構《ていこう》」に努め、そこに「玄徒」が「臻萃《あつま》る」ようになりました。「締構《ていこう》」は締構に同じで、①開創、②建造などの意（『漢語大詞典』9—九四七右）。「玄徒」は「参玄の学徒の意。仏道修行僧のこと」（『禅学大辞典』頁二九四c）。「臻萃《しんすい》」の「臻」も「萃」も「あつまる」意です（『漢辞海』「臻」〔一〕《動》③、頁一一九六・下。「萃」一《動》①、頁一二三二・上）。「乃ち師（玄沙）と力を同じくして締構《ていこう》し、玄徒臻萃《あつま》る。——乃与師同力締構、玄徒臻萃」。

象骨山
締構
玄徒
臻萃

なお、玄沙は雪峰から見れば弟子ですが、この文全体が玄沙その人の伝なので、主役である玄沙のほうが「師」と記されています。禅籍一般の体例として、A禅師の語録・伝記では一貫してAを「師」と称する慣わしです。Aが弟子として自分の師匠と問答する場面も例外ではありません。たとえば『臨済録』は臨済禅師の語録で

師

すから、臨済が若き修行僧だった時に師の黄檗《おうばく》禅師の下で開悟した場面でも、「師」と書かれているのはやはり臨済のほうです（第9課〔1〕参照）。

さて、雪峰山に参集してきた修行僧たちに対し、「師」すなわち玄沙は、朝夕怠ることなく接化に励みました。「師、入室咨決《にっしつしけつ》するに、晨昏《しんこん》に替《おこた》る罔《な》し。——師入室咨決、罔替晨昏」。「入室」は「③ニッシツ〔仏〕師の室内で親しく伝授を受けること」（『漢辞海』「入室」、頁一二三九・中）。「咨決」の「咨」は「①相談する。問う。はか-る」（『同』「咨」㊀《動》、頁二六〇・中）。「咨決」は質問して問題を決着させることでしょう。「晨昏」の「晨」は「①よあけ。あさ。あした」（『同』「晨」㊀《名》、同頁六八〇・中）、「昏」は「①空がやっと暗くなりはじめた時分。たそがれ。く-れ」（『同』「昏」㊁《名》、頁六六九・中）。「晨昏」で、朝な夕な。「替」はここでは、だらける、なまける（『漢語大詞典』5—七五四左⑥）。『漢辞海』では親字の説明にその義を挙げていませんが、「替懈・替解」という熟語を立項して「おこたっているさま」と解しています（頁六九四・下）。「無替（於）晨昏」（「罔」は「無」と同じ）で「朝夕怠ることがない」という定型表現だったようで、たとえば次のような例が見えます。『周書』巻四十六・孝義伝、「其の小なるや、則ち枕《まくら》を温《あたた》め席《しきもの》を扇《あお》ぎ（（孝行息子は）小さい時には、親の寝床を快適に整え）、晨昏《しんこん》に替《おこた》る無し。——其小也、則温枕扇席、無替於晨昏」。『続高僧伝』巻十五・釈霊潤伝、「乃ち般舟行定《はんじゅぎょうじょう》を習し（般舟三昧を修めて）、晨昏《しんこん》に替《おこた》る無し。——乃習般舟行定、無替晨昏」。道元『正法眼蔵《しょうぼうげんぞう》』行持《ぎょうじ》・下の玄沙伝が「晨昏《じんこん》

入室
咨決
晨昏
替
無替晨昏

にかはることとなし」（岩波文庫一、頁三七五）と書いているのは、おそらく、朝夕かわることなく、と解したものでしょう。

玄沙の伝にもどります。玄沙は、その後さらに『首楞厳経』を読んで「心地」を明らかに悟り、それ以後、各種の機根の学人に俊敏に対応しながら、それが常にかく経の意にかなっているというふうになりました。「又た『楞厳《りょうごん》』を閲《よ》みて心地《しんち》を発明《ほつみょう》し、是《こ》れ由《よ》り応機敏捷《おうきびんしょう》にして、修多羅《しゅたら》と冥契《めいけい》す。――又閲『楞厳』発明心地、由是応機敏捷、与修多羅冥契」。

心地

発明

『楞厳』は『首楞厳経』。「心地」は、一心・仏性のこと。一心から諸法が生み出されるという連想から「心」を田地に譬えた表現です。たとえば黄檗《おうばく》は「所謂《いわゆ》る〝心地法門〟は、万法《ばんぽう》皆な此の心に依りて建立《こんりゅう》す」（『伝心法要』筑摩書房・禅の語録8、頁三〇）、宗密《しゅうみつ》は「源とは是れ一切衆生《いっさいしゅじょう》の〝本覚真性《ほんがくしんしょう》〟なり。亦《ま》た〝仏性〟とも名づけ、亦た〝心地〟とも名づく」と説いています（『禅源諸詮集都序』同9、頁一三）。「発明」は秘められていた深意を明らかにすること。たとえば、「融《ゆう》禅師に謁して大事を発明す」（『景徳伝灯録』巻四・智巌章）、「師、是《ここ》に於いて厥《そ》の旨を発明し、頓《とみ》に知見を忘ず」（同巻十七・禾山無殷章）。

応機

修多羅

「応機」は「応機接物《おうきせつもつ》」。「機根に応じて方便を設け、人々のために計らうこと」（『禅語辞典』頁三七・上）。「修多羅」は経典の意の梵語 sūtra に対応する音写語（『禅学大辞典』頁五〇九c）。「修多羅の教は、月を標《しめ》す指の如し。――修多羅教、如標月指」という句が有名です（『円覚経』大正一七―九一七上）。「冥契」の「冥」は「①くら‐い・クラ‐シ①㋐光がなくて暗い。…②奥深い。隠れて見えないさま」（『漢辞海』「冥」A一《形》、頁一五四・上）。「冥契」は、人知を超えた奥深いところで、ひそかに経の深意と契合しているということでしょう。 冥契

そのようであったので、方々から集まって来た修行者たちは、未解決の問題があると、きまって玄沙に教えを乞うたのでした。「諸方の玄学、未だ決せざる所有《あ》らば、必ず之《これ》に従いて請益《しんえき》す。――諸方玄学有所未決、必従之請益」。「玄学」はここでは、前出の「玄徒」と同じ。「請益」は「いったん教えを受けたあと、なお不明の点について、ふたたび教えを請うことをいう」（『禅語辞典』頁二三一・上）。この一文は、腑に落ちないところがあると、みないつも玄沙のほうにききに行った――みなが求道の拠りどころとしていたのは、師の雪峰よりも、むしろ、あに弟子の玄沙のほうだった――そんな含みを遠回しに示しているようです。 玄学

ですから玄沙は、雪峰との問答でも、いささかも譲歩するところがありませんでした。「雪峰と徴詰《ちょうきつ》するに至っては、亦た仁《じん》に当たりては譲らざるなり。――至与雪峰徴詰、亦当仁不譲」。

「至〜」は「となると。いた‐りて《論理の方向を転じる》」（『漢辞海』「至」五《接》①、頁一一九五・中）。〜という事になると、〜という点においては。「至於〜」とも。 至〜

「吾れ人を度《ど》すること多し。悟解《ごげ》に至っては、汝に及ぶ者無し」。わしもずいぶん多

くの者を済度してきた。しかし、事、悟りとなると、汝に及ぶ者は無い。「吾度人多矣。至於悟解、無及汝者」（『景徳伝灯録』巻四・神秀章）。

徴詰

「徴詰」は問答すること。「徴」も「詰」も、問いただす、追及する、といった意味ですから（『漢辞海』「徴」B㊀《動》②㋑「追及する。問いただす」、頁五一二・上。「詰」㊀《動》①「質問する」、②「事実に根拠を置いて責任を問う」③「法に照らして取り調べる。追及する」、頁一三三〇・上）、厳しくつきつめてゆくような、きつい調子の問答をいうのでしょう。したがって、その勢いはおのずと「当仁不譲」、「道理のある時には断じて引き下がらない」というものになるのでした（『禅語辞典』頁三三六・下）。「当仁不譲」は『論語』衛霊公《えいれいこう》篇の「仁に当たりては師にも譲らず。――当仁不譲於師」に基づく常用の成語ですが、ここの重点は、省かれた「師にも」のところにあるようです。

当仁不譲

そんな玄沙に対しては、師の雪峰も、ただ、ただ、賛嘆のほかはありませんでした。「峰曰く、備頭陀、再来《さいらい》の人《ひと》なり！――備頭陀、再来人也！」「再来」は今の日本語では、特定の人の生まれ変わり、ダレダレの再来、という使い方がふつうですが、仏教語で「再来人」というと、特に誰かの転生ということではなく、前世で仏教に帰依していた人が、生まれ変わって来て今世でさらに仏道を修めることを言います（『漢語大詞典』1―五一七右①）。『仏祖統紀』巻十三に従諫《じゅうかん》法師という人に関する次のような記述が見えます。「幼くして仏経を見るに輒《すなわ》ち（そのつど）能《よ》く自ら誦《とな》

再来人

う。父曰く〝再来の人なり〟」。幼少でありながら、仏典を目にするたび、教えられることもなく自分でそれを読誦することができた。そこで父親が、これは前世で仏教を学んでいた者に違いないと感嘆した、という話です。「幼見仏経輒能自誦。父曰〝再来人也〟」（大正四九―一二八下）。

師を淩駕する禅機に圧倒された雪峰は、玄沙を前世以来の仏道者と舌を巻くほかなかったのでした。

第33課　法眼「不知最親切」

行脚事作麼生　のち、玄沙の門下に地蔵桂琛《じぞうけいちん》（羅漢桂琛）が出、その門下からさらに法眼文益《ほうげんもんえき》が出ました。その法系が発展して、後に「法眼宗《ほうげんしゅう》」と呼ばれるようになったのでした。

法眼が地蔵の下で悟った時の問答が、『従容録《しょうようろく》』第二〇則に「地蔵親切」の話として取り上げられています。

地蔵桂琛が問うた。　　　　　　地蔵桂琛

「貴公、どちらへまいられる?」

「はい、あちらこちらと、ぶらぶら行脚してまいります」　　　　　　法眼文益

「しからば、行脚の一事とは、如何なるものか?」
「不知――知りませぬ」
「うむ、不知であること、それこそ最も行脚の一事にかなったあり方だ」
法眼は、ここでからりと大悟した。

地蔵、法眼に問う、「上座《じょうざ》、何《いず》くにか往く?」眼云く、「迤邐《いり》として行脚《あんぎゃ》す」。蔵云く、「行脚の事、作麼生《いかん》?」眼〔法眼〕云く、「不知《ふち》」。蔵云く、「不知最《もっと》も親切なり」。眼、豁然《かつねん》と開悟す。

地蔵問法眼、「上座何往?」眼云、「迤邐行脚」。蔵云、「行脚事作麼生?」眼云、「不知」。蔵云、「不知最親切」。眼豁然大悟。

法眼の言行録が『景徳伝灯録《けいとくでんとうろく》』巻二十四・清涼院文益《しょうりょういんもんえき》禅師章に載っています。それによると、法眼ははじめ福州（福建省）の長慶《ちょうけい》慧稜《えりょう》の門下に投じました。長慶は雪峰の教団をひきついだ人です。まだ悟りを得ていなかったとはいえ、若き日の法眼には、すでに何か秀でたところがあったのでしょう。数人の仲間が法眼をリーダーに推したてて、みなで遠方に行脚に出ようということになりました。

ところが、いざ旅立とうという時に、大雨で河川が氾濫し、一同は福州の街の西にあった地蔵院という寺に一時的に身を寄せ、そこで玄沙の法嗣の桂琛和尚に参ずることになりました。右はその際の問答です。

地蔵桂琛禅師が問いかけます。「上座《じょうざ》、何《いず》にか往く？――上座何往？」

第17課〔1〕でも看たとおり、「上座」「闍黎《じゃり》」「大徳《だいとく》」は、本来、高い位の僧をよぶ尊称でしたが、禅籍では目上の老師から若い修行僧をていねいによぶ際の呼称に使われるようになりました。自分の身内の弟子でなく、ヨソの修行僧なので、距離をおいた対応になっています。

上座　大徳　闍黎

疑問詞が目的語の場合

「何往」は、前に何度も看たように、目的語が疑問詞であるために《述語》―目的語の語順が転倒したもの。以前、第9課で「庸流何知？――庸流《ようる》、何をか知る」「木頭何有？――木《き》頭に何か有らん」、第12課で「在此何為？――此《ここ》に在りて何をか為す」「心識安在――心識、安《いず》くにか在る」、第21課で「仁者何往？――仁者《にんしゃ》、何《いず》にか往《ゆ》く」などの例を勉強しました。

迤邐　邐迤

この問いかけに、法眼は答えます。「迤邐《いり》として行脚《あんぎゃ》す。――迤邐行脚」。「迤邐」は『景徳伝灯録』では「邐迤《りい》」に作っていますが、意味は変わりません。「迤邐《いり》」は「畳韻①くねくね折れ曲がって続くさま。…③〔近〕ゆっくり行くさま」（『漢辞海』頁一四二七・中）、「邐迤《りい》」は「畳韻①曲がりくねって長く連なるさま。…②曲がりながら進むさま」（『同』頁一四六〇・中）。どこか、はっきりした目標を目ざしてまっしぐらに向かって行く、というのでなく、縁にまかせて、あちらへぶらり、こちらへぶらりと適当にやって行きます、というわけです。斜《はす》にかまえて、適当に受け流した返事のように感じられます。

ちなみに「畳韻《じょういん》」というのは、「混沌《こんとん》」や「徘徊《はいかい》」のように、同じ母音（韻）の文字を連ねた語のこと。『従容録』の「従容《しょうよう》」もその一種です。一方、「髣髴《ほうふつ》」や「恍《こう》惚《こつ》」のように同じ子音（声）の文字を連ねた語は「双声《そうせい》」といいます。第10課（2）で見た「踟蹰《ちちゅう》悚慄《しょうりつ》」の「踟蹰」もその類でした。こうした言葉は音のつながりに意味があり、一つずつの字義の足し算でなく、二字あわせて一つの擬態語・擬音語のようになっています。（詳しくは『漢辞海』附録「漢字について」の「4．漢字の語としての位置」を参照してください。頁一六八四）。

畳韻

双声

そこで地蔵は重ねて問いかけます。「行脚の事、作麼生《いかん》？——行脚事作麼生？」。「作麼生《そもさん》」は、どのような、どのように。文言の「如何」に相当する口語です（第11課（3））。「行脚」というのは、どういうものであるのか？ 行脚の真の意義とは、如何なるものか？

作麼生

法眼は答えます。「不知《ふち》」。存知ません。

むろん、謙虚に無知を告白した答えと解せないこともないでしょう。しかし、法眼はすでに修行僧の間で頭角をあらわし、一同を率いて打って出ようという気概と自負をもっています。一方、地蔵に対しては、たまたま宿を借りることになった義理で参問しているだけで、本心では、こんなところに長居は無用。早く禅の本場に行って高名な禅師を訪ね、高次の何かを究めたいと思っていたはずです。さきほどの「迤邐《いり》として行脚《あんぎゃ》す」という答えと同じく、「不知」というただ一言だけのこの答えも、いかにもぶっきらぼうで、不遜な態度だったように想像されます。

しかし、法眼のそうした態度に気を悪くするふうもなく、桂琛は、しずかにうなづきました。

「不知最《もっと》も親切なり。——不知最親切」

不知最親切

親切

いかにも、その「不知」というありかたこそ、「行脚の事」に対して最も「親切」なありかただ。「親切」は日本語でいう「④国思いやりのある態度で接するさま」ではなく、漢語では、「①ぴったりしているさま」「②身近である」「③確実なさま」を表します（『漢辞海』「親切」、頁一三二一・中）。物事に対してピッタリ即して、親密・密接・切実である、ということです（第18課〔3〕「様態補語」のところでも一度看ました）。地蔵は、「不知」のままでいることこそが、「行脚の事」に最もよくかなったありかただという地蔵の言葉は、「ドレ」と規定できないものこそが真の自己だと言っていた前回の玄沙の言葉とはるかに響きあっているようです。

この一言で、法眼は大悟しました。「眼、豁然《かつねん》と開悟す。——眼豁然大悟」。『景徳伝灯録』はこの後に「同行の進《しん》山主等四人と、因《よ》りて投誠して咨決《しけつ》し、悉く皆な契会《けいえ》す」と記しています。この大悟に「因って」同行の僧たちとともに誠意を捧げて教えを乞い、みなそろって道を得た、というのですから、その前までの文益の答えは、やっぱり、誠実な正面からの回答でなかったということでしょう。

『宗門十規論』

『宗門十規論』　かくして、雪峰下の主流派とは別に「玄沙―地蔵―法眼」という法系が形成されました。これまで見てきた「臨済《りんざい》宗」「潙仰《いぎょう》宗」「曹洞《そうとう》宗」「雲門《うんもん》宗」に、この法眼の系統の「法眼宗」を加えて「五家《ごけ》」と称することが、禅宗の伝承となっていきます。この枠組みの原型を示したのが、法眼の『宗門十規論《しゅうもんじっきろん》』という著作でした。そのなかに次のような一節が見えます。

論じて曰く、祖師〔菩提達摩〕が西来《せいらい》したのは、特に伝えるべき法が有ってのことではない。人心《にんしん》を直指《じきし》し、見性成仏《けんしょうじょうぶつ》させる、ただ、それだけのことであった。そこにどうして、尊ぶべき門風などというものがあろうか。

しかし、後代の祖師たちには、それぞれ異なった教化の立て方があり、さらにそれぞれの変遷があった。かくて恵能《えのう》と神秀《じんしゅう》などは、もとは同じく五祖《ごそ》を師と仰ぎながらも見解に相違があり、結果、世にいう「南宗《なんしゅう》」「北宗《ほくしゅう》」となったのであった。

ついで恵能が世を去ると、青原行思《せいげんぎょうし》と南岳懐譲《なんがくえじょう》の両師が教化をつぎ、青原の下に石頭希遷《せきとうきせん》、南岳の下に馬祖道一《ばそどういつ》が出て、「江西《こうぜい》」「石頭《せきとう》」の称が生まれた。のちその両派の下から派が分れ、それぞれ一地方に勢力をはった。その源流は、とてもすべては記しきれない。「徳山《とくさん》」「林際《りんざい》〔臨済〕」「潙仰《いぎょう》」「曹洞《そうとう》」「雪峰《せっぽう》」「雲門《うんもん》」等の各派の確立の頃となると、それぞれに門派と手法の違いを生じ、互いに上下の品評をするようになったのであった。……

論じて曰く、祖師《そし》〔菩提達摩〕の西来《せいらい》せるは、法《ほう》の伝《つた》うる可《べ》き有るが為に以て此《ここ》に至れるに非ず。但だ直指人心《じきしにんしん》し、見性成仏《けんしょうじょうぶつ》せしむるのみ。豈《あ》に門風《もんぷう》の尚《とうと》ぶ可き者有らん哉《や》！ 然るに後代の宗師、化《け》を建つるに殊《ことな》り有り、遂《かく》て相い沿革《えんかく》す。且つ能《のう》・秀《しゅう》〔恵能・神秀〕の二師の如きは、元は同一の祖なるも、見解差別《けんげしゃべつ》す、故に世《よ》に之を「南宗《なんしゅう》」「北宗《ほくしゅう》」と謂う。能〔恵能〕既に往けり。故に思《し》・譲《じょう》〔青原行思・南岳懐譲〕の二師有りて化《け》を紹《つ》ぐ。思より遷《せん》師〔石頭希遷〕出《い》で、譲より馬祖《ばそ》〔馬祖道一〕出《いで》て、復た江西《こうぜい》・石頭《せきとう》の号有り。二枝より下、各《おのお》の派列を分ち、皆な一方を鎮《しず》む。源流《げんりゅう》・濫觴《らんしょう》、殫《ことごと》くは紀《しる》す可からず。其の徳山《とくさん》・林際《りんざい》〔臨済〕・潙仰《いぎょう》・曹洞《そうとう》・雪峰《せっぽう》・雲門《うんもん》等に逮《およ》びては、各の門庭施設《もんていせせつ》・高下品提《こうげひんてい》有り。……

直指人心
見性成仏

論曰、祖師西来、非為有法可伝以至于此。但直指人心、見性成仏。豈有門風可尚者哉！ 然後代宗師、建化有殊、遂相沿革。且如能秀二師、元同一祖、見解差別、故世謂之南宗北宗。能既往矣。故有思譲二師紹化。思出遷師、譲出馬祖、復有江西石頭之号。従二枝下、各分派列、皆鎮一方。源流濫觴、不可殫紀。逮其徳山・林際・潙仰・曹洞・雪峰・雲門等、各有門庭施設、高下品提。……（禅宗全書32―頁四上）

このような記述をふまえて、同論の第四「対答《たいとう》不《ふ》観《かん》時節《じせつ》・兼《けん》無《む》宗眼《しゅうげん》（対答に時節を観ず、兼て宗眼無きこと）」の条には、「〝曹洞〞は則ち敲唱《こうしょう》を用《ゆう》と為す。〝臨済〞は則ち互換《ごかん》を機と為す。〝韶陽〞（雲門）は則ち函蓋截流《かんがいせつる》。〝潙仰〞は則ち方《ほう》と円《えん》と黙契し、谷の韻《ひびき》に応ずるが如《ごと》く、関の符を合するが似《ごと》し」と見えます。それぞれの具体的な意味はまったく解りませんが、ここにいう「曹洞」「臨済」「韶陽（雲門）」「潙仰」の四者に「法眼」自身を加えれば、のちにいう「五家」の名がそろうことになります。

ただし、この記述は、本来、禅宗の全体像を巨視的に描き出そうとしたものではなく、法眼が撫州《ぶしゅう》曹山《そうざん》に住していたころ（九二四―九二八）、実践的な必要から、当時、自身の周囲で活躍していた禅者たちの宗風を個別に分析したものであったと推測されています（石井修道『道元禅の成立史的研究』大蔵出版、頁二〇九、二一九。「禅系の仏教」『新仏教の興隆――東アジアの仏教思想Ⅱ』シリーズ・東アジア仏教3、春秋社、頁一五九）。それが、やがて、法眼の法孫である道原《どうげん》によって『景徳伝灯録』（一〇〇四年）編纂の前提とされ、この「五家」の分類が普遍的な禅宗史の記述の枠組みとして定着していったのでした。史実はともかく、歴代の禅宗史書はみなこのような伝法系譜の枠組みにしたがって編まれていますので、この講座でも、その伝統的な大枠に沿って歴代の祖師たちの故事を読んできたのでした。

読書案内とあとがき

長い講座でしたが、最後まで読み通していただき、ありがとうございました。

全体でかなりの量の漢文に接したことになりますが、如何でしょう? 禅の語録の漢文に、だいぶ馴染んでいただけたでしょうか?

禅の語録を読むために必要な漢文の語彙と語法について、一通りの基礎は学んでいただけたかと思います。むろん、語録には、他にも難しい語彙や語法がたくさん出てきます。でも、本書で学んだぐらいの基礎知識があれば、『漢辞海』と『禅語辞典』を手もとに置きながら、岩波文庫や筑摩書房・禅の語録、それに禅文化研究所から出ている『景徳伝灯録』の訓注本などを活用して、自ら禅の古典の原文に親しみ、禅について、ご自身なりの考えを深めていっていただくことができるのではないかと思います。逆に、本書でお示ししたような基礎知識を欠いているために、せっかくお手もとに良い訳注書がありながら、結局、現代語訳の部分しか看ていないという方も実は少なくないのではないでしょうか。

漢文の学習　この後、さらに漢文そのものの勉強を深めたい方には、本文中でもたびたび参照した、『漢辞海』の附録「漢文読解の基礎」を一度通読してみられることをお薦めします。漢文の語法がひじょうにコンパクトにまとめられています。これを通して読むことで、これまでの学習で漏れていた項目を補いつつ、バラバラにおぼえていた語法の知識を系統的に整理することができるでしょう。

その後は、やはり、古典をなるべくたくさん読みながら、実際の文章のなかで語彙や語法を学んでゆかれるのがよいと思います。そうした学びの良い導きとなる教材に、次の本があります。

①齋藤希史・田口一郎『漢文の読法―史記　游俠列伝』角川書店、二〇二四年

②西田太一郎『漢文の語法』角川ソフィア文庫、二〇二三年

①は『史記』游俠列伝の原文を精読しながら、漢文読解の方法を懇切に説いたもの。個々の語彙・語法の説明にとどまらず、それらを相互に組み合わせながら文脈を読み取ってゆく方法がていねいに説かれています。序文によれば、著者の両先生は昭和の名著②を丹念に校訂して新たに文庫化し、その延長線上に①を作成されたとのことです。①のみで完結するように書かれてはいますが、語法の説明のなかに②の対応箇所が一々注記されており、②を参照しながら読むといっそう効果が上がるようになっています。

さらに漢文の語法を系統的に学ぼうとするなら、次のような書物があります。

③加藤徹『白文攻略　漢文法ひとり学び』白水社、二〇一三年

④宮本徹・松江崇『漢文の読み方』放送大学教育振興会、二〇一九年

③は初級の外国語の教科書のような感じで漢文の語法を一から学ぶ、わかりやすい入門書。④は放送大学の教材で、全十四章のうち、前八章は最新の古漢語研究の成果を反映した本格的な文法書、後の六章は原典読解の演習に当てられています。

中国文化　漢文を読むには、語彙・語法だけでなく、中国の文化全般についての幅広い知識も必要です。それには、まず、次の⑤を読んでみられるといいと思います。

⑤前野直彬『精講　漢文』ちくま学芸文庫、二〇一八年

中国の言語・歴史・文学（詩文と小説）・思想などの諸方面にわたって幅広く概説しており、昔の中国の行政機構・官僚制・家族制度などについても簡明な解説があります。高校の「漢文」の範囲を超えて近現代の歴史・文学・思想まで解説され、さらに日本漢文学についての一章も設けられており、事実上、中国学の総合的な入門書になっています。もとは一九六〇年代に出版された高校生向けの学習参考書だったそうですが、昔の高校生って、こんなことまで勉強していたのかと驚かされます。

漢　詩　詩については本書で取り上げていませんが、それについては⑤に初歩的な解説がある他、次のような良い入門書もあります。

⑥一海知義『漢詩入門』岩波ジュニア新書、一九九八年

⑦佐藤保『詳講　漢詩入門』ちくま学芸文庫、二〇一九年

⑥は高校の「漢文」の教科書に出ているような有名な詩を題材にしつつ、漢詩の味わいを平易に説いたもの。押韻・平仄・対句など、漢詩の基本的な仕組みと規則についても、巻末にわかりやすい説明があります。⑦はもと『中国古典詩学』という書名の放送大学の教材。文庫版では「入門」と改名されていますが、もとの書名からうかがわれるように、実際はやや高度な概説書です。漢詩の形式と技巧について、多くの章を当てて懇切な説明がなされています。

白話の語法　以上はもっぱら正統的な古典語・文語文（文言）を対象にしたものですが、本書で看ていただいたとおり、禅籍には唐宋代の口語（白話）の語彙・語法がたくさん出てきます。個別には、ともかく『禅語辞典』をひきつづけるのが一番ですが、ある程度、原文を読み慣れてきたら、本文中で何度

も参照させていただいた次の概説を一とおり通読されるのもいいでしょう。中国語史の古典的名著『中国語歴史文法』（一九五八年。のち朋友書店、一九八一年重印）の体系に基づいて『祖堂集』に見える唐五代の中国語の語法を整理したものです。

⑧太田辰夫「『祖堂集』語法概説」、『中国語史通考』白帝社、一九八八年

さらに、禅籍の原文を自力で解読してゆくような専門的な勉強については、田中良昭編『禅学研究入門（第二版）』（大東出版社、二〇〇六年）の、V—一、小川「中国の原典読解」をご参照いただけましたら幸いです。

禅の思想と歴史　本書は禅の思想や歴史の問題に踏み込まず、その前段階として、禅籍の漢文を読むための語学的な勉強に徹しています。著者としては、本書をお読みくださったみなさまが、つづけて次の拙著に進んでくださることを切望しています。

⑨『語録のことば—唐代の禅』禅文化研究所、二〇〇七年

⑩『禅僧たちの生涯—唐代の禅』春秋社、二〇二二年

⑨は問答を読み解きながら、唐代の禅の思想史を考えたもの。馬祖系の禅と石頭系の禅の相違が解明されています。⑩は唐代の禅僧たちがどのような制度・慣習の下でどのように暮らしどのように生きていったのかを、『祖堂集』を主な材料として描いたもの。いずれも禅籍の原文を読みながらの行論になっており、それぞれ独立の一書ではありますが、自分の気持ちの中では、本書から⑨、次いで⑩、という順で一連の書物となっています。

右は唐代の禅を対象としたものですが、初めて読む禅籍としては、むしろ宋代の公案集である『碧巌録』や『無門関』などを手に取られる方のほうが多いかも知れません。それが悪いと言うわけではありませんが、しかし、次の⑪⑫が示すように、同じく禅宗といっても、唐代の禅と宋代の禅の間には大きな歴史的転換があり、宋代の禅籍には唐代禅の思想を反転してゆく独特の論理と表現が見られます。大きなお世話かも知れませんが、『碧巌録』や『無門関』を読まれるなら、まず唐代禅の論理と表現をよく押さえ、それへの反措定であることを理解して読まないと、非論理的で不可解だという印象しか残らないことになってしまうでしょう。

⑪『臨済録のことば—禅の語録を読む』講談社学術文庫、二〇二四年

⑫『続・語録のことば—『碧巌録』と宋代の禅』禅文化研究所、二〇一〇年

⑪は後半が『臨済録』の選読で、前半では唐代の「問答」から宋代の「公案」への展開を説き、⑫は『碧巌録』の精読を通して、唐代禅とは異なる、宋代禅籍独特の論理と表現の解読を試みています。さらに唐代・宋代の禅を広い視野から通観するには、次の⑬⑭があります。

⑬『禅思想史講義』春秋社、二〇一五年

⑭『中国禅宗史—「禅の語録」導読』ちくま学芸文庫、二〇二〇年

いずれも、初期禅宗、唐代禅宗、宋代禅宗について講じた後、鈴木大拙を代表とする二十世紀の禅思想や禅研究の様相に説き及んだ通史になっています。

以上、自分の著作ばかり挙げて恐縮ですが、決して他の本を読む必要が無いという意味ではありません。⑪⑬の巻末に詳しい読書案内を附してありますので、他の書物については、ぜひ、そちらを参照な

さって読書の幅を広げていってください。

*　*　*

本書は季刊『禅文化』誌の第二〇九号（二〇〇八年七月）から第二四六号（二〇一七年一〇月）の間に連載した全三十二回の原稿が基になっています。一年四回刊行なので、三十二回なら八年分になる勘定ですが、間で特集号・記念号のために通常の連載が休みとなったことが何度かあって、結局、九年かかりました。今回、書籍化に当たり、最後の回に加筆して法眼のところを独立させ全三十三回とした他、全体にわたってかなりの修正と補足を行いました。長年にわたる連載でしたし、季刊のために以前の回との間が時間的にかなり開いていましたので、同じような説明が何度も繰り返されていますが、今回、一書にまとめるに当たって、説明や例文の重複を削ることはしませんでした。文脈をたどってゆく思考を中断せず、その場の問題はその場で解決して、そのまま一つづきの流れで解読を進めていただきたかったからです。それに語学の勉強において、同じことを何度もくりかえして学ぶことは、決して無駄ではないでしょう。

『禅文化』誌連載中、前半はベテランの前田直美さん、後半は、当時新人だった木村弥生さんが、編集を担当してくださいました。その間、禅文化研究所の事務局長、中川弘道和尚さま、主幹の西村惠学和尚さまにも、たいへんお世話になりました。

連載が完了した当時、惠学和尚さまが書籍化を企画され、誌面の内容を校正紙の形に整えて刷り出し、ドサッと送って来てくださいました。前掲⑫の時はこのやり方でうまくいったのですが、今回は手書きで変更を書き込んで改稿するという作業がどうしてもうまくゆかず、結局、分厚い校正紙の束を見ては嘆息しつつ、長い年月を、憂鬱な気持ちのまま空しく過ごしてしまいました。

それがにわかに動き出したのは、今年、二〇二四年の初めのことでした。ある定例の講座で、禅文化研究所理事長の松竹寛山老師、所長の横田南嶺老師、理事の河野徹山老師の三老師にお目にかかった折、突如、禅文化研究所創立六十周年の節目に合わせて必ずこの書物を完成するように、と、厳命が下されたのです。厳命といっても、決して厳しい口調ではなく、三老師ともきわめて鄭重で温和な姿勢でお話しくださったのですが、お一人ずつでも深く重厚な存在感のある老師が三人も目の前にいらっしゃると、いくらやさしく話していただいても、やっぱり、有無を言わせぬ何かがあります。私は、考える暇もなく、はい、がんばります、と、いつになく殊勝な気持ちで応えていました。

そこから本書作成の突貫工事が始まりました。右の「厳命」の数日後には、木村さんから、連載の全体をwordファイルに仕立て直したものが送られてきました。それを使って三月から四月初めの間に改稿を行い、その後、校正刷りをやりとりしながら、木村さんの手によって着々と書物の形が作り上げられていきました。この過程で現主幹の藤田琢司先生にも種々ご助力を賜りました。

連載当時新人だった木村さんも、今やベテラン編集者となられ、中堅と言われていた自分は、いつしか初老の年代となりました。思い返せば、はるか昔、禅の勉強を志して駒澤大学の禅学科に入った十八歳の頃、途方に暮れたのが漢文に手も足も出ないことでした。それから四十数年。あの頃、こんな本があったら……、そう思いながら作り上げたのが本書です。禅に心を寄せながら漢文で困っている方、求道の糧として古の禅者のことばを正しく読みたいと願っておられる方、そんな方々に、この拙い一書が最初の一歩の踏み台として少しでもお役に立つことができたなら、著者として、幸い之に過ぐるはありません。長年お世話になってきた禅文化研究所の六十周年の記念の時にこの書物を刊行していただけることを、今、深い感慨とともに、心よりありがたく思っております。

二〇二四年八月吉日　第二校返却にあたって

小川　隆（おがわ　たかし）
1961年生まれ。1990年、駒澤大学大学院仏教学専攻博士課程満期退学。博士（文学）〔東京大学、2009年〕。現在、駒澤大学総合教育研究部教授。専門は中国禅宗史。
著書に『神会』（臨川書店、2007年）、『語録の思想史』（岩波書店、2011年）、『語録のことば　唐代の禅』（禅文化研究所、2007年）、『続・語録のことば　『碧巌録』と宋代の禅』（禅文化研究所、2010年）、『禅思想史講義』（春秋社、2015年）、『中国禅宗史』（ちくま学芸文庫、2020年）、『禅僧たちの生涯』（春秋社、2022年）、『臨済録のことば』（講談社学術文庫、2024年）など多数。

禅宗語録 入門読本　**禅の物語で学ぶ漢文の基礎**

令和6年（2024）10月9日　初　版第1刷発行
令和7年（2025）5月1日　第2版第1刷発行

著者：小　川　　隆
発行：公益財団法人　禅文化研究所
〒604-8456　京都市中京区西ノ京壺ノ内町8-1
花園大学内
TEL 075-811-5189／https://www.zenbunka.or.jp
印刷：株式会社ＩＴＰ

 ISBN978-4-88182-340-8 C0015

索　引

本文下段の内容見出しを音読みの五十音順に配列した。

【き】

【く】

【け】

【こ】

【せ】

【そ】

【た】

【ち】